U0910513

红安发展性贫困治理

HOANG'AN FAZHANXING PINKUN ZHILI

向德平 ◎等著

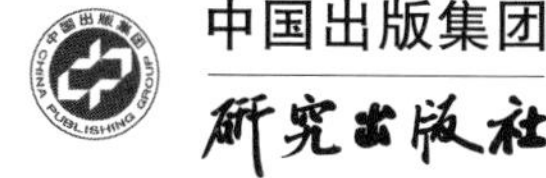

中国出版集团
研究出版社

图书在版编目 (CIP) 数据

红安 : 发展性贫困治理 / 国务院扶贫办
组织编写 . -- 北京 : 研究出版社 , 2020.11
ISBN 978-7-5199-0760-0

Ⅰ . ①红… Ⅱ . ①国… Ⅲ . ①扶贫 – 研究 – 红安县
Ⅳ . ① F127.634

中国版本图书馆 CIP 数据核字 (2019) 第 184574 号

红安：发展性贫困治理
HONG'AN：FAZHANXING PINKUN ZHILI

国务院扶贫办　组织编写

责任编辑：寇颖丹

研究出版社 出版发行
（100011　北京市朝阳区安华里 504 号 A 座）

河北赛文印刷有限公司　　新华书店经销

2020 年 12 月第 1 版　2020 年 12 月北京第 1 次印刷
开本：710 毫米 ×1000 毫米　1/16　印张：19
字数：250 千字

ISBN 978 – 7 – 5199 – 0760 – 0　定价：44.00 元

邮购地址 100011　北京市朝阳区安华里 504 号 A 座
电话（010）64217619　64217612（发行中心）

“中国扶贫书系”编审指导委员会

《红安：发展性贫困治理》编写组

主　　编：向德平

副 主 编：陈　琦

目　录

概　要

县域贫困治理是观察国家层面扶贫决策部署在地方落实状况以及观察中国贫困治理体系运行的重要切入点。县域脱贫摘帽经验可为推进地方基层治理、完善国家贫困治理体系乃至国际减贫实践提供重要参考。红安县率先在湖北省实现脱贫摘帽，是湖北省脱贫攻坚的县级典型。红安县坚持以脱贫攻坚统揽经济社会发展全局，贯彻“五大发展理念”的核心精神，注重创新发展，探索出一条将经济发展与社会发展、生态保护相结合，精准扶贫与县域发展相结合的发展道路。在脱贫攻坚工作中，面临因病致贫与因病返贫问题严重、产业扶贫抵御风险能力有限、易地扶贫搬迁任务较重、基础设施条件有待改善、地方人力资本外流严重等挑战，红安县致力于构建完善的脱贫攻坚政策体系，做好健康扶贫、产业扶贫、驻村帮扶、易地扶贫搬迁、教育扶贫、基础设施建设以及“三乡工程”等扶贫工作，创新扶贫方式，取得良好的脱贫攻坚工作成效。

红安县结合自身实际，制定了“1+12”精准扶贫政策、“1+9”灾后恢复重建精准脱贫救助政策、“1+6”精准脱贫补充政策、“1+7”脱贫致富政策等四大政策体系。这四大政策体系涉及农业扶贫、工业扶贫、教育扶贫、政策兜底、易地搬迁、健康扶贫等多个不同领域，构成了全县保障脱贫攻坚的政策“组合拳”，为打赢脱贫攻坚战、早日实现脱贫摘帽提供了政策保障。

因病致贫、因病返贫是农民脱贫路上的拦路虎。红安县根据因病致贫的贫困户户数占比大、人数占比重的事实，大力实施健康扶贫，首创红安健康扶贫“4321”模式。通过定救助对象、定就诊机构、定兜底标准、定报账方式的“四定”原则，推行入院不缴费、报账一站式、就诊一卡通三大举措，强化健康全管理、就医全兜底两保障，切实减轻群众的医疗负担，增强群众的获得感与幸福感，实现绝不让一个贫困户再因病致贫、因病返贫的目标。

实施产业扶贫是精准扶贫工作的重中之重。红安县结合县域实际情况，建立与完善产业扶贫相关的政策体系，采取系列产业扶贫举措，如：挖掘县域资源优势，发展特色农业产业；弘扬红色历史文化，开展旅游产业扶贫；坚持绿色发展理念，探索光伏扶贫模式；采取系列奖补措施，培育市场扶贫主体。红安县经过不懈的努力，取得了一系列扶贫成效。如：构建起完善的产业扶贫政策体系，为推进产业扶贫工作提供了保障；打造地区产业品牌，形成独具红安县县域特征的扶贫产业；不断优化集群化的旅游资源布局，形成旅游产业带，强化旅游扶贫的带动作用；推动光伏扶贫模式全覆盖，促使贫困户实现长期稳固收益；引导市场主体带动扶贫，形成利益联结机制，实现利益多赢，增强产业扶贫的益贫性与可持续性。

红安县积极整合各类资源打造易地扶贫搬迁“红安样板”，坚持“挪穷窝”与“换穷业”并举、安居与乐业并重、搬迁与脱贫同步，严守搬迁对象识别精准、住房面积不超标、搬迁户不举债、建新必须拆旧的“四条红线”，实行统一选址、统一规划设计、统一踏勘、统一建设、统一精简装修，建成“设施齐全、功能完善、管理规范、产业配套、就业充分”的安置点，实行“交钥匙”工程。在各级政府、市场主体、社会力量等多元主体的支持下，红安县上下齐心协力共同开创了易地扶贫搬迁新局面，取得了预期的扶贫脱贫效果。

基础设施是社会经济活动顺利进行的必要条件，也是经济社会持续发展的基础。红安县始终将脱贫攻坚同基础设施建设紧密结合，整合项目资金并撬动社会资金，调动群众参与的积极性，推进交通基础设施建设、民生水利建设、农村基础设施建设以及生态文明建设，努力补齐农村基础设施、基本公共服务、人居环境短板，为全面建成小康社会提供强有力的基础设施保障。

教育扶贫是解决贫困根源性问题的重要扶贫方式。红安县围绕贫困学生、贫困家庭、薄弱学校和教师四大主体，实施“4321”（“4”即“四大计划”：贫困学生关爱计划、乡村教师发展计划、薄弱学校提升计划和社会合力帮扶计划；“3”即“三个全覆盖”：实现贫困家庭学生资助全覆盖、贫困村所在地薄弱学校改造全覆盖、贫困村所在地学校教师培训全覆盖；“2”即“两个全免费”：从 2016 年开始红安县对建档立卡贫困户子女上高中和乘坐校车实行全免费；“1”即“一个明白人”：充分发挥职业教育扶贫优势，依托县职教中心实施贫困家庭明白人工程）教育扶贫模式，努力构建覆盖薄弱学校和特殊群体学生的教育精准扶贫体系，让贫困家庭的孩子都能接受公平的有质量的教育，形成独具红安特色的扶贫亮点。

干部驻村帮扶是中国共产党群众工作和基层工作的优良传统。红安县开展“万名干部包保、千名干部驻村”活动，推动干部向扶贫一线集中，资源向扶贫一线聚集，集中优势兵力打攻坚战。驻村干部采取系列措施有效激发群众参与脱贫攻坚的内生动力，如先后开展精准脱贫“五专”（专赛、专讲、专栏、专演、专访）宣传，扎实做好“精准脱贫在行动”、“10·17 扶贫日”、驻村帮扶“三会一讲”（场子会、对接会、院子会，贫困户讲脱贫故事）等活动。发挥村务监督理事会、村民议事会、红白理事会、卫生理事会、铜锣联防队“四会一队”等群众组织的作用，大力宣传社会主义核心价值观，引导教育群众弘扬传统美德、树立文明新风。

脱贫攻坚是一个系统工程，离不开制度保障和人、财、物的投入。打赢脱贫攻坚战的核心在于“人”，红安县在脱贫攻坚过程中，全面实施市民下乡、能人回乡、企业兴乡战略，按照政府引导、示范带动、企业参与、市场化运作的要求，进一步深挖服务内涵和市场潜力，大力引进能人回乡创业，培育扶贫产业，打开市场之路，不断发展壮大集体经济，以乡村“五个振兴”为牵引，推进脱贫攻坚的巩固提升，推动农村产业发展、农民富裕、美丽乡村建设。

脱贫攻坚与乡村振兴二者相辅相成、相互促进、相互支撑。红安县脱贫摘帽经验显示，后减贫时代的减贫形势和挑战不容小觑，促使脱贫攻坚与乡村振兴实现理论思想、战略规划、体制机制、政策体系以及工作成果等方面的有效衔接，是巩固脱贫成果、推动可持续发展的根本道路。后减贫时代的关键是构建长效脱贫机制，赋予脱贫攻坚新动能，防止返贫，推动乡村社会经济稳步发展。要打赢脱贫攻坚战、推动乡村振兴，就要坚持和运用系统思维，注重脱贫攻坚整体布局、系统集成。坚持以“五个振兴”为统领，统筹推进脱贫攻坚成效巩固提升。坚持和践行绿色发展理念，确保乡村振兴战略与脱贫攻坚的可持续性。坚持人才是第一资源，聚合乡村发展的智力资源，系统性地激发贫困农民、贫困乡村脱贫致富的内生动力与外在活力，协调推动乡村的经济发展、社会进步与生态文明建设。

第一章 红安县脱贫攻坚的背景

红安县是一个集革命老区、资源匮乏区、贫困地区、优抚集中区“四区一体”的贫困县，自改革开放以来，红安县以脱贫攻坚统揽经济社会发展，取得了历史性成效，在湖北省率先退出贫困县，实现了脱贫摘帽。红安县通过健康扶贫、产业扶贫、易地扶贫搬迁、基础设施建设、教育扶贫、驻村帮扶等手段拔除穷根，推动县域经济社会协调发展。

一、红安县情与经济社会发展状况

红安，原名黄安，位于湖北省东北部大别山南麓，南临武汉，北接河南新县，东邻麻城，西接黄陂、大悟，县城距省会武汉 100 公里，距黄冈市黄州城区 125 公里。全县总面积 1796 平方公里，辖 13 个乡镇（场），398 个村民委员会、28 个社区居民委员会。截至 2018 年年末全县户籍总人口为 65.29 万人。

红安县属于大别山西南低山丘陵地带，地势北高南低。全县平均森林覆盖率为 47.86%，北部红色生态旅游保护区森林覆盖率达 85.7%。东部和北部多山峰，山林面积为 54.45 万亩，占全县山林面积的 50%，一般坡度为 20°—25°，最高处老君山海拔为 840.5 米，相对高差 740 米。西北部系丘陵地带，山林面积为 30.2 万亩，占全县山林面积的 27.9%，坡度一般为 15°—20°，最高处阳台山为 452 米，相对高差 402 米，大部分为海拔

200—300米的高丘山岭。南部是平缓的低丘山岗，山林面积为24.2万亩，占全县山林面积的22.1%，最高处洪界山海拔为280米，相对高差250米，坡度5°—20°。县西、县南有少量河谷平原，最低处是太平桥镇紫潭河村的陈港湾，海拔为26米。全县海拔高程在50米以下的面积为280平方公里，为50—200米的为1355平方公里，200—500米的为139平方公里，500米以上的为22平方公里，分别占全县总面积的15.6%、75.5%、7.7%、1.2%。整个县境形成由北向南逐渐倾斜，以丘陵为主，北部为低山，南部为岗地的地貌特点。

县域诸山均属于大别山脉及其支脉。境内大别山支脉大致呈西北东南走向，自北向南分别伸入县境东部和西南部。县北大别山主脉向西南延伸至境内，海拔标高138米以上的山峰有69座，其中海拔800米以上的山峰有老君山（840.5米）、天台山（817米）、黄毛尖（806米）、鲫鱼岭（801米）4座，海拔700—800米的山峰有九个包（775米）、九焰山（770.5米）、铙钹顶（765米）、小老君山（717米）4座，海拔500—700米的山峰有7座，海拔300—500米的山峰有18座，海拔138—300米的山峰有36座。

县域水系有倒水、滠水、举水三大水系，均属长江流域水系。全境有两公里以上河流100条，总长817.7公里。2012年，境内有水库140座，其中大型水库两座、中型水库4座、小（一）型水库23座、小（二）型水库111座，总库容5.45亿立方米，有效库容3.39亿立方米。2012年年末，全县有塘坝31950口，总库容8643.69万立方米。全县水域总面积18.2万亩，占全县面积的6.76%。境内大小河流100条，耕地57.92万亩，构成“六山半水二分半田，一分道路与庄园”的格局。①

① 红安县地方志编纂委员会办公室：《红安年鉴》2013年。

优质的山水自然生态资源使红安成为旅游胜地。红安县拥有两个国家级公园（天台山森林公园、金沙湖湿地公园），一个省级公园（倒水河湿地公园），国家级重点文物保护单位5处41个，国家AAAA级、AAA级景区各3家，国家级旅游名镇1个，12个重点红色旅游景区，30条红色精品路线。红安县也被国家旅游局确定为全国首批全域旅游示范区创建单位。

红安是文化的沃土。明嘉靖四十二年（1563年）红安正式建县。这里山川秀丽，人杰地灵，曾养育了理学奠基人、北宋著名理学家程颐、程颢，明代思想家李贽，明代文学家、户部尚书耿定向，以及现代著名文学家、翻译家叶君健，经济学家张培刚和历史学家冯天瑜等一大批名臣学者。当代红安是全国文明县城、全国双拥模范县、全国社会治安综合治理先进县、全国造林绿化百佳县、全国文化先进县、全国革命老区建设示范试点县、国家扶贫开发重点县、湖北省旅游强县、省级卫生县城、省级园林县城。

红安是革命的圣地。革命战争年代，这里打响了黄麻起义第一枪，诞生了董必武、李先念两位党和国家领导人和陈锡联、韩先楚、秦基伟等200多位共和国高级军事将领，走出了红四方面军、红二十五军、红二十八军三支红军主力队伍，牺牲了14万英雄儿女，在册烈士22552人。在中国工农红军的队列中，曾经平均每三个人中就有一个红安人，每四名英烈中就有一个属于红安籍，牺牲之多、贡献之大，全国罕见。红安是唯一被中央以“红”字褒奖命名的县市，被誉为“中国第一将军县”。

二、红安县脱贫攻坚的基本历程

由于战争创伤和自然条件、资源禀赋等原因，红安县贫困人口多，贫困程度深，脱贫难度大，是集革命老区、资源匮乏区、贫困地区、优抚集中区“四区一体”的国家级贫困县。1986 年湖北省政府确定的 37 个贫困县名单中便有红安县。1994 年，国务院决定实施《国家八七扶贫攻坚计划》时，红安也被定位为国家贫困县。2002 年湖北省扶贫开发 29 个重点县中依然包括红安。党的十八大以来，以习近平同志为核心的党中央，发出了坚决打赢脱贫攻坚战的战斗令。红安县人民全面贯彻落实习近平总书记关于扶贫工作的重要论述，以“贫困不除愧对先烈”“群众不富寝食难安”的使命担当，坚决兑现打赢脱贫攻坚战的庄严承诺。坚持以精准脱贫统揽全县经济社会发展全局，贯穿经济、政治、文化、社会、生态文明“五位一体”建设各个方面，一场脱贫攻坚战全面展开。[①]

自“十二五”扶贫开发推进以来，红安日益成为一方开放开发的热土。现代农业园区与新型城镇化建设相融共促，51 个千亩以上现代农业园区与 75 个美丽乡村建设点、26 个小集镇（中心村）、29 个秀美村庄、9 个传统村落融合发展。红安县连续两年跻身全省“五快县市”，荣获“全省县域经济发展进位先进县”称号，被时任省委书记李鸿忠鼓励为“黄冈跨越发展的代表作”，被黄冈市委书记刘雪荣肯定为新时期的“红安传奇”。

近几年来，红安县坚持以脱贫攻坚统领经济社会发展全局，以加快县域经济发展支撑脱贫攻坚，抢抓大别山试验区建设、大别山振兴发展等

---

① 中共红安县委、县政府：《红安县脱贫攻坚情况汇报》2018 年。

机遇，积极争创省级重要增长点，在经济社会发展和党的建设上争创新成绩。2017年红安县地区生产总值为153.81亿元，与2014年比（下同），增长27.4%。固定资产投资为206.17亿元，增长43.9%。地方财政收入为30.4亿元，增长48.5%，总量连续四年位居全市第一名。规模以上工业企业163家，增长45.5%。金融存贷比由35.54%增长到54.43%；城镇居民可支配收入24908元，增长27.6%。农村居民可支配收入10448元，增长29.7%。三次产业结构比由22∶49∶29调整为18∶48∶34。红安高速出口车流量由152.65万辆（次）增加到263.29万辆（次），增长72.5%。2010年开始建设的南部工业新城，截至2018年基本建成40平方公里，落户企业454家，投产261家，其中工业企业231家，产业工人3万多人，带动片区城镇居民和其他从业人员接近12万人。

县域经济的高质量发展，夯实了脱贫之基，加快了脱贫步伐。经过近几年的脱贫攻坚和多轮精准识别“回头看”，红安县贫困发生率由2010年的30%下降为2014年的21%，再由2014年的21%降至2017年年底的0.06%，全县贫困人口由2014年的112849人已减至2017年年底的323人。2017年年底，全县建档立卡贫困户总数为39426户110489人（人口自然变更后享受政策数据为38837户110085人），其中2014年脱贫3323户11005人，2015年脱贫13684户43976人，2016年脱贫4145户13162人，2017年脱贫18172户42023人。2017年年底未脱贫存量103户323人。2014年建档立卡重点贫困村96个，2016年出列56个，2017年出列40个。2018年经县级申请、市级初审、省级核查和湖北省扶贫攻坚领导小组同意，红安县符合贫困县退出标准，已退出贫困县序列。

三、红安县脱贫攻坚面临的形势与挑战

（一）红安县脱贫攻坚面临的形势

党的十八大以来，以习近平同志为核心的党中央将扶贫开发摆到治国理政的重要位置，将扶贫开发提升到全面建成小康社会、实现第一个百年奋斗目标的新高度。全面建成小康社会与脱贫攻坚是整体与局部的关系。我国的贫困人口脱贫只是全面建成小康社会大局中的一部分，但脱贫攻坚是全面建成小康社会中的最大短板，贫困地区和贫困人群如期脱贫是全面建成小康社会的底线任务，也是重中之重。决胜全面建成小康社会和脱贫攻坚，对实现“两个一百年”奋斗目标、实现中华民族伟大复兴具有重大意义。

习近平总书记曾多次指出：贫穷不是社会主义。如果贫困地区长期贫困，面貌长期得不到改变，群众生活长期得不到明显提高，那就没有体现我国社会主义制度的优越性，那就不是社会主义。消除贫困、改善民生、逐步实现共同富裕，是社会主义的本质要求，是我们党的重要使命。做好扶贫开发工作，支持困难群众脱贫致富，帮助他们排忧解难，使发展成果更多更公平惠及人民，是我们党坚持全心全意为人民服务根本宗旨的重要体现。得民心者得天下。从政治上说，我们党领导人民开展了大规模的反贫困工作，巩固了我们党的执政基础，巩固了中国特色社会主义制度。这些论述无不表明了脱贫攻坚不是一项一般性的工作，不是单纯的扶持与救助，而是体现了社会主义根本价值追求和奋斗理想，体现了中国共产党、中国宏伟目标的重要工作。

党的十九大报告指出，“让贫困人口和贫困地区同全国一道进入全面

小康社会是我们党的庄严承诺”。党的十八大以来，党中央把贫困人口脱贫作为全面建成小康社会的底线任务和标志性指标，在全国范围内全面打响了脱贫攻坚战，脱贫攻坚力度之大、规模之广、影响之深，前所未有。随着“五个一批”“六个精准”等系列扶贫政策的实施，脱贫攻坚战取得了决定性进展，6000多万贫困人口稳定脱贫，贫困发生率从10.2%下降到4%以下。

在2020年全面消灭绝对贫困的期限要求下，当前面临攻坚的大都是条件较差、基础较弱、贫困程度较深的地区和群众。红安县贫困发生率已于2017年年底降至0.06%，全县贫困人口已减至323人。虽然红安县已经完成了脱贫的任务，但巩固脱贫成果形势依然严峻，如何避免返贫，并向乡村振兴转型仍然难度较大。剩余贫困户如何脱贫、脱贫户的巩固与发展问题是红安当前的主要任务。

（二）红安脱贫攻坚所面临的挑战

1. 地方人力资源外流严重

当前红安县“三乡工程”仍处于起步阶段，农村青壮年劳动力主要仍在外出务工，“三农”人才匮乏，贫困户老弱病残居多，思想观念相对陈旧，受人力、技术、资金、思路等方面限制，自主发展产业的能力不强，脱贫后自主发展的内生动力不足，产业发展对人力的渴求与日俱增，人才短缺问题亟待解决。

2. 产业扶贫抵御风险能力有限

一方面，种养业受自然灾害和市场风险影响较大，效益难以保证，存在增产不增收的现象；另一方面，农民专业合作社等新经济组织刚刚起步，市场主体发展处在创业阶段，市场竞争力和产业带动能力还不强，抵御自然风险和市场风险等方面的能力还有待提高。

3.“收入水平略高于贫困户”的人群亟待关注

当前有部分群众是在精准识别中收入略高于贫困标准的群体，他们在精准扶贫过程中缺乏相应的政策支持。一方面，在面对贫困户享受的多重帮扶政策时，该群体容易产生心态上的失衡；另一方面，随着脱贫攻坚的深入推进，亟待出台更加普惠的帮扶政策并制定有针对性的措施，统筹推进非贫困户、贫困户全面发展，解决该群体有困难却得不到扶助的问题。

四、红安县脱贫攻坚的主要做法

红安县深入贯彻落实习近平总书记关于扶贫工作的重要论述，坚持精准扶贫精准脱贫基本方略，全面落实省委省政府、市委市政府的决策部署，把决胜脱贫攻坚作为最大的政治任务和第一民生工程，紧紧围绕贫困户“两不愁三保障”脱贫标准和贫困县“三率一度”脱贫摘帽的总目标、总要求，聚焦“六个精准”，坚持靶向施策、精准滴灌，全面推进产业扶贫、健康扶贫、搬迁扶贫、教育扶贫、保障扶贫，精准脱贫工作取得阶段性成效。精准脱贫工作得到国务院扶贫督查组的充分肯定，2016—2017年连续两年扶贫资金绩效评价被湖北省扶贫攻坚领导小组评为A级；贫困县（市、区）党政领导实绩考核被湖北省委、省政府评为A等次。2017年，红安县易地扶贫搬迁工作在省级考核中荣获第一名。

（一）严格精准识别，扣准第一粒“扣子”

习近平总书记深刻指出：“扶贫开发推进到今天这样的程度，贵在精准，重在精准，成败之举在于精准。搞大水漫灌、走马观花、大而化之、手榴弹炸跳蚤不行。”“扶贫开发成败系于精准，要找准‘穷根’、明确靶向，量身定做、对症下药，真正扶到点上、扶到根上。脱贫摘帽要坚持成熟一个摘一个，既防止不思进取、等靠要，又防止揠苗助长、图虚名。”“要增加资金投入和项目支持，实施精准扶贫、精准脱贫，因乡因族制宜、因村施策、因户施法，扶到点上、扶到根上。”“把精准扶贫、精准脱贫作为基本方略”。这些论述指出了精准扶贫就是我们在脱贫攻坚战中最有力的手段。红安县深入理解和把握到了这一要点，做出了相关部署。

1. 对标程序科学评定

坚持实事求是、群众认可的原则，按照“两不愁三保障”标准，量化、细化贫困评价体系，由驻村工作队和村“两委”入户，按照“看房、看粮、看劳动力强不强、看家中有无读书郎、看家人有无病怏怏”的“五看”评定标准，通过农户申请、入户核查、民主评议、村级初选公示、乡镇确认公示、县级复审公告等程序，对贫困对象进行科学评定，登记造册，建立户档、村档，切实提高识别精准度和公信度，真正做到“卡外无真贫”。

2. 多轮识别剔除硬伤

对照精准识别“负面清单”，通过大数据比对，对精准识别对象开展多轮“回头看”行动，对有房的、有车的、有工商营业执照的、属国家公务人员的“贫困”对象，组织专班入户核查，收集相关佐证资料，根据实际情况，剔除不符合贫困户条件的“硬伤”户，切实做到“卡内无硬伤”。

3. 应急机制动态管理

制定《红安县建档立卡精准识别应急机制》，解决动态管理开网不及时的问题，对因大病大灾等特殊情况致贫的农户及时纳入贫困户，使其享受政策，对经过大数据比对发现确需剔除的“硬伤户”及时剔除并终止其享受政策。由村按标准和程序上报需动态管理的贫困人口，乡镇组织专班进行入户核实，并召开乡镇党委会研究，以政府文件上报县扶贫办审核确认并报县政府审批。2018 年启用应急机制动态管理后，贫困人口总规模 39416 户 110665 人，其中已脱贫 39369 户 110507 人，未脱贫存量 47 户 158 人。

（二）全力推动“多个一批”落地落实

1. 健康扶贫

红安县原是集革命老区、资源匮乏区、贫困地区、优抚集中区“四区一体”的国定贫困县，贫困人口多、贫困程度深，脱贫难度大。据国家建档立卡调查统计，2015 年湖北省因病致贫总人数为 189.6 万人，占全省 590 万建档立卡贫困人口的 32% 以上。其中患病总人数为 73.3 万人，占因病致贫总人口的 38.66%。[①] 自 2015 年以来，红安县探索健康扶贫“4321”模式，即落实“四定”原则：一定救助对象；二定就诊机构；三定兜底标准；四定报账方式。推行“三大举措”：一是入院不缴费；二是报账一站式；三是结算一次性。强化“两项保障”：一是健康全管理；二是就医全兜底。达到一个目标：绝不让一个脱贫户再因病致贫、返贫。

2. 产业扶贫

红安县坚持长短结合、标本兼治的扶贫原则，制定了工业、农业、光伏、金融等产业扶贫政策。充分挖掘县域资源优势，发展特色农业产业；弘扬红色历史文化，开展旅游产业扶贫；坚持绿色发展理念，探索光伏扶贫模式；采取系列奖补措施，培育市场扶贫主体。

3. 易地扶贫搬迁

红安县积极响应国家政策号召，实施易地扶贫搬迁举措，通过将贫困群众从条件恶劣的居住环境搬迁到村庄、乡镇、县城等基础设施健全、生

---

① 龙华、王芳：《湖北出台〈关于湖北省健康扶贫工程的实施意见〉》，《湖北日报》2016 年 11 月 2 日，第 3 版。

产生活全面保障、就业机会多样的优势区域，综合改善贫困群众的生产生活面貌，推动贫困群众脱贫致富，使得贫困群众也共同参与到全面建成小康社会的队伍中来，共享改革发展的伟大成果。“十三五”期间，红安县易地扶贫搬迁计划数3464户8173人，2016年实际完成2190户3870人，2017年完成1274户4303人，三年的任务两年完成。2017年年底入住率达100%，累计投入资金4.21亿元。全县易地扶贫搬迁共168个安置点，其中集中安置点92个，安置3010户7623人（含进城入镇回购房安置点7个，安置222户852人），分散安置点共76个，安置454户550人，集中安置率达到93.3%。旧房除涉及传统古村落保护、房屋共山合脊无法拆除的以外，已基本完成拆除。

4.基础设施建设

红安县坚持高起点规划、高标准建设、高效能管理，努力提高基础设施建设水平：第一，加快主城区和重点镇基础设施建设，强力推进城区、镇区基础设施向农村延伸，加快城乡一体的交通网、供水网、供电网、信息网、市场网建设。第二，加强基层党建“整县推进”工作，推进以党员群众服务中心为核心的公共服务建设，全面启动乡村文化“七个一”建设工程。第三，按照“扫干净、摆整齐、拆顺畅、配设施、保常态”，坚持政府主导，广泛发动群众，充分调动社会力量，深入推进100个洁净乡村、64个美丽乡村建设。第四，按照“龙头一开，清水自来”的标准，实施农村饮水提升工程。第五，整合资金2亿余元，推行农村基础设施建设“2+N”模式（便民小道、路灯+其他），农村面貌大幅度改观，重点贫困村实现文化广场、百姓舞台和水冲式公厕全覆盖。第六，完成县乡道路改造，修建通组公路，所有乡镇和行政村分别通二级和四级以上公路，实现客运班车全覆盖，从而改善农村基础设施条件，提升公共服务水平。第七，综合开展农村垃圾治理，进一步健全户分类、村收集、镇转运、县处理体系，持续发动群众广泛开展保洁卫生活动，农村人居环境大为改善。[①]

5. 教育扶贫

红安县认真落实国家教育扶贫普惠政策，通过国家资助、县政府资助、免校车费、社会捐助等形式建立了从学前教育到高等教育贫困学生资助全覆盖，确保不让一名学生因贫失学。2015 年春季至 2018 年春季国家资助贫困生 78252 人次 7424.5 万元，其中学前教育阶段资助贫困生 6551 人次 327.55 万元，义务教育阶段资助贫困生 30333 人次 2693.05 万元，高中阶段资助贫困生 19440 人次 1997 万元，中职发放助学金 12003 人次 1200.3 万元、中职免学费 9546 人次 954.6 万元；高等教育社会捐助贫困生 379 人次 252 万元。自 2017 年春季开始至 2018 年春，拨出专项资金 1351.415 万元，对无法享受寄宿生生活补助的非寄宿贫困户子女给予寄宿生同等标准生活补贴，共补贴 35335 人次。对贫困户子女乘坐校车实行全免费，三年免除 7161 人次，共计 478.75 万元。雨露计划三年累计补助 1938 人次，补助资金 298.65 万元。

6. 驻村帮扶

红安县认真贯彻习近平总书记关于扶贫工作的重要论述，把驻村帮扶作为夯实基层基础、实现精准脱贫的关键一招，发扬万众一心、为党为民、朴诚勇毅、不胜不休的红安精神，统筹各方资源，精锐出战，倾情帮扶，为决战决胜精准脱贫提供强力支撑，为决胜全面建成小康社会提供坚强保障。自 2015 年以来，中共红安县委认真贯彻中央和省、市关于精准脱贫的决策部署，按照“六个精准”中因村派人精准的要求，根据贫困村实际，先后精准选派调整 151 名县乡机关干部到村任“第一书记”，组建

---

① 王红平、潘新华、赵华：《让美丽乡村在红安熠熠生辉》，http://www.hgdaily.com.cn/w/3/ciye/401829302005780001.html，2017 年 7 月 27 日。

399 个驻村帮扶工作队，1398 名扶贫攻坚队员驻村参与帮扶。2017 年年初，红安县通过“春季攻势”调研找短板，对照考核指标找差距，组织专班赴兰考、井冈山考察找思路，先后召开 10 多次专题会议综合分析、反复研判，非常之时必用非常之法，决定严格按照习近平总书记“派最能打仗的人”到脱贫一线的要求，围绕全面进步、全面过硬、全面落实、全面满意的“四全”目标，采取非常规措施，把最优秀的党员干部资源向一线集中，开展“万名干部包保、千名干部驻村”活动，集中优势兵力打攻坚战，推动干部向扶贫一线集中，资源向扶贫一线聚集。

第二章 红安县脱贫攻坚政策体系

2015年11月29日，中共中央、国务院颁布了指导脱贫攻坚的纲要性文件《中共中央、国务院关于打赢脱贫攻坚战的决定》，提出的目标是：到2020年，稳定实现农村贫困人口不愁吃、不愁穿，义务教育、基本医疗和住房安全有保障。为了实现2020年贫困县全部摘帽，解决区域性整体贫困问题，从中央到地方形成了全方位、广覆盖的政策体系，为打赢脱贫攻坚战提供了政策支持。落实各项政策是打赢脱贫攻坚战的关键，但是政策的落实也需要组织、资金、人才等各方面的保障。政策体系的有效贯彻需要强有力的基层党组织作为抓手来解决脱贫攻坚政策的“最后一公里”问题，需要创新方式统筹资金提供经济支持，还需要人员到位为政策的落实提供人力保障。

一、脱贫攻坚政策体系的基础

红安县本是一个集革命老区、资源匮乏区、贫困地区、优抚集中区“四区一体”的国定贫困县，但是在经过近五年持之以恒地推进脱贫攻坚之后，脱贫工作取得历史性成效。2018年8月，经湖北省人民政府批准，红安县在湖北省率先退出国定贫困县，实现脱贫摘帽。红安县在取得历史性成效的背后，中央到地方全方位、广覆盖的政策体系起着重要的支撑和指示作用。

党的十八大提出全面建成小康社会和全面深化改革的奋斗目标，为了实现整体脱贫致富，国家对扶贫开发工作进行了创新性部署，出台了大量政策文件，在国家层面和省级层面都形成了相对完善的脱贫攻坚政策体系。近五年来，国家不断完善脱贫攻坚政策体系，提出精准扶贫方略，以及“六个精准”“五个一批”等扶贫政策要求，中央和省级的一系列政策措施为红安县脱贫攻坚政策的制定明确了总体方向。同时，跟随着中央和省里的步伐，黄冈市也为打赢脱贫攻坚战制定了详细的政策。黄冈市的政策在具体操作的层面给了红安县脱贫攻坚工作更实际的指示。

（一）国家层面的政策安排

2011 年 12 月，中共中央、国务院印发了《中国农村扶贫开发纲要（2011—2020 年）》，明确了扶贫开发的总体要求和目标任务，完善了有利于贫困地区和扶贫对象的扶贫战略和政策体系，为扶贫开发提供了政策保障；明确界定了扶贫开发的对象，将连片特困地区作为扶贫开发的主要战场，通过专项扶贫、行业扶贫、社会扶贫、国际合作等方式，加强对贫困地区的财税支持和投资倾斜。2015 年 11 月 29 日，中共中央、国务院发布《中共中央、国务院关于打赢脱贫攻坚战的决定》，指出把精准扶贫、精准脱贫作为基本方略，加快贫困人口脱贫，实现全面建成小康社会。健全精准扶贫工作机制，按照扶持对象精准、项目安排精准、资金使用精准、措施到户精准、因村派人精准、脱贫成效精准的要求，使建档立卡贫困人口中有 5000 万人左右通过产业扶持、转移就业、易地搬迁、教育支持、医疗救助等措施实现脱贫，其余完全或部分丧失劳动能力的贫困人口实行社保政策兜底脱贫。随后，中共中央办公厅、国务院办公厅印发了《关于加大脱贫攻坚力度支持革命老区开发建设的指导意见》《省级党委和政府扶贫开发工作成效考核办法》等指导性文件，为各个地区的革命老区开发建设提供了意见，为扶贫开发工作成效考核明确了方向。2016 年 11 月 23 日，国务院印发并实施《“十三五”脱贫攻坚规划》。《“十三五”脱贫攻坚规划》是根据《中国农村扶贫开发纲要（2011—2020 年）》《中共中央、国务院关于打赢脱贫攻坚战的决定》和《中华人民共和国国民经济和社会发展第十三个五年规划纲要》编制，主要阐明“十三五”时期国家脱贫攻坚总体思路、基本目标、主要任务和重大举措，是指导各地脱贫攻坚工作的行动指南，是各有关方面制定相关扶贫专项规划的重要依据。2018 年 6 月 15 日，中共中央、国务院印发了《中共中央、国务院关于打赢脱贫攻坚战三年行动的指导意见》，坚持脱贫攻坚目标和现行扶贫标准，聚焦深度贫困地区和特殊贫困群体，激发贫困人口的内生动力，确保到 2020 年贫困地区和贫困群众与全国一同进入小康社会，为实施乡村振兴战略打好基础。

除了中共中央和国务院印发脱贫攻坚相关的总体规划之外，各个相关国家部门也根据中共中央和国务院的意见出台了相关的政策文件，内容包括能源开发建设、乡村旅游扶贫、易地搬迁扶贫、教育扶贫、政策性兜底扶贫等各个方面。国家能源局印发了《国家能源局关于印发加快贫困地区能源开发建设推进脱贫攻坚的实施意见》，充分发挥能源开发建设在脱贫攻坚战中的基础性作用，促进贫困地区经济发展和民生改善，同步迈向小康社会。共青团中央印发了《关于共青团助力脱贫攻坚战的实施意见》，以智力扶贫为重点，深入推进“脱贫攻坚青春建功行动”，加强贫困地区共青团的工作，夯实共青团参与脱贫攻坚的组织基础。原国家旅游局印发了《国家旅游局办公室关于实施旅游万企万村帮扶专项行动的通知》，对 2.26 万乡村旅游扶贫重点村进行帮扶脱贫。除此之外，多个部门和单位还联合出台了不同的专项脱贫攻坚政策。2016 年 3 月 23 日，国家发展改革委、国务院扶贫办、国家能源局、国家开发银行、中国农业发展银行联合印发了《关于实施光伏发电扶贫工作的意见》，将光伏发电作为资产收益扶贫的重要方式。中央网信办、国家发展改革委、国务院扶贫办联合印发《网络扶贫行动计划》，充分发挥互联网在助推脱贫攻坚中的重要作用。

（二）省级层面的政策安排

在对接中央的政策基础上，自 2015 年以来，湖北省根据实际情况制定脱贫攻坚政策措施，确定了从贫困户识别与认定到贫困户退出等一系列程序与做法，为全省打赢脱贫攻坚战、全面建成小康社会提供了政策保障。2015 年 9 月 24 日，中共湖北省委十届六次全体（扩大）会议通过了《关于全力推进精准扶贫精准脱贫的决定》(下文简称《决定》)，提出按照“精准扶贫，不落一人”的总要求，到 2019 年，实现全省 590 万建档立卡贫困人口（2013 年年底静态人口）全部脱贫销号、4821 个贫困村全部脱贫出列、国家和省定扶贫开发工作重点县及享受片区政策的 37 个贫困县全部脱贫摘帽。同时指出围绕精准扶贫，采取全力推进产业扶贫、全力推进脱贫致富能力建设、大力实施整村推进、全力推进保障扶贫、改革创新投融资机制等政策措施。《决定》为湖北省的脱贫攻坚工作打下了良好的基础，各个部门和贫困地区纷纷响应。

为认真贯彻实施中共中央、国务院印发的《中共中央、国务院关于打赢脱贫攻坚战的决定》，中共湖北省委、湖北省人民政府的《决定》提出了“落实精准扶贫方略，确保精准脱贫到户到人；加快贫困地区基础设施建设，夯实精准扶贫底盘；加强精准扶贫组织领导，健全脱贫攻坚保障体系”等意见。2017 年 11 月 28 日，湖北省扶贫办印发了《湖北省深度贫困地区脱贫攻坚实施方案》，通过产业扶贫、易地搬迁、危房改造、转移就业、健康扶贫、残疾人脱贫、低保政策兜底、生态扶贫、基础设施建设、贫困村提升工程等攻坚举措攻克湖北省深度贫困地区堡垒，如期打赢脱贫攻坚战，决胜全面建成小康社会。2018 年 7 月 24 日，湖北省扶贫办印发《关于完善县级脱贫攻坚项目库建设的实施意见》(试行)，提出要坚持精准扶贫精准脱贫基本方略，建立完善与贫困县涉农资金统筹整合使用和资金项目审批权限下放相适应的项目管理制度，推动县级脱贫攻坚项目库建设，着力规范和推进扶贫项目的实施，保证资金精准安全高效使用。为深入贯彻落实《中共中央、国务院关于打赢脱贫攻坚战三年行动的指导意见》，湖北省印发了《湖北省扶贫攻坚领导小组关于打赢脱贫攻坚战三年行动的实施意见》，进一步明确了要求和目标，细化了工作措施，并从责任落实、政策落实、工作落实等三个方面建立保障机制，确保全省如期实现脱贫攻坚目标任务。

（三）市级层面的政策安排

为明确工作责任，落实工作举措，全面完成脱贫致富目标任务，黄冈市委市政府以及各职能部门根据中央和省级层面的政策文件结合实际情况制定了全面的政策措施，确保打赢脱贫攻坚战，全面建成小康社会。黄冈市级层面的政策体系高度贴近红安县的实际情况，为红安县的脱贫工作提供了切实可行的指导。早在 2014 年，黄冈市委办公室、市政府办公室就印发了《关于创新机制落实责任扎实推进全市扶贫开发工作》，指出要深化改革，创新机制，统筹推进扶贫开发工作，注重时效，构建扶贫大格局。随后，黄冈市出台了《黄冈市贫困户精准识别工作方案》，对全市 102.8 万贫困人口进行精准识别，了解贫困户贫困状况、致贫原因、帮扶需求、脱贫路径，为精准扶贫工作奠定基础。2015 年 8 月，黄冈市印发了《关于推进产业精准扶贫的实施意见》，为全市的产业精准扶贫工作做出了重要指示；印发了《黄冈市易地扶贫搬迁贷款方案》，指出要创新扶贫思路，拓宽资金渠道，加快搬迁扶贫步伐，坚持政府主导、市场运作、群众自愿和放得出、收得回的原则，确保易地扶贫搬迁有序推进，搬迁贷款规范安全运行。黄冈市还颁布了《市政府金融办、市扶贫办、人民银行黄冈中心支行、黄冈银监分局、市财政局关于金融支持产业精准扶贫意见》《2017 年黄冈市脱贫攻坚工作要点》等一系列政策文件，为黄冈市的脱贫工作顺利开展提供了政策支撑。

二、脱贫攻坚政策体系的安排

在对接中央和省、市政策的基础上，红安县结合自身实际，制定了“1+12”精准扶贫政策、“1+9”灾后恢复重建精准脱贫救助政策、“1+6”精准脱贫补充政策、“1+7”脱贫致富政策等四大政策体系，这四大政策体系涉及农业扶贫、工业扶贫、教育扶贫、政策兜底、易地搬迁、健康扶贫等不同领域，为打赢脱贫攻坚战，早日实现脱贫摘帽提供了重要的政策保障。2018 年 8 月，红安县脱贫摘帽之后，为不断巩固脱贫成效，实现与乡村振兴战略的有效衔接，紧紧围绕贫困户“两不愁三保障”① 脱贫标准和贫困县“三率一度”② 脱贫摘帽具体要求，红安县出台了一系列巩固提升政策。

（一）“1+12”精准扶贫政策

为将精准扶贫工作落到实处，根据《红安县 2015—2017 年扶贫攻坚实施方案》，出台精准扶贫扶持政策，制定扶持措施，助推扶贫攻坚工作有序推进，2015 年 8 月，红安县制定了《红安县精准扶贫政策扶持实施意见》。《红安县精准扶贫政策扶持实施意见》的指导思想是：围绕中央

---

① “两不愁三保障”：扶贫对象不愁吃、不愁穿，义务教育、基本医疗和住房安全有保障。

② “三率一度”：漏评率、错退率、综合贫困发生率和群众满意度。

提出的“四个一批”[①]扶贫攻坚计划和红安县“八个依托”[②]精准扶贫实施办法，整合部门资源，对全县参与扶贫的市场主体、有不同脱贫需求的贫困村、贫困户进行政策奖补、政策贷款和政策扶持，规范贷款资金申报程序和奖补资金审批程序，落实具体帮扶措施，做到精准帮扶、动态管理，建立和完善精准扶贫长效工作机制，确保全县扶贫攻坚目标任务如期完成。同时，提出了“2015—2017 年，用三年时间，通过实施精准扶贫政策扶持，帮助全县重点贫困村和重点贫困户、贫困人口整体脱贫”的目标任务。主要方法步骤是：围绕“八个依托”成立八个指挥部，制定 12 个不同类型精准扶贫政策扶持实施办法；成立整合资金领导小组办公室（以下简称“整合办”），负责整合部门资金，负责扶贫贷款资金、扶贫奖补资金的审批；规范参与扶贫的市场主体和有脱贫需求的贫困户贷款资金申报程序和奖补资金拨付程序；由“八个依托”指挥部的牵头单位分别组织专班对符合政策的市场主体和有不同脱贫需求的贫困户进行分类调查摸底，登记造册；“八个依托”指挥部围绕 12 个实施办法组织落实扶贫政策，并分别对扶贫单位和国家工作人员、贫困户、参与扶贫的市场主体做出明确的纪律要求。

《红安县精准扶贫政策扶持实施意见》在县级整体层面上规划了红安县的精准扶贫工作，而 12 个实施办法则从各个不同的方面明确了精准扶贫的具体做法。整合扶贫资金坚持以改革创新为动力，以提高财政资金使用效益为目的，搭建县级精准扶贫平台，以项目整合为源头，整合财政资

---

① “四个一批”：通过扶持生产和就业发展一批、通过移民搬迁安置一批、通过低保政策兜底一批、通过医疗救助扶持一批。

② “八个依托”：依托新型工业化发展，实施工业企业扶贫；依托现代农业发展，实施农业产业扶贫；依托乡村旅游发展，实施现代服务业扶贫；依托新型城镇化建设，实施民生改善扶贫；依托劳动力转移培训，实施智力扶贫；依托部门资源整合，实施行业扶贫；依托融资方式创新，实施金融扶贫；依托社会扶贫机制创新，实施全民参与扶贫。

金，以资金整合考核为抓手，创新财政资金整合机制。工业扶贫根据工业企业岗位需求，负责安排3000名贫困人口在家门口的企业就业，切实增加贫困户家庭经济收入。农业扶贫大力发展优势特色种植、养殖产业，帮助1000户贫困户2500个贫困人口脱贫。通过旅游扶贫，红安县发展了30个旅游重点村，带动1000户贫困户从事旅游业的创业，带动5000个贫困人口在旅游业就业。易地搬迁以就业和增收为核心，采取集中安置与分散安置相结合，以集中安置为主，就近就地，适度规模，实行“四靠近”[①]，充分尊重搬迁群众意愿，满足搬迁对象多元化需求。劳动力转移培训用3年时间实施精准培训和转移就业，3年共培训1万人次，实现贫困户职业技能培训、转移就业全覆盖。教育扶贫确保贫困家庭学生不因贫失学，不因学致贫，建立完善“助、补、免、贷、奖”五位一体，覆盖从学前教育到高等教育各学段的学生资助体系，各项国家资助政策严格落实到位。医疗救助确保所有贫困户不因病致贫，不因贫不能就医。贫困户因病住院就医费用报销比例提高到90%以上，个人因病住院当年自付费用累计超过5000元的部分由县政府资金整合办公室兜底。政策兜底实现兜底对象（农村五保户、低保户、农村低保贫困户）全部达到国家规定保障线上。扶贫小额信用贷款为有扶贫责任、能带动贫困户脱贫致富的专业大户、农民合作社、家庭农场、农业产业化龙头企业等新型市场经营主体和有能力、有一定生产基础的农村建档立卡贫困户提供，要求只能用于种植业、养殖业、加工业、旅游业、商贸服务业。社会扶贫通过多种途径每年筹措善款500万元，用于解决全县重点贫困户突发事件。光伏发电扶贫试点项目为贫困户和贫困村建立持久增收项目，帮助贫困户家庭新建一个3kW功率户用分布式光伏发电站，产权及收益归贫困户所有，实现年均增

① “四靠近”：靠近中心村、靠近集镇、靠近生态旅游区、靠近产业园区。

收3000元以上，贫困村新建一个50kW功率光伏发电站，产权及收益归村所有，实现年均增收5万元以上。

（二）"1+9"灾后恢复重建精准脱贫救助政策

针对红安2016年遭受百年未遇的洪涝灾害加上正值县乡换届选举、帮扶政策落地等情况，按照中共黄冈市委、市政府"一抗四保"[①]总要求，中共红安县委及时出台了《红安县农业及扶贫产业灾后恢复生产救助实施方案》《红安县因灾倒损居民住房恢复重建工作实施方案》《红安县工业产业灾后"促发展、稳增长、保目标"实施方案》《红安县水利工程设施水毁修复方案》《红安县受灾交通基础设施修复方案》《红安县商贸流通业灾后"促繁荣、稳市场、保目标"实施方案》《红安县城镇市政公共基础设施水毁工程修复方案》《红安县金融机构支持灾后重建工作方案》《红安县救灾及灾后重建资金筹措及管理办法（试行）》等"1+9"的灾后恢复生产救助实施方案，确定了救助对象，制定了核灾办法和救助标准，对受灾的重点贫困村、贫困户给予全额补偿，对参与帮扶的市场主体给予资金扶持，确保大灾之年精准脱贫目标任务不减、标准不降、时间不延。

农业及扶贫产业灾后恢复生产救助主要是通过金融贷款支持、政府给予贴息、给予适当现金和物资等方式对受灾的贫困户、种植大户等进行帮扶，尽快推进农业灾后恢复生产工作。对因灾倒损唯一住房的居民，省级财政与县级财政按6∶4的比例负担，易地扶贫搬迁资金与因灾倒房资金整合使用。在工业产业灾后"促发展、稳增长、保目标"方面，做到核灾范围对全县内企业全覆盖，帮扶范围对有需求的企业全覆盖，力争达到受灾企业"稳"，未受灾企业"增"，产业扶贫工业企业"促"的效果。对因

① "一抗四保"：抗灾保发展、保目标、保安全、保稳定。

水灾而毁的三条河流（倒水、滠水、举水）主干流及支流的水利工程，由县水利局负责组织恢复，工程量、单价及所需资金由县审计局核定，各乡镇的小型水利设施由各乡镇自行组织恢复，县水利局提供技术指导，工程量、单价及所需资金由县审计局核定。红安县境内因灾毁坏的国、省、县、乡、村道路及桥涵构造物实行分阶段、分步骤组织实施修建，以除险保通为主，对损毁的路基、路面、桥梁及涵洞进行重建或者修复。商贸流通业方面，红安县从供给侧结构性改革发力，践行“农业损失三产补”，以信贷支持、金融保障、利息补贴、税收补助、专项扶持等方式，为受灾商贸流通业恢复与灾后重建创造有利条件，展现大灾之年不见灾，实现市场繁荣稳定，消费旺盛。对于因灾损毁的城镇市政公共基础设施，诸如城镇道路、供水管网、排水管网、绿化、路灯、景观灯等，城区的由住建局负责修护重建，乡镇的由各乡镇自行修护重建。金融机构支持灾后重建主要指发挥银行系统和保险机构的特殊功能，通过银行贷款政府贴息的方式进行支持，并发挥保险机构的功能作用。救灾及灾后重建资金筹措和管理使用，遵循“统筹安排、分清缓急、突出重点、厉行节约、快捷高效、安全有序、廉洁规范”的原则，采取“积极向上争取、撬动社会投资、金融支持拉动、本级财力投入、引导社会捐赠、组织投工投劳、保险减灾保障”等方式进行资金筹措。

（三）“1+6”精准脱贫补充政策

为扎实推进红安县精准扶贫精准脱贫工作，确保脱贫目标任务如期实现，进一步强化工作责任，落实干部包保任务，根据《红安县2015—2017年扶贫攻坚实施方案》，经中共红安县委、县政府研究决定，出台精准脱贫帮扶补充措施，主要包括：《红安县副县级以上领导包村驻点调整方案》《红安县精准扶贫精准脱贫“136”工程实施方案（试行）》《红安县金融支持重点贫困村发展壮大集体经济的实施办法（试行）》《红安县精准扶贫精准脱贫督查实施方案》《红安县进一步加强精准扶贫工作责任的实施办法（试行）》《红安县精准扶贫精准脱贫公益性岗位分配方案》等六个方案。

针对换届人员变动，红安县对副县级以上领导包村驻点方案进行调整，调整原则：一是没有调出本辖区的副县级以上领导所包村和贫困户保持不变；二是新提拔的副县级以上领导接替调出副县级以上领导所包重点贫困村的包保责任，调出副县级以上领导原包保的贫困户由所属乡镇党委书记负责包保；三是新调进本辖区副县级以上领导接替调出副县级以上领导的重点贫困村和贫困户的包保责任；四是因人事变动暂空缺副县级以上领导包保的重点贫困村和贫困户，暂由所属乡镇党委书记负责包保。实施市场主体“136”工程[①]，通过市场主体申请、乡镇初审、县扶贫办审核，初步遴选出151个市场主体作为培植对象，对符合申报条件的23个红旗市场主体、44个骨干市场主体、84个优质市场主体进行奖励，促进市场主体参与精准扶贫，给予项目或资金支持，带动更多的贫困户脱贫。红安县政府根据县纪委对56个重点贫困村“三资”清理真实情况，采取金融信贷支持重点贫困村增收工作，帮助村级发展产业，增加村级集体经济收入。在红安县扶贫攻坚指挥部的领导下，由县纪委牵头，以县委督查室、县政府政务督查室、县委组织部等部门抽调专门人员，组成联合督查组，对全县脱贫攻坚的政策层面、工作层面、责任层面三个方面开展督查。精准扶贫涵盖了副县级干部、各乡镇党委书记（镇长）、分管领导、扶贫工作队、第一书记、包保干部、相关产业局、村支部书记等九个方面的责任，实行全方位的责任压实，从而使所有干部心中有民、帮扶有法、包保有责。县政府从整合资金中安排1000万元，解决难以脱贫的重点贫困户

---

① 市场主体“136”工程：从红安县已参与带动贫困户脱贫的市场主体中精选10家优秀市场主体、30家骨干市场主体、60家优质市场主体，带动贫困村出列、贫困户脱贫致富，县政府进行政策奖励。

收入问题，按照村上报、镇初审、县审核的程序，对接帮扶举措后仍难以脱贫的一般贫困户，为其安排1000个乡村保洁员和570个生态护林员的公益性岗位来解决其增收问题。

（四）“1+7”脱贫致富政策

按照中共湖北省委、省政府，黄冈市委、市政府脱贫攻坚“春季攻势”行动的要求，红安县进一步推进精准扶贫精准脱贫工作进程，激发贫困群众内生动力，充分调动贫困户和市场主体的积极性和创造性，提高全县干部群众打赢脱贫攻坚战的信心和决心，全面完成“县摘帽、村出列、户脱贫”的目标任务。结合实际情况，红安县扶贫攻坚工作指挥部研究出台了《红安县关于进一步激发内生动力加快脱贫致富奔小康实施方案》《红安县特色农业产业精准扶贫实施方案》《红安县关于进一步做好贫困户培训就业工作实施方案》《红安县2017年精准脱贫宣传工作方案》《红安县易地扶贫搬迁后扶贫脱贫项目实施方案》《红安县关于落实“136”工程实施方案》《红安县关于做好有劳动能力的贫困户精准培训精准就业工作的工作方案》七个方案。

在进一步加快脱贫致富奔小康方面，红安县实施精神扶贫行动，调动贫困群众参与扶贫项目的选择、建设、监管、验收等过程的积极性和主动性，提升自我发展能力，激发内生动力。推进“双创”（大众创业、万众创新）工程，引导贫困村本土人才返乡创业创新，带动贫困户脱贫。在特色农业产业精准扶贫方面，红安县按照中央、省、市脱贫攻坚总体部署，以贫困户为帮扶对象，以红苕、红宝萝卜、有机茶、蜂蜜等产业为重点，促进贫困户稳定增收，为红安县率先在大别山地区全面建成小康社会做出贡献。在进一步做好贫困户培训就业工作方面，红安县2017年就组织精准扶贫培训10000人次，确保每个有劳动能力的贫困户家庭至少有一人以上接受一门以上的专业技能培训，让贫困户家庭劳动力在劳动技能素质上得到明显提升，增强其脱贫致富的能力。在精准脱贫宣传工作方面，红安县围绕精准脱贫工作任务，充分运用各种有效方式和载体，广泛深入开展精准脱贫思想教育和宣传报道工作，努力营造全社会共同关注、支持和参与精准扶贫精准脱贫的良好氛围，深度挖掘精准扶贫精准脱贫工作中涌现出的各类先进典型，总结宣传红安精准脱贫典型经验，传递引领正能量。在易地扶贫搬迁后帮扶脱贫项目实施方面，红安县通过固定保底分红模式、发展农业特色产业模式、资产收益得租金模式、发展服务业模式、企业务工增收模式等五种模式发展后扶脱贫产业，确保搬迁贫困户“搬得出、稳得住、能脱贫、可致富”。红安县为了进一步推进《红安县精准扶贫精准脱贫“136”工程实施方案（试行）》的落实，充分发挥“136”工程在红安县精准扶贫精准脱贫工作中的重要作用，结合实际，对市场主体入选的基本条件和分类条件、奖励办法等相关内容进行调整完善。在做好有劳动能力的贫困户精准培训精准就业工作方面，红安县对全县建档立卡的有劳动能力的一般贫困户和低保贫困户进行培训，通过精准培训精准就业，让有劳动能力的贫困户掌握一门以上的脱贫致富技术，有稳定的收入来源，且超过国家扶贫标准，使年人均可支配收入增幅高于全省农村居民人均可支配收入，并达到红安县农村居民人均可支配收入的70%以上，思想观念明显转变，脱贫致富信心显著增强，自我发展能力显著提升。

（五）巩固提升政策

2018年是全面贯彻落实党的十九大精神的第一年，是扶贫领域作风建设年，是红安县巩固脱贫成果的第一年。为了全面贯彻落实党的十九大精神，深入践行习近平新时代中国特色社会主义思想，巩固脱贫成果，提高脱贫质量，红安县制定了《红安县2018年巩固脱贫成果的实施方案》

《红安县产业扶贫巩固提升三年行动方案（2018—2020 年）》《中共红安县委、红安县人民政府关于巩固提升脱贫攻坚成效推动全面建成小康社会的实施意见》《红安县脱贫攻坚巩固提升工作安排》等一系列政策文件。巩固提升政策旨在提升巩固红安县脱贫摘帽后的整体工作，实现全县人均可支配收入增长幅度高于全国平均水平，实现基本公共服务领域主要指标接近全国平均水平。

《红安县 2018 年巩固脱贫成果的实施方案》指出，巩固脱贫成果要认真落实党中央关于打好精准脱贫攻坚战的决策部署，坚持精准扶贫精准脱贫基本方略，把提高脱贫质量放在首位，强化脱贫攻坚责任，大力发展特色扶贫产业，不断壮大村级集体经济，注重扶贫同扶志、扶智相结合，坚持把提高脱贫质量与实施乡村振兴战略、争创省级重要增长点统筹谋划，采取更加有力的举措、更加集中的支持、更加精细的工作，不断提高红安县精准脱贫工作水平。巩固脱贫成果的基本原则是：坚持抓党建促脱贫、坚持与乡村振兴发展相结合、坚持与争创省级重要增长点相结合、坚持扶贫与扶志扶智相结合、坚持动态监测和分类施策。总体目标是巩固提升已脱贫的 39223 户 109803 人的脱贫成果，帮助未脱贫的 103 户 323 人脱贫，实现村级党组织管理和服务能力显著增强，村级集体经济显著提升，贫困户脱贫质量显著提高，生产生活环境显著改善。主要包括加强基层党建、强化责任担当、强化驻村帮扶、完善政策体系、培育壮大特色扶贫产业、大力壮大村级集体经济、持续加强基础设施建设、进一步激发贫困户内生动力、巩固搬迁和危旧房改造成果、加强农村精神文明建设、加大社会扶贫力度构建大扶贫格局等 11 个具体政策举措。

《红安县产业扶贫巩固提升三年行动方案（2018—2020 年）》指出，根据各地资源禀赋、产业基础、贫困群众意愿，进一步培植壮大农业优势特色产业，支持重点贫困村培育出能带动贫困户脱贫、具有自身特色的农业产业，基本形成“一乡一业”“一村一品”“一户一特”，主业突出、多业并举、各具特色的产业扶贫发展格局。通过大清查、大整改、大兑付、大推进等主要措施，激发贫困户内生动力，完善与新型农业经营主体利益合作联结机制，扶持贫困户自主发展产业，推动贫困户可持续增收和稳定脱贫。《中共红安县委、红安县人民政府关于巩固提升脱贫攻坚成效　推动全面建成小康社会的实施意见》明确围绕“脱贫摘帽、巩固提升、持续发展、全面小康”的总体目标，以巩固提升脱贫攻坚成效，实现全县经济社会稳定发展，建立和完善脱贫成果巩固提升、贫困动态监测筛查、脱贫发展跟踪管理等长效机制，加快实施乡村振兴战略，继续加强基础设施和公共服务能力建设，找准和建设县域致富产业，确保农村居民人均可支配收入稳步增长，农村教育、文化、医疗、社保等基本公共服务不断完善，农村综合实力和发展水平全面提升，到2020年全面建成小康社会。红安县脱贫攻坚巩固提升工作安排主要包括：抓党建促巩固提升，抓驻村帮扶促巩固提升，抓压实责任促巩固提升，抓精神文明建设促巩固提升，抓“五个一批”[①]促巩固提升，抓激发贫困户内生动力促巩固提升。

三、脱贫攻坚政策体系的保障

习近平总书记强调“要把夯实农村基层党组织同脱贫攻坚有机结合起来，选好一把手、配强领导班子，特别是要下决心解决软弱涣散基层班子的问题，发挥好村党组织在脱贫攻坚中的战斗堡垒作用”。所以，村级党组织是红安县一系列政策体系落实的重要组织保障，打破壁垒、创新方式、统筹资金为政策体系的落实提供了资金保障，而第一书记、驻村帮扶队、

① “五个一批”：发展生产脱贫一批、易地扶贫搬迁脱贫一批、生态补偿脱贫一批、发展教育脱贫一批、社会保障兜底一批。

能人回乡、大学生村官等则为政策体系的落实提供了重要的人才保障。

（一）组织保障

在脱贫攻坚中，中共红安县委组织部加强以党建为引领，深入开展“整县推进支部建设”，始终把党建作为打赢精准脱贫攻坚战的法宝。通过抓党建夯实脱贫攻坚的组织基础，激发党员干部干事创业的激情和贫困群众脱贫致富的内生动力，为贯彻落实扶贫政策、打赢脱贫攻坚战提供坚强的组织保障。

1. 狠抓基层党建

基层党组织是打赢脱贫攻坚战的战斗堡垒，是落实各项扶贫政策的重要组织基础。红安县以“整县推进支部建设”为抓手，推行“党组织 +N+ 党员群众”模式（“N”即红色文化、民俗风情、秀美田园、乡贤名人、特色产业、精准脱贫等），强化基层党组织政治引领和服务功能；坚持村级重大事项、财务收支、合同签署、政策落实必须由党组织把关、必须经过集体决策、必须向党员群众通报“三个必须”原则，强化党组织领导的核心作用；按照“反弹琵琶、先难后易”的思路，采取县领导联系指导、乡镇专班推动、“第一书记”帮建等办法，整顿软弱涣散基层党组织。整合 1.24 亿元专项资金，分三个年度对 303 个村级党员群众服务中心进行提档升级奖补，所有贫困村全部实现便民服务场所规范化。出台《红安县引入党员群众评价机制考核调整村（社区）党组织书记试行办法》，从在外能人、退伍军人、乡村致富带头人中挑选了 98 名优秀人才担任村党组织书记。每年安排 100 万元用于村党组织书记培训和考核奖励，按照“基本 + 绩效 + 奖励”的报酬结构，比照副乡（镇）长工资水平落实村主职干部工作报酬。建好用好党群服务中心，采取“新建一批、改扩建一批、特色示范一批”，采取以奖代补的办法让所有贫困村都有规范实用的便民服务场所，并提供“一站式服务”。要确保个个都达标，坚持建管并重，完善管理制度，优化服务功能，方便党员群众办事，使其成为坚强的执政阵地、便捷的服务平台和温馨的精神家园。采取县领导直接联系指导、工作专班推动、“第一书记”帮建等办法，对软弱涣散基层党组织进行重点管理，因村施策重点抓整顿提升。

2. 强化脱贫攻坚责任

为抓好党建工作，助力脱贫攻坚，红安县坚持落实党政一把手负总责的脱贫攻坚责任制，建立落实台账，压实脱贫责任，加大问责问效力度，规定县委、县政府每月研究一次脱贫攻坚工作，县级党政主职每月五个工作日研究扶贫工作。此外，红安县还明确规定县委书记要遍访贫困村，乡镇党委书记和村党组织书记要遍访贫困户，压实县直部门责任。县直部门要按照脱贫攻坚的任务要求，结合部门职责，抓好组织实施工作。乡镇党委和政府每周要研究一次脱贫攻坚工作，乡镇党政主职每月不少于七个工作日研究扶贫工作。强化农村基层党建工作责任，将抓党建促脱贫攻坚情况作为乡镇党委书记抓基层党建工作述职评议考核的重点内容。对贫困村党组织建设重视不够、措施不力的地方，进行严肃追责问责。同时，红安县还不断完善规范化运行制度，服务脱贫攻坚，制定“双联”制度，明确每名副部长联系三个乡镇，每名机关干部重点联系一个软弱涣散村和重点贫困村，按照每周至少一次的频率下乡督办基层党建、精准扶贫等县委中心工作。协调组织20余人的工作专班，多次到村进行大规模的走访宣传和卫生清洁活动，重点宣传精准扶贫政策，发放工作队联系卡和贫困户明白卡，使其掌握贫困户家庭收入和应享受政策情况。针对湖北省委巡视组对红安县扶贫领域专项巡视中反馈的基层党建弱化虚化等问题，红安县照单全收、深刻反省、集中精力、立行立改，县委召开三次常委会议、一次整改动员大会和八次专题督办会，进行研究部署落实，成立以县委书记为组长的整改落实工作领导小组，抽调15名骨干力量集中办公。对省委巡视组交办的79个问题，红安县全面落实整改责任制、限时办结制、跟踪督查制、整改销号制，实行清单化管理、销号式结账。对驻村第一书记管理不严格问题，电视台每周通报驻村帮扶情况，对缺岗、脱岗队员点名通报批评，已召回三名不称职第一书记，驻村帮扶工作还在全国座谈会上作了经验交流。

3. 发展壮大村级集体经济

集体经济组织是基层党建的重要基础，红安县把集体经济发展作为长效脱贫的固本之策，针对部分重点贫困村村级集体经济依然薄弱的问题，深入研究制定《关于进一步激发内生动力加快脱贫致富奔小康实施方案》等十多个文件，设立1亿元扶贫产业发展基金，整合1800万元村级产业扶持资金，滚动扶持60个村发展特色产业，建立抓党建促脱贫的长效机制。实施“兴镇强村富民”工程，采取金融支持、项目用地支持、招商项目税收返还、光伏扶贫等举措，壮大镇村两级“钱袋子”。2018—2020年，红安县每年将安排1800万元支持60个村发展特色产业，壮大集体经济，通过盘活“三资”[①]、光伏发电、产业扶持、金融信贷支持等措施，全县96个重点贫困村集体经济年收入都达到了5万元以上，增强了“造血”功能。2018年7月18日，中共红安县委党建工作领导小组第二季度工作例会通过了《红安县2018年度发展壮大村级集体经济试点村“三资”清理工作方案》。2018年，红安县通过“党组织＋特色产业＋党员群众”模式，支持60个试点村发展壮大村级集体经济对全县重点贫困村集体“三资”进行全面清理锁定，依法废除显失公平的“三资”租赁合同。整合闲置厂房、废旧村部、校舍等固定资产，村集体所有的山林、土地、水面等

① “三资”：村级集体经济中的资金、资产、资源。

自然资源，依法进行开发整理，全面盘活村集体的“三资”。将发展集体经济作为村党组织书记培训班的重点内容，先后组织县直部门负责人、乡镇党委组织委员、村党组织书记到桐庐、安吉、团风、英山等地参观学习，开阔眼界，拓宽思路。红安县还出台《关于进一步加快发展壮大村级集体经济的指导意见》，设立扶贫产业发展基金 1 亿元，重点支持发展红苕、老君眉茶、蜂蜜、红宝萝卜、红安大布、永河皮子等特色产业。

（二）资金保障

资金是各项扶贫政策落实的重要保障，资金到位是实现脱贫致富的重要环节。红安县根据中央和省、市的指导意见，以创新方式统筹整合各类扶贫资金，夯实政策落实的资金基础。同时，规范扶贫资金的使用，保证资金高效精准使用、发挥效益，并加强对资金的监督管理，实现资金使用流程规范透明，对扶贫资金进行动态监管。

1. 创新统筹方式

高位推进抓统筹。成立了以县长为组长，财政局、发改局、扶贫办、监察局等 56 个单位主要负责人为成员的资金整合工作领导小组，设立资金整合办公室。同时，为统筹整合财政资金的归集及拨付管理，在财政局内设财政资金整合办公室，负责日常财政资金整合的组织、指导协调、管理制度制定、日常事务处理、督促检查等工作。首先，落实政策抓统筹。一是明确整合范围。按《国务院办公厅关于支持贫困县开展统筹整合使用涉农资金试点的意见》等文件要求，明确整合资金范围，实施“源头”整合，打破部门、行业界限，统筹上级和本级、涉农和非涉农、结转和增量等一切可用财政性资金，做实做大资金盘子。二是严守“负面清单”红线。根据年度脱贫任务及巩固脱贫成效需要，用好用足整合试点政策，实事求是确定年度计划整合资金规模，在“因需而整”的前提下，做到“应整尽整”。同时，坚守“整合的中央财政资金不得突破《国务院办公厅关于支持贫困县开展统筹整合使用涉农资金试点的意见》规定的20大项资金范围”和“五个不得”“五个防止”的负面清单红线，整治“乱作为”。其次，规划引领抓统筹。突出政府主导，根据红安县“1+12”等扶贫政策体系和年度脱贫计划，建立扶贫项目信息库。以项目为载体，制定年度项目建设总体规划和扶贫资金整合方案，将资金统筹整合任务分解到相关单位，落实整合责任。2018年度，红安县统筹整合资金主要用于村级“十有”巩固提升及“五个一批”建设，项目责任落实到扶贫办、水利局等18个单位。最后，以涉农资金带动非涉农资金抓统筹。自2017年以来，红安县按照《国务院办公厅关于支持贫困县开展统筹整合使用涉农资金试点的意见》等文件精神，大力推进涉农资金整合工作，全力支持精准扶贫，以中央涉农资金整合带动省、市、县涉农资金及非涉农资金统筹整合，并达到撬动社会资本，实现集中财力办大事的目的。

2. 规范资金使用

建立扶贫资金绩效评价制度，开展扶贫资金绩效评价工作，运用绩效评价结果，指导扶贫项目资金分配，确保扶贫资金发挥效益。第一，以效益为目标。围绕脱贫任务及巩固提升需求，按照轻重缓急及坚持效益目标的原则选择扶贫项目，瞄准贫困人口精准施策，逐步实现对扶贫项目资金全过程绩效跟踪，增强贫困人群自我发展能力，让贫困人群有更多的获得感。红安县推出的健康扶贫政策让全县贫困人口普遍受益，该经验入选2017年度“全国基层改革创新案例”之首，并在全国范围内推广。第二，以资金为杠杆。通过设立政府增信基金和小额扶贫贷款贴息，撬动金融资本，引导金融机构支持扶贫产业发展和扶持贫困户脱贫。自2017年以来，红安县已发放扶贫小额信贷资金2.65亿元，争取易地扶贫搬迁资金3.7亿元，光伏扶贫争取商业银行贷款2.6亿元，政府贴息支持农户贷款1.41亿元。第三，以项目为载体。以重大扶贫产业项目为载体，统筹整合财政性资金，带动社会资本支持项目建设。如：以总投资7.75亿元的北京德青源金鸡产业项目为载体，整合涉农资金0.63亿元，取得农发行贷款2亿元，争取德青源公司投资4.3亿元，建设华中地区最大的绿色蛋品生产基地，可带动38个重点贫困村1.6万户贫困户增收。该项目一期已建成投产，带动3000户稳定增收，38个重点贫困村入股年分红4万元。第四，以激励为导向。设立2600万元的奖补资金，实施市场主体"136"激励工程（评选10家红旗市场主体、30家骨干市场主体、60家优质市场主体，分别奖励50万元、30万元、20万元），通过产业帮扶带动贫困户实现长远增收脱贫。据统计，红安全县已建成千亩以上现代农业科技示范园71家，规模以上农产品加工企业63家。

3. 加强监督管理

为保证扶贫资金助力扶贫政策有效落实，红安县通过分类管理、规范流程、完善资金使用长效机制、动态监管等措施，实现扶贫资金的有效使用。分类管理明晰化。红安县整合资金分两类进行管理：一类是集中安排使用的资金，此类资金全县打通使用。对直达到户的资金，由各产业单位按制定的实施方案进行验收，验收合格后按规定程序报批，资金直达贫困户；对项目建设类资金，由项目主管单位实行县级报账制，各项目单位按实施方案对完工项目进行验收，验收合格后按规定程序报批，资金直达施工单位。另一类是非集中使用的资金，资金整合单位按《红安县统筹使用财政资金管理办法（试行）的通知》进行管理，在不改变原资金用途的前提下，按照年度脱贫需求及项目规划区域统筹使用，资金进出须经精准扶贫资金专户。第一，流程管理规范化。为规范精准扶贫统筹资金管理，保证扶贫政策落实到位，红安县针对集中使用和非集中使用两类统筹资金，分别制定了资金申请拨付流程图，明确了申请主体、审核单位、拨付程序、使用要求，切实维护了资金整合使用的规范性、准确性、严肃性。第二，完善机制长效化。一是制定了《红安县统筹使用财政资金管理办法（试行）》，规范了统筹资金的分配、使用、监管及考核等内容；二是制定了《红安县扶贫项目和扶贫资金监督管理办法（试行）》，明确了统筹资金监管职责；三是完善了统筹整合资金协调机制，探索了跨部门联席会议制度、财政内部协调制度、信息报送制度、督办制度、考核制度等一系列制度，通过完善制度，提升管理质量，确保统筹整合工作顺利推进。第三，公示公开透明化。为切实开展扶贫资金公告公示工作，提高扶贫项目资金使用的透明度，红安县制定了《扶贫资金项目公告公示细则》，明确了县、乡、村三级公告公示的资金范围、责任主体及方式等内容，接受群众监督，确保资金在阳光下运行。扶贫对象参与项目、资金监管，脱贫验收过程做到公开透明。监管联动常态化。成立由县政府督查室牵头，财政局、审计局、扶贫办等相关单位参与的监督管理专班，按照“资金跟着项目走、责任跟着资金走、监管跟着责任走”和“谁管项目、谁用资金、谁负责任”的原则，对目标任务完成、资金拨付使用管理、项目建设完成情况进行全领域、全过程监管，压紧压实各部门直接监管责任和各乡镇属地管理责任。定期召开资金监管联席会议，及时通报情况、研究问题、制定改进措施。

（三）人才保障

红安县通过第一书记帮带、驻村工作队帮建、各类人才助阵，打造脱贫攻坚的“突击队”，为各项脱贫攻坚的落实提供了强大的人才保障。通过派强用好第一书记和驻村工作队，实施“红色头雁”工程，发挥党员的先锋模范作用，加大干部人才支持力度，切实抓好干部培训，吸引能人回乡工作，使红安县脱贫攻坚工作顺利高效开展，实现脱贫摘帽。

1. 派强用好第一书记和驻村工作队

政策要落实，关键要选优配强村级带头人，发挥村支部书记的带头作用。为此，红安县大力推进“红色头雁”工程，选派151名驻村第一书记充实到扶贫工作一线，连续三年每年择优引进100多名大学生到村任职，储备一批村级后备干部，打造一支“不走的工作队”。红安县还开展“项目建设党员带队、环境整治党员带领、产业发展党员带动、服务群众党员带头”的农村党员“四带”行动，真正让党员行动起来、把贫困户带动起来。建强脱贫力量，红安县选派151名机关党员干部到村任“第一书记”，选聘22名大学生村官到贫困村任职，每月开展一次“支部主题党日”，引导党员在脱贫攻坚中发挥先锋模范作用。加强对第一书记进行业务培训，提高第一书记履职能力。自2018年10月以来，按照省、市统一部署，红安县扎实开展村（社区）“两委”换届选举工作，严格落实村（社区）“两委”候选人部门联审机制，下深水、下苦功选任了一大批年轻优秀的支部书记。全县调整村（社区）党组织书记227名，调整面占比为56.47%。采取从县乡机关事业单位“派”、从退休人员中“聘”的办法选聘支部书记86名，人数占比为20.73%。严格执行《红安县贫困村、软弱涣散村党组织第一书记管理办法（试行）》，2018年年初对2017年度考核不合格的三名第一书记实行召回管理，对考核优秀的40名第一书记予以通报表扬。抽调1398名优秀干部组建399个驻村工作队和12个督查队，实行“五天四夜”驻村帮扶。三年来，工作队化解各种矛盾1872个，为贫困户解决实际问题6883个。红安县每年年底对第一书记履职情况进行考核，对不胜任的及时召回调整。坚持选派过硬的优秀干部参加驻村帮扶，加强干部考核和工作指导。派出单位要严格落实项目、资金、责任“三个捆绑”的要求，加大保障支持力度。注重在脱贫攻坚一线考察识别干部，对在脱贫攻坚中工作出色、表现优秀的干部予以提拔重用。

2. 加大干部人才支持力度

红安县坚持把政治标准放在首位，扩宽选人渠道，促进乡村本土人才回流，本村没有合适人选的，从县乡机关、企事业单位优秀年轻干部、科级后备干部中下派，或退休人员中回请。通过引导能人回乡，助力脱贫攻坚和乡村振兴。中共红安县委统战部、工商联积极响应县委县政府号召，为巩固脱贫成效，助力乡村振兴，宣传鼓励红安籍在外成功人士回乡创业，扎实推进能人回乡工作。第一，广泛宣传，营造氛围。通过一对一联系沟通、QQ、微信等方式向武汉红安商会、深圳红安商会、东莞红安商会等异地商会及会员1500余人次发送了《欢迎回乡创业，家乡人民期盼您——致红安籍在外创业人士的一封信》，广泛宣传能人回乡创业工作。第二，抢抓时机，深入推介。清明节期间，借外地的红安籍企业家回乡之际，组织他们参加能人回乡创业工作座谈会，组织武汉红安商会、成都红安商会等外地商会代表参加红安县能人回乡创业工作座谈会。与会代表踊跃发言，纷纷表示积极支持能人回乡创业工作，并结合企业发展提出工作建议。第三，调研摸底，增强沟通。通过商会等交流平台，对有意向回乡投资或者已经回乡投资的企业家进行调研摸底。初步了解情况后，主动与企业家对接，宣传政策，进一步增强企业家回乡投资创业的热情和信心。红安县还选派公立医院专业技术人才、优秀教师、农技专家到各乡镇分别开展巡回义诊、送教帮教及技术帮扶。同时，实行村（社区）党组织书记备案管理机制和候选人县级联审机制，严把村（社区）党组织书记人选质量关，严格依法依规做好村（社区）“两委”换届工作。实施“一村多名大学生计划”，分期择优引进一批大学毕业生到村任职，确保每个贫困村储备1—2名后备干部。加大从优秀村干部、大学生村官中招录乡镇公务员和事业单位人员的力度，并适当降低门槛。每年对村（社区）党组织书记进行不少于7天的集中轮训，提升其政治觉悟和带领群众脱贫攻坚的能力，全面落实村干部主职专职化管理，强化履职尽责考核。

四、脱贫攻坚政策体系的启示

在脱贫攻坚和巩固提升脱贫成果的过程中，红安县通过打好“四大体系”政策“组合拳”和党建扶贫工作取得了巨大的成果，成为湖北省率先脱贫的区县。红安县的创新做法也为其他贫困地区脱贫和巩固脱贫成果、实施乡村振兴战略提供了普遍的经验与启示。

（一）构建政策体系，助力脱贫攻坚

红安县制定了全面的政策体系，为脱贫攻坚保驾护航。在脱贫摘帽的过程中，对标中央和省、市政策，明确脱贫攻坚政策制定的总体方向，对接红安实际，坚持系统谋划、实事求是、勇于创新，先后制定“四大政策体系”，构成了全县保障脱贫攻坚的政策“组合拳”。同时，根据具体事件，针对脱贫攻坚的不同阶段，及时调整政策以适应社会现实情况。

1. 要明确政策方向

中央、省、市关于脱贫攻坚的精神和政策是县域开展脱贫攻坚工作的根本指导，贫困地区要紧跟中央、省、市的步伐，落实中央、省、市的相关政策和精神。县级政策的制定实施要以中央、省、市的政策作为指导，这是制定脱贫攻坚政策体系，打赢脱贫攻坚战的关键一步。红安县之所以能够在湖北省率先脱贫，关键在于认真贯彻习近平总书记关于扶贫工作的重要论述，根本在于认真贯彻落实中央、省、市的决策部署，把脱贫攻坚作为重大的政治任务、重大的政治责任、重大的民生工程。贯彻落实中央、省、市的决策部署，结合实际情况统筹谋划，为打赢脱贫攻坚战奠定了牢固的政策基础。

2. 要打好政策“组合拳”

打赢脱贫攻坚战不仅要有好的方案，还要有具体的实施办法和监督保障体系，各种政策之间需要相互配合才能发挥最大合力，保证实现脱贫目标，巩固脱贫成果。红安县构建专项扶贫、行业扶贫、社会扶贫合力攻坚的大扶贫格局，全面推进各项扶贫政策落地落实。纵观红安县四大政策体系，主要都是围绕《红安县精准扶贫政策扶持实施意见》出台各项具体实施办法，主要包括资金整合、工业扶贫、农业扶贫、旅游扶贫、易地扶贫搬迁、劳动力转移培训、教育扶贫、医疗救助、政策兜底、小额信贷、社会扶贫、光伏扶贫等 12 个具体实施办法，每个实施办法都有配套实施细则，实现了密织产业、医疗、教育、住房、饮水、社会保障等各项政策之网。

3. 要着力补齐政策短板

社会环境总是变化万千，扶贫面临的问题和情况也是不断地发展变化的，要保证政策与时俱进，就要根据实际情况的变化对政策进行调整，针对实际情况聚焦补短板、保底线、解难题。2016 年，红安遭遇特大洪灾，加上县乡换届，根据“1+12”扶贫帮扶政策实施综合情况，红安县扶贫办及时向县委、县政府反馈情况，出台了“1+9”灾后恢复重建精准脱贫救助政策和“1+6”精准脱贫补充方案。2018 年，红安退出贫困县之后又接着出台了巩固提升的方案和办法，为巩固脱贫攻坚成果提供政策保障。将脱贫攻坚政策与乡村振兴战略结合起来，根据实际情况进行对接调整完善，从而保证政策有效地指导脱贫，助力脱贫攻坚。

（二）完善保障措施，促进政策落实

红安县曾凝聚着革命先烈的心血，有着丰富的红色历史资源，红安县将红色历史资源与党建扶贫结合起来，始终把党建作为打赢精准脱贫攻坚

战的法宝，通过抓党建夯实脱贫攻坚政策落实的组织基础。通过创新资金统筹方式、规范资金使用、加强对资金的监管，为政策落实提供资金保障；并以人才保障为着眼点，解决贫困地区人才不足的问题。

1. 以党建引领为支撑点，夯实政策落实的组织基础

基层党组织是打赢脱贫攻坚战的战斗堡垒，建强基层堡垒，提升村级管理水平，夯实政策落实的组织基础，是扶贫政策体系发挥效用的关键。脱贫攻坚，关键在党，核心在人。抓好基层党建就是抓住了富民强村的“牛鼻子”。要进一步深化村（社区）党支部标准化规范化建设，紧跟群众需求，改进服务方式，加大对软弱涣散村党组织的整顿力度，让基层党组织成为脱贫攻坚的“一线指挥部”。充分发挥基层党组织的战斗堡垒作用，抓好党建促脱贫。选好配强村级“两委”班子，增强班子凝聚力、战斗力和创造力，把广大基层党员和群众的思想、行动、力量和智慧凝聚起来，解决基层党组织和群众性组织“干什么”“谁来干”“怎么干”“干得怎么样”等一系列问题，实现从“能人治村”到“制度治村”、从“少数人治村”到“多数人治村”的根本性转变，为脱贫攻坚和巩固提升政策落实提供政治和组织保障。

2. 以资金统筹为突破口，夯实政策落实的资金基础

好的政策必须还要有足够的资金支持，很多贫困地区正是由于缺乏资金，导致各项政策难以落实，扶贫项目难以顺利推进。红安县强化系统谋划，统筹资金突出政府主导，根据“1+12”等扶贫政策体系和年度脱贫计划，打破条块分割，消除部门壁垒，制定年度项目建设总体规划和扶贫资金整合方案，分年度明确整合任务。同时，坚持规划引领，搭建整合平台，明确整合范围，实施“源头”整合，打破部门、行业界限，统筹上级和本级、涉农和非农、结转和增量等一切可用财政性资金，做实做大筹资盘子。创新资金统筹方式，结合红安县实际情况，按照“大类间统筹”的

原则，按资金的不同类别属性实行分类统筹，以财政资金为杠杆，撬动金融资本。此外，研究出台统筹整合资金使用管理办法，包括集中使用和非集中使用两种类型，分别制定资金申请拨付流程图，明确申请主体、审核单位、拨付程序、使用要求，切实维护资金整合使用的规范性、准确性、严肃性，通过建立联合监管格局、强化条线监管责任、坚决执行监管纪律等方式加强对资金的监管。

3. 以人员保障为着眼点，夯实政策落实的人才基础

许多贫困地区人员大量外流，只剩下老人、妇女和儿童，许多扶贫政策想落实却没有人才保障，导致扶贫效果不明显。红安县加强第一书记选派工作，帮助建班子、带队伍、抓扶贫、促发展，打造“永不走的扶贫工作队”，加大扶贫干部培训力度，着力打造一支与打赢脱贫攻坚战相适应的党员干部队伍。同时，红安县还吸引大学生留村，欢迎在外能人回乡工作创业，为脱贫攻坚提供智力支持，切实加强各级扶贫机构和队伍建设，使之与打赢脱贫攻坚战的要求相适应，增强各乡镇承担扶贫开发工作的队伍力量。精准脱贫工作，农村是主战场，群众是主力军，广大群众作为农村生产力中最活跃的因素、农村社会进步中最重要的推动者是精准脱贫工作最直接的受益者。因此关键还是要充分依靠和发动群众，充分发挥群众主体作用，才能保证各项扶贫政策落实到位，持续巩固脱贫成果。

第三章 健康扶贫："4321"红安模式

因病致贫、因病返贫是建档立卡贫困家庭最主要的致贫因素。《中共中央、国务院关于打赢脱贫攻坚战的决定》明确提出："开展医疗保险和医疗救助脱贫，实施健康扶贫工程，保障贫困人口享有基本医疗卫生服务，努力防止因病致贫、因病返贫。"世界卫生组织发布的《全民健康覆盖情况追踪：2017 年全球检测报告》显示，当前全球有一亿人因病致贫。[①] 国务院扶贫办建档立卡数据显示，随着脱贫攻坚的不断深入，因病致贫、因病返贫的人口比例不降反升，从 2013 年的 42.2% 上升到 2015 年的 44.1%，2015 年年底因病致贫、因病返贫的贫困人口涉及近 2000 万人，其中患有大病和慢性病的是 734 万人，[②] 在各种致贫原因中，因病致贫在各地区都排在最前面。因此，无论是从世界范围来看，还是立足于我国的实际情况，因病致贫、因病返贫都是我国反贫困历程中的重大挑战，疾病是贫困人口脱贫最大的"拦路虎"，要从根本上解决因病致贫、因病返贫的问题。

① World Health Organization and The World Bank. *Tracking universal health coverage:2017 global monitoring report*[R], 2017.

② 《新闻办就〈健康扶贫工程"三个一批"行动计划〉有关情况举行发布会》，http://www.gov.cn/xinwen/2017-04/21/content_5188005.html，2017 年 4 月 21 日。

一、健康扶贫的意义及背景

（一）健康扶贫的意义

健康是人类的基本权利，身体与心理健康是全体人民追求美好生活的基本条件。阿马蒂亚·森从发展与自由的关系出发，认为贫困人口缺乏创造收入的能力、获取和享有正常生活的能力，根源于他们的能力受到剥夺与机会的丧失。[①]从可行能力的视角来看，健康被认为是一种具有重要内在价值的人类可行能力，而且是最基本的能力。如果一个人不具备健康的条件，则其获得其他的可行能力包括健康生活的能力、受教育的机会、参与社区生活的能力、心情愉悦等在很大程度上将受到限制甚至摧毁。因此，健康的对立面——疾病意味着可行能力的被剥夺，其造成的贫困不仅仅是收入贫困，更重要的是会降低获取收入的能力，使得将收入转化为可行能力更加困难。因为病况越严重的人，会需要更多的收入以便得到照顾和接受治疗，才能实现与健康的正常人相同的功能性活动，因此民众的健康可以看成发挥功能的一种关键性的基本能力，健康被剥夺是贫困的一种形式，也是导致收入贫困的重要原因。

在农村贫困地区，往往会出现“疾病—贫困”的恶性循环，即“疾病—支出加大—贫困加深—无力医治—疾病加重”。也就是说，疾病与贫困之间相互影响。红安县是一个典型的山区农业县，地理位置较偏，远离中心城市，基本医疗设施落后，医疗人才缺乏，繁重的劳动、医疗保健观念的缺乏使得群众抵抗疾病风险的能力较弱。疾病的发生会让人丧失部分

---

① ［印］阿马蒂亚·森：《以自由看待发展》，中国人民大学出版社 2003 年版。

甚至全部的劳动力，家庭收入被迫减少，灾难性的医疗支出或者是大额的医疗费用使家庭支出进一步扩大，致使他们陷入贫困的境地。红安县立足本县的实际，抓住精准脱贫、健康先行的扶贫思路，实施健康扶贫政策意义重大。

1. 为打赢脱贫攻坚战提供健康保障

《中共中央、国务院关于打赢脱贫攻坚战的决定》要求的“三保障”之一就是“基本医疗有保障”，即到2020年贫困地区人人享有基本医疗服务，农村贫困人口大病得到及时有效救治和保障，个人就医费用负担大幅度减轻。习近平总书记也强调：因病致贫、因残致贫问题时有发生，扶贫机制要进一步完善兜底措施，在医保、新农合方面给予更多扶持。红安县建立政府主导、部门联动、社会参与的健康扶贫工作机制，构建形成“基本保险＋大病保险＋健康扶贫医疗救助＋民政救助”四位一体的医疗保障体系，加强基层医疗卫生体系建设，提高公共卫生服务水平，提升农村贫困人口医疗保障和健康管理能力，实现全县贫困人口看得起病、看得了病、看得好病、少得病，有效解决因病致贫、因病返贫的问题，为打赢精准脱贫攻坚战提供了健康保障。

2. 为实施乡村振兴战略奠定发展基础

2018年5月31日，中共中央政治局审议通过了《乡村振兴战略规划（2018—2022年）》，提出到2035年要实现农业农村现代化，到2050年，要实现农业强、农村美、农民富的新局面。乡村振兴取得成就的最关键要素就是人。红安县实施健康扶贫政策，对患有大病和长期慢性病的农村贫困人口进行分类救治，帮助患者解除病痛、恢复自我发展的信心、尽快恢复生活生产能力，帮助家庭甩掉疾病的沉重负担，帮助他们摆脱因病致贫、因贫病重的恶性循环困境，使贫困对象能够如期增收脱贫，加快脱贫奔小康的步伐，为乡村振兴战略的全面实施奠定坚实的基础。

（二）健康扶贫的背景

1. 国家健康扶贫的战略部署

我国农村人口占全国总人口的70%左右，据统计，2003年我国农村的贫困人口有3000万人，[①]其中，绝大部分贫困家庭是因病致贫的。由于从上到下缺少稳定的医疗救助资金来源，农村医疗救助制度一直没有建立起来，疾病问题一直困扰着这些贫困家庭。党中央、国务院十分重视此项工作，党的十六大要求"建立适应新形势要求的卫生服务体系和医疗保健体系，着力改善农村医疗卫生状况，提高城乡居民的医疗保健水平"。2002年10月，党中央、国务院下发的《关于进一步加强农村卫生工作的决定》提出："对农村贫困家庭实行医疗救助，医疗救助对象是农村五保户和贫困农民家庭，医疗救助的形式可以是对救助对象患大病给予一定的医疗费用补助，也可以是资助其参加当地合作医疗。"[②]随后，民政部、卫生部、财政部三部委联合发布了《关于实施农村医疗救助的意见》，对农村医疗救助的对象进行了明确界定，规定了农村医疗救助的对象是：农村五保户、农村贫困户家庭成员；地方政府规定的其他符合条件的农村贫困农民。此时，我国农村的医疗救助制度建设处于一个初步探索阶段。

2011年12月，中共中央、国务院印发了《中国农村扶贫开发纲要（2011—2020年）》，明确提出要完善贫困地区县、乡、村三级医疗卫生服务网，提高新型农村合作医疗参合率、门诊统筹等，让贫困地区群众获得公共卫生和基本医疗的服务更加均等。

---

① 国家统计局农村社会经济调查总队：《2003年中国农村贫困监测报告》，中国统计出版社2003年版。

② 《中共中央、国务院关于进一步加强农村卫生工作的决定》，http://www.gov.cn/gongbao/content/2002/content_61818.htm，2002年10月19日。

习近平总书记指出，没有全民健康，就没有全面小康。拥有健康身体方能实现自主脱贫、彻底脱贫。党的十八届五中全会作出了“推进健康中国建设”的决策部署，提出要坚持以人为本、以患者为中心，要深化医药卫生体制改革，建立中国特色卫生医疗制度，为全面建成小康社会奠定基础，把推进健康中国建设上升为国家战略。

2015 年 6 月，《中共中央、国务院关于打赢脱贫攻坚战的决定》将健康扶贫作为精准脱贫的重要手段，要求“实施健康扶贫工程，保障贫困人口享有基本医疗卫生服务，努力防止因病致贫、因病返贫”。“十三五”时期是全面建成小康社会，实现第一个百年奋斗目标、打赢脱贫攻坚战的决胜阶段，是全面推进健康中国建设的起步阶段。2016 年 6 月，国家卫生计生委会同国务院扶贫办等 14 个中央部门制定印发《关于实施健康扶贫工程的指导意见》，更是明确提出健康扶贫的总体要求：“针对农村贫困人口因病致贫、因病返贫问题，突出重点地区、重点人群、重点病种，进一步加强统筹协调和资源整合，采取有效措施提升农村贫困人口医疗保障水平和贫困地区医疗卫生服务能力，全面提高农村贫困人口健康水平，为农村贫困人口与全国人民一道迈入全面小康社会提供健康保障。”健康扶贫工程包含的政策很多，核心是要让贫困地区农村贫困人口“看得起病、看得上病、看得好病、少生病”，综合施策，形成政策合力，有效防止因病致贫、因病返贫。①

2017 年 4 月，国家卫生计生委、民政部、财政部、人力资源和社会保障部、保监会和国务院扶贫办联合制定了《健康扶贫工程“三个一批”行动计划》，要求在因病致贫、因病返贫核准工作的基础上，按照“大病集中救治一批、慢病签约服务管理一批、重病兜底保障一批”的要求，组

① 王培安：《全面实施健康扶贫工程》，《行政管理改革》2016 年第 4 期。

织对患有大病和长期慢性病的贫困人口实行分类分批救治，将健康扶贫落实到人、精准到病，推动健康扶贫工程深入实施。

2. 红安健康扶贫的现实背景

红安县原是集革命老区、资源匮乏区、贫困地区、优抚集中区"四区一体"的国定贫困县，贫困人口多、贫困程度深、脱贫难度大。据国家建档立卡调查数据统计，2015 年湖北省因病致贫总人数为 189.6 万人，占全省 590 万建档立卡贫困人口的 32% 以上，其中患病总人数为 73.3 万人，占因病致贫总人口的 38.66%。①

2014 年年底，红安县先后开展了精准识别、精准包保、精准分析、精准施策等四个精准扶贫行动。在精准分析中发现，红安县因病致贫贫困户占全县农业总户数的 69.6%，人数占 61%，涉及 2 万多个家庭，几乎是湖北省因病致贫数 38.66% 的两倍。其中：患长期慢性病 35961 人，占 31.87%；患大病 10260 人，占 9.09%；残疾人口 5850 人，占 5.18%（见图 3-1）。三类非健康人口共计 52071 人，占贫困人口总数的 46.14%，比黄冈全市平均高 14.55%。患长期慢性病、患大病和残疾比例分别高出 7%、2.66% 和 4.89%。健康人口比例比黄冈市低 9.64%，说明红安县贫困人口的健康贫困状况比全市平均水平低。

① 龙华、王芳：《湖北出台〈关于湖北省健康扶贫工程的实施意见〉》，《湖北日报》2016 年 11 月 2 日，第 3 版。

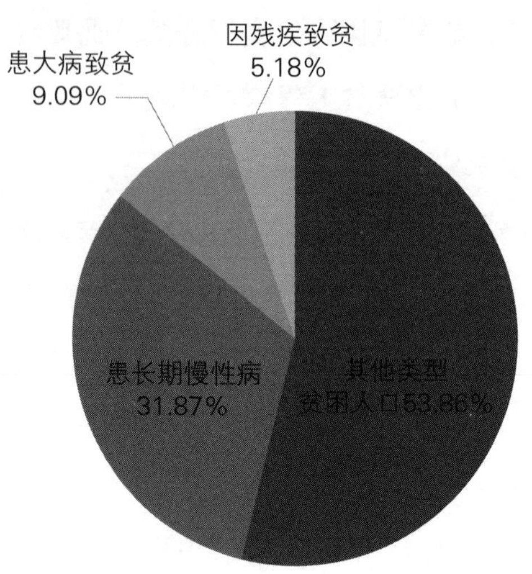

图 3-1 2014 年红安县建档立卡贫困人口的健康贫困状况

我国从 2002 年 10 月就提出各级政府要积极引导农民建立以大病统筹为主的新型农村合作医疗制度，原国家卫计委、财政部对新农合的人均补助标准也在逐年提高，但是普惠性的医疗保险制度设计难以满足贫困群体特殊性的医疗保障需求。尽管“新农合”的住院费用政策范围内报销比例达到了 75%，但次均费用实际报销比例只有 50% 左右，重大疾病患者的实际报销比例往往更低，[①] 其中，红安新农合的实际报销比例只有 57%，而贫困家庭的人均年收入不足 3000 元。[②] 即使大病保险给予二次补偿，贫困患者个人和家庭还需要承担剩余的相应费用，包括因病产生的附带费用，如异地交通与食宿等费用。

农民报销比例太低和大额医疗费用中个人承担部分数额太大，是导致低收入家庭贫困最主要的两个原因。“小病拖、大病扛，扛不过去亲人帮”

① 张仲芳：《精准扶贫政策背景下医疗保障反贫困研究》，《探索》2017 年第 2 期。
② 新农合的实际报销比例数据由红安县卫生与计划生育局提供。

是红安贫困群众因病致贫的真实写照。

二、健康扶贫的政策安排与主要做法

（一）健康扶贫的政策安排

2015年，为将精准扶贫工作落到实处，根据《红安县2015—2017年扶贫攻坚实施方案》，中共红安县委、县政府出台了《红安县精准扶贫政策扶持实施意见》，制定了红安县医疗救助实施办法，明确了健康扶贫的目标任务是确保所有贫困户不因病致贫，不因贫不能就医。明确规定了贫困户因病住院就医费用报销比例提高到90%以上，个人因病住院当年自付费用超过5000元的部分由县政府资金整合办公室兜底。

2016年11月1日，湖北省卫生计生委、省扶贫办等15个部门联合出台《关于湖北省健康扶贫工程的实施意见》，首次提出县域内农村贫困人口住院实行先诊疗后付费。《关于湖北省健康扶贫工程的实施意见》明确提出，湖北省凡建档立卡的贫困患者在县内定点医疗机构住院，入院时可不用先行垫付诊疗费，只需在出院时到医院综合服务窗口一次性支付自负医疗费用，实现基本医疗保险、大病保险、疾病应急救助、医疗救助"一站式"即时结算。

2016年10月，红安县脱贫攻坚指挥部印发了《红安县精准扶贫政策扶持实施意见的补充意见》的通知，调整并新增了精准扶贫对象救助范围，将当年度发生在定点医疗机构的住院医疗费用全部纳入救助范围。

2017年3月，红安县扶贫攻坚工作指挥部办公室下发了《红安县健康扶贫工作实施方案》，制定了红安县健康扶贫工作实施细则，从提高医疗卫生服务体系效能建设、提高医疗卫生服务保障能力、提高医疗服务精准惠民服务质量、提高公共卫生服务水平等四个方面让贫困人口看得上病、看得起病、看得好病和少生病。

2017 年 8 月，湖北省卫生计生委、省民政厅、省财政厅等 6 个部门印发了《湖北省健康扶贫“三个一批”行动方案的通知》，提出通过大病集中救治一批、慢性病签约服务管理一批、重病兜底保障一批的办法推动湖北省的健康扶贫工作。《通知》中要求，按照“基本医保 + 大病保险 + 医疗救助 + 补充保险”模式，对全省农村贫困人口基本医疗保险取消住院起付线。由财政补贴贫困人口参加城乡居民基本医保个人缴费部分。提高重特大疾病医疗救助比例和年度最高救助限额。县市政府以不低于每人每年 200 元的标准为贫困人口购买补充商业保险，确保住院报销比例达 90% 以上，年度个人自付费用不超过 5000 元。依据上级文件精神，红安县卫计部门出台了《关于落实好健康扶贫“三个一批”行动计划的若干意见》，对患有大病和长期慢性病的贫困人口开展分类分批救治，精准推进实施健康扶贫工程。红安县扶贫攻坚工作指挥部办公室制定了《红安县健康扶贫医疗救助门诊慢性病补偿管理办法》，从定病种、定报销比例、定医疗检查和药品、定医疗机构、定医生五个方面对健康扶贫医疗救助慢性病门诊照顾准入进行了制度化、规范化。

2018 年 5 月，湖北省人民政府办公厅下发了《关于完善农村贫困人口基本医疗有保障有关政策的通知》，明确提出“实行基本医保、大病保险、医疗救助、补充医疗保险‘四位一体’工作机制，确保农村贫困人口住院医疗费用个人实际报销比例提高到 90% 左右，大病、特殊慢性病门诊医疗费用个人实际报销比例提高到 80% 左右，年度个人实际负担医疗费用控制在 5000 元以内”。[①] 为减轻贫困人口门诊医疗费用负担，国家

---

① 省人民政府办公厅《关于完善农村贫困人口基本医疗有保障有关政策的通知》，http://www.hubei.gov.cn/govfile/ezbf/201806/t20180604_1294861.shtml，2018 年 8 月 25 日。

卫计委规定大病病种为13个，湖北省人社部门确定特殊慢性病病种为14个，红安县根据自身的实际情况，出台了《红安县健康扶贫医疗救助门诊慢性病补偿管理办法》，制定了《城乡居民基本医疗保险门诊特殊慢性病管理细则》，将特殊慢性病病种规定至36种，减轻城乡居民普通门诊特殊慢性病医疗费用负担，提高城乡居民基本医疗保障水平。红安县2015—2018年健康扶贫政策概览如表3-1所示。

表3-1 红安县2015—2018年健康扶贫政策概览

2015年12月1日	中共红安县委、县人民政府《红安县精准扶贫政策扶持实施意见》
2016年1月11日	红安县卫生和计划生育局《关于对精准扶贫救助对象住院补偿报销工作的通知》
2016年1月19日	红安县扶贫攻坚工作领导小组办公室《全县精准扶贫医疗救助补充保险意见》
2016年3月25日	红安县卫生和计划生育局《健康扶贫家庭医生签约服务实施方案》
2016年4月2日	红安县卫生和计划生育局《健康扶贫工作考核办法》
2016年5月1日	红安县卫生和计划生育局《关于落实健康扶贫工作责任追究的实施意见》
2016年6月15日	红安县卫生和计划生育局《关于印发〈红安县建档立卡农村贫困人口"因病致贫因病返贫"调查工作方案〉的通知》
2016年6月30日	红安县卫生和计划生育局《加强对定点医疗机构医疗救助管理规范医疗服务行为的通知》
2016年10月15日	红安县扶贫攻坚工作指挥部办公室《红安县精准扶贫政策扶持实施意见的补充意见》
2016年10月17日	红安县卫生和计划生育局《关于进一步优化健康扶贫医疗服务工作的通知》
2016年10月20日	红安县卫生和计划生育局《关于健康扶贫对象患重大疾病门诊用药管理的通知》
2017年1月10日	红安县卫生和计划生育局《关于完善精准扶贫医疗救助一站式即时结算服务工作的通知》

续表

2017 年 3 月 10 日	红安县卫生和计划生育局《关于进一步规范医疗机构健康扶贫管理的通知》
2017 年 3 月 17 日	红安县扶贫攻坚工作指挥部办公室《红安县健康扶贫工作实施方案》
2017 年 3 月 17 日	红安县扶贫攻坚工作指挥部办公室《红安县健康扶贫工程示范县创建工作方案》
2017 年 5 月 4 日	红安县扶贫攻坚工作领导小组办公室《关于开展 2017 年健康扶贫体检工作的通知》
2017 年 6 月 1 日	红安县卫生和计划生育局《关于对全县精准扶贫对象门诊特殊慢性病资格认定的有关通知》
2017 年 7 月 6 日	红安县扶贫攻坚工作指挥部办公室《红安县健康扶贫医疗救助门诊慢性病补偿管理办法》
2017 年 7 月 18 日	红安县扶贫攻坚工作指挥部办公室《关于进一步做好健康扶贫工作的通知》
2017 年 8 月 16 日	红安县卫生和计划生育局《关于推进贫困户健康体检的通知》
2017 年 8 月 23 日	红安县卫生和计划生育局《关于落实好健康扶贫“三个一批”行动计划的若干意见》
2017 年 8 月 24 日	红安县卫生和计划生育局《关于印发〈红安县健康扶贫“大病集中救治一批”实施方案〉的通知》
2018 年 4 月 12 日	红安县扶贫攻坚工作指挥部办公室《2018 年健康扶贫实施细则》
2018 年 5 月 22 日	红安县扶贫攻坚工作指挥部办公室《关于对〈2018 年红安县健康扶贫工作实施细则〉有关条款修订的通知》
2018 年 8 月 28 日	红安县卫生和计划生育局《红安县贫困人口家庭医生签约服务工作考核实施方案》
2018 年 9 月 13 日	红安县扶贫攻坚工作指挥部办公室《关于印发〈红安县健康扶贫工作实施细则（修订）〉的通知》

（二）健康扶贫的主要做法

为实现绝不让一个贫困户再因病致贫、因病返贫这一目标，红安县紧紧围绕让贫困群众“看得起病、看得上病、看得好病、少生病”和“方便看病”进行努力探索。红安县充分整合资金和管理资源，优化服务流程，积极探索并实施健康扶贫工作。

1.政府主导精准施策，加大健康扶贫执行力

（1）精准识别救助对象，精准划定医疗机构。红安县的健康扶贫政策主要是用于帮扶精准识别后的贫困户，为做到精准识别、精准实施，在贫困人口身份确认上，红安县采取“四看五步”工作法，“四看”即按照一看房、二看粮、三看劳力强不强、四看家中有没有“读书郎”的评分细则，对房、粮、劳力、读书郎等家庭贫困情况进行详细调查登记，对初步确认对象采取“召开村组干部和驻村工作队成员会、召开群众代表大会、逐户核对调查、召开村组干部和群众代表会、镇村两级公示”的“五步工作法”，一一登记、一一核实、一一公示、一一确定，确保贫困对象“应包全包、应扶尽扶、应定确定”，对有异议的重新按程序核对确定，无异议的由乡镇和工作队、村委会三方签字盖章，统一上报县扶贫办，最终将建档立卡的贫困人口纳入健康扶贫救助范围，极大地提高了贫困对象确认的精准度和公信度。

在定点医疗机构的选择上，红安县一方面坚持以基本医疗为主的方针，充分考虑疾病诊疗需求、综合医疗技术、医疗收费价格、群众口碑等因素。另一方面选定愿意积极配合和支持红安县健康扶贫工作，能够实现报销“一站式”、能够实行“先诊疗、后付费”的医疗机构，最终确定9家省市级医院、3家县内二级医院和14家一级医院作为红安县健康扶贫定点医疗机构。

（2）科学制订扶贫方案，政策落实有序推进。红安县认真贯彻中央关于精准脱贫的决策部署，紧密结合红安实际，以贫困群众人人享有医疗服务为目标，围绕让贫困群众“看得起病、看得上病、看得好病、少生病”

和“方便看病”的目标任务，科学制订了健康扶贫工作实施方案，探索推行了健康扶贫“4321”红安模式，动员各方力量参与推进健康扶贫，实现了健康扶贫政策对贫困人群的全覆盖，贫困人群住院实际报销比例达90%以上，当年住院自付费用累计不超过5000元。对患有中风后遗症、恶性肿瘤术后门诊化疗、高血压等36种重大或慢性疾病的贫困对象，门诊医疗费用实际报销比例提高到90%，有效减轻贫困人口看病就医经济负担。

（3）保障扶贫资金投入，落实相关政策举措。为“充分发挥市场机制作用，调动社会力量参与医疗救助经办服务”，红安县人民政府与中国人民财产保险股份有限公司红安支公司达成了合作协议，其中，精准扶贫人员按照每人每年300元，民政救助低保、五保人员按照每人每年250元，红安县政府出资2469.63万元为全县健康扶贫对象购买医疗救助补充保险。这样，贫困户住院治疗费用在新农合政策报销后，个人只付住院费用的10%，个人当年住院自费累计不超过5000元，超过5000元的住院费用由定点医疗机构先行垫付，再由保险公司根据保险条款向医疗机构支付赔款。

此外，红安县还投入400万元建立慢性病门诊医疗救助基金，有效减轻了健康扶贫对象的看病就医经济负担。2017年全年贫困对象住院救助31413人次，医疗总费用18524.89万元，基本医疗保险报销10734.91万元，大病保险赔付2575.52万元，政府扶贫兜底3853.76万元，个人人均自付1064.69万元，实际住院报销比例达94.26%，住院医疗个人人均支出442.65元。[①]

2. 加强服务能力建设，提升健康扶贫支撑力

为全力打造“健康红安”，红安县对健康扶贫对象落实“五个一”的

① 数据来源：红安县卫生和计划生育局。

管理机制，实现了对贫困人群的健康全管理。

（1）建立一份健康档案。红安县加强公共卫生服务网络建设，为每位健康对象建立一份动态管理的电子健康档案，建立贫困人口健康卡，对健康档案按照重大疾病、一般疾病、亚健康、健康四类进行分类管理，做到无病早防，有病早治。对患大病和慢性病的农村贫困人口实行分类救治，健康扶贫对象患重大疾病能一次性治愈的，各医疗机构提供就医指导，引导健康扶贫对象到定点医疗机构治疗。各乡镇卫生院对村卫生室医务人员开展业务知识培训，对患慢性疾病的健康扶贫对象提供慢性病防治服务。规范对糖尿病、高血压病、重症精神病的管理，加强对农村贫困残疾人健康扶贫工作，全面提升基层康复服务能力，实现综合、连续、有效的健康管理服务。

（2）确定一名家庭健康管理医生。所有建档立卡贫困对象均可享受免费家庭医生签约服务，按照"1+1"工作模式（一名贫困户＋一名家庭健康管理医生），实施县、乡、村三级联动，为每个贫困家庭组建家庭医生服务团队，定期上门为其提供基本医疗、公共卫生和健康管理服务。2017年红安县完成贫困对象家庭医生签约33255户，签约率83.13%。完成贫困对象免费体检106219人（含预约对象），体检率94.89%，[①]通过家庭医生健康指导和干预，全县贫困慢性病患者的疾病得到了规范管理。

（3）设立一个健康教育宣传栏。红安县卫计部门在各定点医疗机构和各村主要公共场所安装了统一样式的宣传栏，统一发布健康知识宣传内容，主要包括公民健康素养66条、健康常识、慢性病知识等，有效提高了当地村民的健康知识知晓率和健康行为形成率，减少了疾病发生的概率。

---

① 数据来源：红安县卫生健康局。

（4）发放一份政策宣传信函。红安县卫计部门向扶贫对象先后发放《健康扶贫医疗救助证》《健康扶贫服务手册》《致红安县健康扶贫医疗救助对象的一封信》及“红安县健康扶贫门诊慢性病救助明白卡”等，共计 12 万份。通过加强政策宣传不仅让贫困对象详细了解医疗救助政策和就诊流程，也让健康扶贫对象提高疾病防控知识，健康保健意识得到明显提升。

（5）推送一条温馨提示短信。红安县以信息化为抓手，打造“互联网＋健康扶贫”，自主研发并启用“红安县健康扶贫服务管理信息系统”，信息平台每月自动对健康扶贫对象进行健康保健知识、健康扶贫政策的“两推送”服务，通过信息推送，让健康扶贫对象真正对自身健康状况清楚明白、对疾病发生情况清楚明白、对医疗救治情况清楚明白、对医疗费用发生与补助情况清楚明白、对脱贫情况清楚明白。通过信息平台的应用，为健康扶贫对象提供更加优质的医疗卫生服务。

3. 落实惠民便民措施，感受健康扶贫亲和力

红安县卫计部门全面推行三大便民惠民举措，为贫困群众提供及时、安全、有效的医疗卫生服务。

（1）入院不缴费。贫困群众住院一律取消新农合起付线和入院预付金，实行“先诊疗、后付费”，只需提供相关证件，并与定点医院签订协议即可入院诊疗。贫困群众在门诊就医时，到服务窗口挂号凭有效证件（身份证、健康扶贫医疗救助证）免普通门诊、专家门诊的挂号费及诊疗费自费部分。对无力支付自费部分的健康扶贫对象一律先救治，后向民政部门结算。入院不缴费的举措，极大减轻了健康扶贫对象的经济压力。

（2）报销一站式。简化贫困群众住院报销结算流程，实行一站式办理，一次性完成。红安县民政局、医疗保障局、卫生健康局、扶贫办等相关部门，通过信息系统的改造升级，将“基本医保”“大病保险”“扶贫兜

底"等政策进行了无缝对接。患者出院时，医疗机构直接在信息系统中为患者办理结算，信息系统即时将"基本医保""大病保险""扶贫兜底"的报销金额理算出来。贫困群众只需支付自费部分即可，其他费用由医院先行垫付，然后集中到相关部门结算。

（3）就诊一卡通。各级定点医疗机构均设立健康扶贫绿色通道，贫困群众看病时凭健康扶贫医疗救助证即可就诊，省、县、乡三级定点医疗机构双向转诊、分级诊疗、无缝对接，一站直达，为救助对象提供及时、高效、便捷的医疗服务。

4. 完善大病救助方案，提高健康扶贫行动力

为进一步完善健康扶贫保障体系，加大重大疾病救助力度，红安县不断完善救助方案。一是顺利实施门诊重大慢性病医疗救助。为解决慢性病贫困对象门诊就医问题，2017 年 7 月红安县出台《红安县健康扶贫医疗救助门诊重大慢性病补偿管理办法》，贫困对象患高血压等 16 种重大慢性病，门诊购药费用按 90% 报销比例纳入救助范围。红安县健康扶贫办公室联合县医保局已通过前期疾病申报认定、慢性病医生签约、信息系统升级改造等工作。二是启动健康扶贫工程"三个一批"行动计划。为做好贫困患者"大病分类救治工作"，组织对患有大病和长期慢性病的贫困人口开展分类分批救治，县卫计部门按照"大病集中救治一批、慢病签约服务管理一批、重病兜底保障一批"的工作要求，积极组织对患有大病和长期慢性病的贫困人口实行分类分批救治，将健康扶贫落实到人、精准到病。合理确定大病救助定点医院、明确诊疗方案、确定单病种付费标准，加强医疗质量管理、加强责任落实。

5. 优化医疗资源配置，增强健康扶贫承载力

红安大力推进医疗服务体系建设，补齐医疗卫生服务"短板"，将优质资源向基层倾斜，让基层贫困群众就近就便享受到高水平的医疗卫生服

务，努力实现“小病不出乡、大病不出县”。一是全面推进乡镇卫生院、村卫生室建设。红安县不断丰富“四化”（建设标准化、业务规范化、管理科学化、运行信息化标准）乡镇卫生院服务内涵，努力提升乡镇卫生院综合服务能力。合理利用村卫生室建设项目资金，精心规划，合理布局，高标准、有序推进“五化”（产权公有化、建设标准化、服务规范化、运行信息化、管理一体化标准）村卫生室建设，完成“五化”村卫生室建设103所，实现了“五化”村卫生室在全县行政村全覆盖，提升村卫生室的公共卫生和基本医疗服务能力，改善了农村群众的看病就医环境。二是全面推进分级诊疗。红安县卫计部门以医联体建设为抓手，构建起完善的分级诊疗机制，制定并出台了《红安县二级医疗机构转诊病种管理规定》，修订完善转诊目录，遴选出186种病种进行分级诊疗管理，让医疗资源互通共享，形成了县域内医疗资源均衡、群众看病就医便捷、基层医疗服务水平提高的分级诊疗的新格局，有效解决了群众看病就医难题。三是全面推进对口帮扶。红安县卫计部门组织开展了医疗集团对口支援乡镇卫生院工作，安排县级公立医院具有高级职称的医护人员70余人，到乡镇卫生院服务一年，通过专题讲座、技术指导、病例讨论等多种形式开展技术帮扶，促进了乡镇卫生院服务能力和服务水平的提高，让贫困群众就近就便得到良好的救治。

6. 探索三方监管措施，夯实健康扶贫监督力

为高效节约利用好扶贫资金，红安县主动探索推进政府监督、保险公司分担、医疗机构内控的三方监管机制，确保健康扶贫政策阳光推进。

（1）政府部门加强医疗监督。政府制定并出台了《红安县常见疾病分级诊疗目录》，严格实行分级诊疗，对违规转诊一律不予报销住院费用。红安县组织并成立了健康扶贫监督委员会，每月组织召开新农合、定点医疗机构和保险机构三方联席会议，成员由政府部门人员和医务人员组成，

每月一次例会，保险公司提供20个出院病例由监督委员会评审，评审实行百分制，出现一例不合格的病例，扣减10分，对没有达到60分的医疗机构，扣除1万元的拨付资金。对超过80分的医疗机构，奖励1万元资金，参与评审的医生一次一更换，有效落实了第三方的监管。

（2）保险公司积极参与分担。红安县人民政府与中国人民财产保险股份有限公司红安支公司达成合作协议，政府出资为所有贫困户购买医疗补充保险，借用保险公司成熟的管理理念和严格的管理制度，加强对医院医疗行为的监管，既可以发挥保险资金的杠杆作用，又可以分担资金风险。

（3）定点医疗机构主动控费。控制医疗费用不合理增长，防止小病大养、过度医疗的问题。红安县与所有定点医疗机构签订《定点医院服务协议书》，要求定点医疗机构主要做到"五个严控"，即严控住院次均费用、严控县外转诊率、严控住院例均天数、严控医务人员诊疗行为、严控单病种结算。各定点医疗机构严格执行用药目录和高值耗材使用的规定，省级医院基本医疗保险目录外费用控制在总住院费用的20%以内，县级医院控制在10%以内，超出部分由医疗机构自行承担，真正将健康扶贫对象医疗服务落到实处。

三、健康扶贫的主要成效

红安县健康扶贫制度为贫困人口脱贫提供了有力的保障，大量贫困对象在救助中恢复了劳动能力，在健康体检中发现疾病并得到了救治。在家庭签约医生服务中，贫困对象的疾病得到了有效的控制。同时，红安县还注重引导群众树立正确的健康观念，实现合理就医，从治病向防病转变。

（一）切实减轻了群众的医疗负担

由于健康保障历史欠账较多，在健康扶贫救助工作未推行前，原来很多贫困户应该治的病没有去治。随着健康扶贫工作的不断推进，存量病人得到释放后，贫困人口可以到医院进行救治，住院率逐步放缓并呈下降趋势。通过健康扶贫政策的实施，贫困人口医疗费用负担明显下降，人均住院医疗自付费用从政策实施前的2704.58元下降到2018年年底的455.38元，降幅为83.2%，住院实际报销比例由49.86%提高到91.67%（见图3–2）。据统计，2015年12月以来，红安县共救助住院贫困患者95175人次，住院医疗总费用53866.71万元，基本医疗保险报销33689.68万元，大病医疗保险报销4869.15万元，健康扶贫医疗救助报销10944.72万元，民政救助409.56万元，个人自付4115.88万元，综合实际补偿率为92.66%。其中2016年共救助住院患者23457人次，住院医疗总费用13315.36万元，基本医疗保险报销7911.33万元，大病医疗保险报销1181.64万元，健康扶贫医疗救助报销3055.32万元，民政救助113.56万元，贫困对象个人自付1053.51万元，综合实际补偿率92.09%。2017年共救助住院患者31413人次，住院医疗总费用18524.89万元，基本医疗保险报销10734.91万元，大病医疗保险报销2575.52万元，健康扶贫医疗救助报销3853.76万元，民政救助296万元，贫困对象个人自付1064.69万元，综合实际补偿率94.26%。2018年共救助住院患者40305人次，住院医疗总费用22026.46万元，基本医疗保险报销15043.44万元，大病医疗保险报销1111.99万元，健康扶贫医疗救助报销4035.63万元，贫困对象个人自付1835.39万元，综合实际补偿率91.67%[①]（见表3–2）。

① 数据来源：红安县卫生和计划生育局。

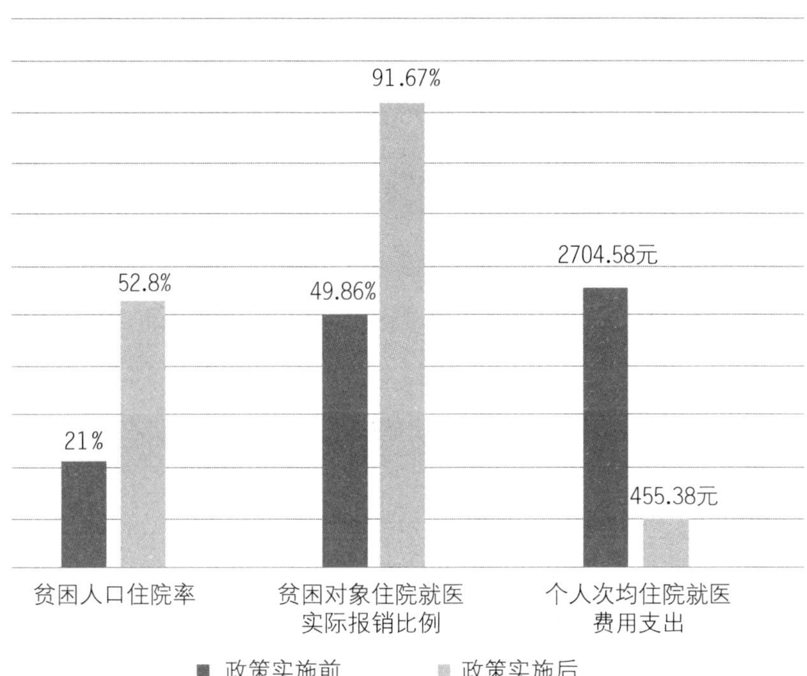

图 3-2　红安县健康扶贫政策实施前后情况比对

表 3-2　红安县 2015—2018 年贫困人口健康扶贫医疗救助统计

时间	就诊人次（人）	总费用（万元）	基本医疗保险报销（万元）	大病医疗保险报销（万元）	健康扶贫医疗救助报销（万元）	民政救助（万元）	患者自付（万元）	补偿率（%）
2015 年	95175	53866.71	33689.68	4869.15	10944.72	409.56	4115.88	92.66
2016 年	23457	13315.36	7911.33	1181.64	3055.32	113.56	1053.51	92.09
2017 年	31413	18524.89	10734.91	2575.52	3853.76	296	1064.69	94.26
2018 年	40305	22026.46	15043.44	1111.99	4035.63		1835.39	91.67

WJM 是七里坪镇马岗村贫困户，一家四口中两人患病：他本人患腰椎间盘突出 20 余年，现在基本丧失劳动能力；女儿患肾功能衰竭征近 6 年，父女俩长年靠药物治疗维持生命，每年医药费用支出近 3 万元。2017

年，在享受健康扶贫政策后，WJM 赴湖北省中西医结合医院进行了手术治疗，花费近 6.6 万元，新农合报销 3.8 万元，如果没有精准扶贫政策，仅仅通过新农合制度报销后，WJM 个人还需自费 2 万多元。因为享受了健康扶贫政策兜底，加上补充医疗保险，他个人只需自费 5000 元。WJM 说："以前家里人得了病，感觉像塌了天，大人小伢都受苦，没想到党和政府出这么好的政策，5000 块钱就治好了病。多亏了党的政策好，给了我们家希望，我准备年底带小伢去武汉治病。感谢党中央呀！"像 WJM 这样的家庭，没有劳动力，如果没有扶贫政策作支撑，很难依靠自身的努力来摆脱贫困。

城关镇黄魏村贫困户 XBM 的妻子和儿子都患有精神疾病，因治病花光了家里所有积蓄。2017 年，XBM 也因病住院，好在他们家享受到了健康扶贫政策，减轻了经济负担。XBM 说："2017 年我阑尾炎犯了，去人民医院医治，花了 5000 元钱左右，报销了 90%，自己出了不到 1000 元钱，感谢党的政策好。"

（二）切实保障了群众的健康需求

通过实施健康扶贫政策，全县共有 2273 个贫困人口恢复劳动力，9247 人部分恢复劳动力。[①] 贫困群众恢复了自我发展的信心，具备了自我发展的基本条件，自我发展的能力得到了提升。现在贫困群众不但能生活自理，还能从事养牛、养鸡等生产活动。健康扶贫政策保证了贫困对象如期增收脱贫，加快了脱贫奔小康的步伐。红安县参加新型农村合作医疗对象的平均住院率一直在逐年增长，2016 年其平均住院率的增长并不仅仅是由健康扶贫政策导致的。单就贫困人口来看，其住院率

① 数据来源：红安县扶贫办。

2016 年达到了 44.46%，远高出当年平均住院率。2017 年上半年达到了 22.32%，也已经接近 2016 年所有参合对象的平均住院率，说明贫困人口患大病、重病的对象多，健康扶贫政策的实施客观上刺激了他们的就医需求（见表 3–3）。而红安县因病致贫户占贫困户总数的 69.6%，人数占贫困人口的 61%，恰恰这部分人就是患重病、大病的对象，其住院费用必然高。同时由于对贫困户参合报销比例的提高，在一定程度上也导致基金支出增多。贫困对象对新农合基金支出的影响，最重要的还是贫困对象的高额住院费用，反映出健康扶贫政策的实施让患重病、大病的贫困户得到了有效的救治。

表 3–3　贫困对象住院率及县域内外补偿比情况

时间	参合对象				贫困对象			
	住院人次（人）	住院率（%）	县内住院补偿比（%）	县外住院补偿比（%）	住院人次（人）	住院率（%）	县内住院补偿比（%）	县外住院补偿比（%）
2014 年	80730	16.46	55.42	38.95	\	\	\	\
2015 年	89161	17.87	54.07	36.83	\	\	\	\
2016 年	102239	20.44	55.97	40.55	23457	44.46	91.14	91.55
2017 年 1—5 月	44603	9.09	56.60	45.97	11725	22.32	90.28	94.12

在实际报销过程中，报销比例由高到低依次为：新农合基本医疗保险、健康扶贫医疗救助、大病医疗保险。其中，2016 年，新农合基本医疗保险报销约占 65.12%，健康扶贫医疗救助报销约占 25.15%，大病医疗保险报销约占 9.73%，2017 年，新农合基本医疗保险报销约占 62.50%，健康扶贫医疗救助报销约占 22.50%，大病医疗保险报销约占 15%（见表 3–4），由此可以看出，除新农合基本医疗保险外，政府兜底是最有效的医疗救助保障方式，如政府不兜底，贫困人口将难以脱贫。

表3-4 贫困对象住院报销实际金额及占比情况

时间	合计（万元）	新农合基本医疗保险报销（万元）	占比（%）	健康扶贫医疗救助报销（万元）	占比（%）	大病医疗保险报销（万元）	占比（%）
2015年	49341.27	33689.68	68.27	10944.72	21.87	4869.15	9.86
2016年	12148.3	7911.33	65.12	3055.32	25.15	1181.64	9.73
2017年	17164.19	10734.91	62.50	3853.76	22.50	2575.52	15

此外，红安县基层医疗卫生机构为贫困患者每年进行一次免费健康体检，家庭医生签约服务团队负责上门为贫困慢性病患者制定门诊慢性病处方，并将慢性病患者转回到基层医疗机构进行健康管理服务，进一步加强对慢性病患者的健康管理。2017年完成对所有在家的贫困对象免费健康体检44363人次，完成贫困人口家庭医生签约及建立档案93052人。①

红安县实施健康扶贫政策要求对贫困户住院实际报销比例未达到90%的兜底到90%，对个人年度累计自付费用超过5000元的由政府兜底。这种“健康全管理、就医全兜底”式的医疗救助政策，切实保障了群众的健康需求，有效解决了贫困对象因病致贫、因病返贫问题。

（三）切实增强了群众的获得感与幸福感

健康作为人类基本需要之一，身体与心理健康是全体人民追求美好生活的基本条件。对于患病贫困人群而言，身患疾病缺乏身体健康是区别于其他贫困人群的显著特征。疾病会损害家庭或个人劳动能力，特别是主要劳动者患病将降低家庭收入水平，甚至使家庭失去收入来源。同时，疾病费用加重了家庭及个人经济负担。尤其是重大疾病与慢性病治疗费用不仅

① 数据来源：红安县卫生健康局。

会挤占家庭非必要性支出，[①] 甚至是必要性支出，直至无力负担治疗费用。患病贫困人群更加缺乏对生活的控制感、安全感和幸福感。无论是疾病疼痛、长期护理还是久治未愈、无钱医治等种种状况，轻则会增加患者和家属的心理压力，重则会引起他们精神健康等生理领域问题。

截至2017年年底，红安县建档立卡贫困人口55146人，核准残疾对象6884人、大病对象4730名、长期慢性病对象17821名，分别占总贫困人口12.48%、8.58%、32.32%。其中丧失劳动力3468人，无劳动力9779人（剔除16岁以下6485人、65岁以上11484人）。通过救治恢复劳动力1270名、恢复部分劳动力5247名，劳动力恢复率达49.2%[②]。医疗费用政府兜底、免费的健康体检、免费的家庭医生签约、崭新的村级医务室、积极主动热情周到的医疗服务等，实实在在地让贫困人口感受到了党的好政策，群众获得感得到明显提升。目前健康扶贫已成为红安县贫困人口心目中最满意的扶贫项目。

杏花乡凉岗村贫困户户主ZPB逢人就说："自己一辈子没参加过体检，这次靠扶贫政策，全家四口人免费到医院参加了体检。80岁的老母亲行走不便，不能出门，医院派人亲自上门体检，国家政策真是好！"

七里坪镇杨李家村贫困户户主LZM，多年前股骨头坏死，由于治疗费用昂贵，一直没有进行手术治疗。通过享受红安县健康扶贫精准救助政策，他只花5000元就在县人民医院完成了髋关节置换手术。他手术前需要专人护理，现在不仅生活能够自理，还在村里担任了护林员，相当于恢复了两个劳动力。

---

① ［葡］佩德罗·孔塞桑、罗米娜·班德罗、卢艳华：《主观幸福感研究文献综述》，《国外理论动态》2013年第7期。

② 数据来源：红安县卫生健康局。

（四）切实创新了健康扶贫新方式

红安县因病致贫的贫困户户数占比大，人数占比重。中共红安县委、县政府确定了“精准脱贫、健康先行，拔‘病根’除‘穷根’”的扶贫思路。一方面是把健康扶贫当作重点来抓，构建多层次、积极有效的“因病致贫返贫”治理体系，解决好“怎么扶”的问题；另一方面让贫困人口承担得起“灾难性医疗支出”或大额医疗费用，解决好“扶多少”的问题。因此，在多次调研和研究讨论后，红安县在实践中探索实施了红安县首创的“4321”模式。

精准识别确定医疗救助对象、定点医疗机构、兜底标准及报账方式。红安县通过数次精准识别贫困户及“回头看”的措施，最终将建档立卡贫困人口纳入健康扶贫救助范围；实行以基本医疗为主的方针，在考虑疾病诊疗需求、综合医疗技术、医疗收费价格的基础上确定健康扶贫定点医疗机构；根据家庭年人均纯收入低于2736元为贫困线这一标准，取消了贫困对象住院起付线，确定5000元为兜底标准；确定了报账方式为所有贫困对象一律在定点医院结算窗口一次性结算。

精准推行三大便民举措，方便贫困对象就医。红安县大力推行便民利民三大举措，贫困对象住院一律免交入院预付金，实行“先诊疗、后付费”；贫困对象在省、市、县、乡四级现场即时报销，变贫困对象四处跑为就诊医院集中办；省、市、县、乡四级定点医疗机构均设立健康扶贫绿色通道并预留床位，贫困对象看病凭救助证一站直达。

精准提升公共卫生健康管理服务。红安县除了在推行就医全兜底政策的同时，也重点关注了贫困群体的健康管理服务，注重疾病的预防和早期干预，全面推进家庭医生签约服务、基本公共卫生服务均等化和分级诊疗制度，将疾病预防关口前移，并积极引导贫困对象合理就医，从而使贫困对象健康水平逐步提升。

红安首创的健康扶贫"4321"模式在全国全省得到推广，被评为全国基层改革创新50个优秀案例之一，并先后五次在全国工作会议上做经验交流。2017年湖北省在全省健康扶贫工作会议上，推广红安健康扶贫工作经验。原国家卫计委副主任王培安在全国健康扶贫会议上，鼓励"红安县精准扶贫医疗救助的做法，值得借鉴"。中央电视台《人口》栏目、《消除贫困——中国人权在行动》专题节目对红安县的健康扶贫"4321"模式进行了深度报道。

2017年9月，冈比亚、苏里南、蒙古、南苏丹、马拉维、巴拿马、尼日利亚、老挝等8个发展中国家的卫生官员到红安考察学习。联合国人权组织认为红安健康扶贫的做法和经验值得国际社会学习。2018年10月，红安县被国家卫健委办公厅、国务院扶贫办综合司联合表彰为国家健康扶贫工作先进县。

四、健康扶贫的经验启示

健康是人类的基本权利，是促进人的全面发展的必然要求，是经济社会发展的基础条件，是民族昌盛和国家富强的重要标志，也是广大人民群众的共同追求。

红安县将健康扶贫作为精准脱贫的关键一招，采取一系列健康扶贫措施，取得了不少的扶贫成效。纵观红安县健康扶贫的历程，其经验与启示主要体现在以下几个方面：树立"四大"理念，推进健康扶贫工作；加强组织领导，形成健康扶贫合力；补充商业保险，建立防止返贫机制；加强各方监管，确保资金高效运行，为健康扶贫政策的延续提供可靠保障。

（一）树立“四大”理念，推进健康扶贫工作

红安县坚持把人民健康的理念放在首位。“没有全民健康，就没有全面小康。”红安县政府在扶贫工作之初进行了精准分析，数据显示，全县 52520 名贫困户中因病致贫户高达 69.6%，人数占 61%。基本医疗保险保障水平低，个人自付比例大，一场大病就能将一个家庭拖入贫困的深渊，“因病致贫，因病返贫”是导致农村家庭贫困的最主要原因之一。老百姓的健康不能解决，老百姓自身的生产力就难恢复，脱贫口号也只能是空喊。为此，红安县坚持把人民健康的理念放在首位，确定了“精准脱贫，健康先行”的扶贫思路，集中精力、付出心力、落实财力，下决心推进健康扶贫工作。

红安县坚持保基本、兜底线的理念。红安县充分运用新农合政策，提高补助标准，落实新农合和大病保险倾斜政策，有效提高重特大疾病保障水平，切实解决重特大疾病患者因病致贫的问题，确保健康扶贫对象个人自付只占住院总费用的 10%，实际报销比例是 90%，报销时不论目录内还是目录外用药，不论可报销科目还是不可报销科目。

红安县坚持医防结合的理念。红安县扎实推进国家的基本公共卫生服务，面向农村开展了多种形式的健康宣传教育，增强了群众的卫生意识，培养群众健康的生活方式，让群众不生病少生病，从源头遏制因病致贫返贫。

红安县坚持着眼长远的理念。县卫计局统筹规划，整合人力、财力、物力、信息等资源，捆绑协调，互补实施，加快贫困村基础设施建设，不断提高医疗服务能力。对于定点医疗机构，除了实施新农合常规监管之外，还由保险公司共同监管，不断加大监管力度，控制医疗费用不合理增长，严格控制住院患者次均费用，降低群众就医看病负担。

（二）加强组织领导，形成健康扶贫合力

为保障健康扶贫工作的顺利开展，红安县下发了《关于成立精准扶贫医疗救助工作领导小组的通知》，成立了以县委常委、宣传部长为组长，两名副县级领导为副组长，以及12个相关部门一把手为成员的健康扶贫工作领导小组。红安县卫生和计划生育局成立了健康扶贫管理办公室，组建了健康扶贫工作专班，对全县各定点医疗机构健康扶贫工作进行统筹协调、业务指导和技术服务，并在卫计局一楼临街地段设立健康扶贫工作接待窗口，专人负责接待群众对健康扶贫政策的咨询，为来访群众答疑解惑，协调推进全县健康扶贫政策落地、工作落实。各定点医疗机构也相继成立了健康扶贫管理办公室，负责本院健康扶贫政策的执行。

对于健康扶贫工作，红安县政府高度重视，各部门相互配合，履行各自职责，发挥各自作用，完善工作机制，形成了健康扶贫合力，促进了政策顺利实施。同时，红安县成立了健康扶贫协调办公室（设在红安县卫生和计划生育局），强化新农合基本医保、大病保险、大病医疗补充保险、医疗救助等制度间的互补联动，增强保障合力，全力推进健康扶贫工作。医疗救助精准扶贫资金实行全县统筹，由县财政局内设的经办机构在县定点金融机构设立医疗救助精准扶贫资金财政专户，实行封闭运行、专款专用。县财政局按照"以收定支、收支平衡、补偿适度、略有节余"的原则，负责编制医疗救助精准扶贫资金年度预算、年度决算，经县财政局、民政局、人社局、卫计局审核后报县政府审批，保障救助资金的来源和拨付渠道畅通。

（三）补充商业保险，建立防止返贫机制

红安县创新引入商业保险承办政府医疗救助补充保险。为"充分发挥

市场机制的作用，调动社会力量参与医疗救助经办服务”，红安县人民政府与人保财险红安支公司经多轮磋商后，出资为所有贫困户购买医疗补充保险，既借用保险公司成熟的管理理念和严格的管理制度，来加强医院医疗行为的监管，又可以发挥保险资金的杠杆作用，分担资金风险。

在抓好精准扶贫、减少控制贫困增量的同时，为全面建成小康社会提供保险服务保障，红安县也重点关注了非建档立卡的农村非贫困户因病致贫的关键因素，科学建立了防止返贫机制，为红安县的非贫困户购买了防止因病致贫保险——“防贫保”。“防贫保”实行“政府主导、全县统筹、保险经办、框定人数、总额投保、个人申请、政保联审、风险共担、年度核算”的原则。“防贫保”的服务对象主要是红安县农村的非贫困人口，不包括建档立卡贫困户和农村五保户，2019 年，红安县县级财政共投入资金 820 万元，按照每人每年 20 元的标准为全县 41 万名农户购买了“防贫保”，“防贫保”报销赔付办法如表 3–5 所示。

表 3–5 “防贫保”报销赔付办法

被保险人	免赔额	自付医疗费用	赔偿比例
非建档立卡的农村非贫困户	20000 元	20001 元—30000 元	50%
		30001 元—50000 元	60%
		50001 元—80000 元	70%
		80000 元以上	80%

（约定：每人每年最高赔偿限额 10 万元。）

（四）加强各方监管，确保资金高效运行

为保证健康扶贫所需要的资金，红安县通过整合新农合、大病保险、商业医疗补充保险、城乡医疗救助基金等综合施策。

为保障健康扶贫工作的可持续和扶贫资金的安全高效运行，红安县建立了"部门统筹＋单位牵头＋科室落实＋医务人员参与"四级联动、上下贯通的医疗费用管理体系，突出责任落实，层层传导压力。红安县下发了《关于调整健康扶贫监督委员会的通知》，加强了对医疗行为的监管，严格控制医疗费用不合理增长，维护健康扶贫政策可持续性发展。红安县卫计局牵头制定出台医疗费用控制方案，坚持医疗费用总量控制，将住院标准符合率、住院例均费用、平均住院日、药占比、基本药物使用比例、转诊住院率等指标纳入绩效考核范围。县各级医疗机构逐步推行了以常见病、重大疾病为重点临床路径管理，细化诊疗流程，明确治疗方案和路径规范，从而达到有效降低患者的就医费用、规范医疗机构的服务行为的目的，避免治疗的随意性。此外，红安县控制医疗费用，规范诊疗行为，为降低药品、医用耗材等费用腾出空间，优化调整医疗服务价格，重点优化调整体现医务人员技术劳务价值的价格，降低大型医用设备检查治疗和检验占比，确保了健康扶贫资金安全高效运行。

第四章 产业扶贫：脱贫之基、强县之本、致富之源

在精准扶贫精准脱贫的战略背景下，实施“五个一批”工程是实现精准脱贫的重要举措。发展生产脱贫一批，即实施产业扶贫是精准扶贫工作的重中之重。产业是脱贫之基、强县之本与致富之源。红安县在打赢脱贫攻坚战的过程中，重视产业扶贫的发展，结合红安县实际情况，建立与完善产业扶贫相关政策体系，采取一系列具有地方特色且行之有效的产业扶贫举措，发挥产业扶贫的重要作用，为实现当地贫困群众脱贫致富奠定良好的基础。

一、产业扶贫的背景与意义

在我国城镇化建设、农村劳动力向城镇流动、农业产业化不断发展的背景下，随着我国扶贫工作的逐步推进以及贫困状况的动态变化，产业扶贫成为有效开展农村扶贫工作的重要方式，是农村地区摆脱贫困的必由之路，在打赢脱贫攻坚战的过程中发挥着重要作用。发展生产脱贫一批是精准扶贫战略中“五个一批”工程的首要举措。实施产业扶贫能够调整贫困地区产业发展结构，为贫困户提供参与市场竞争的机会与平台，增加贫困人口的收入，同时实现可持续性稳定脱贫。

（一）产业扶贫的背景

改革开放以来，我国的扶贫工作取得了举世瞩目的成就，贫困人口大幅度下降，贫困发生率也显著降低。国务院扶贫办主任刘永富在2018年12月28日召开的全国扶贫开发工作会议上表示，2018年脱贫攻坚重点工作扎实推进，年度任务全面完成，预计全年减少农村贫困人口1000万人以上，约280个贫困县脱贫摘帽，完成280万人易地扶贫搬迁建设任务，连续六年超额完成千万减贫任务。[①]在这一过程中，产业扶贫对减少农村贫困人口起到了重要作用。

产业是经济发展的重要基础和支撑。产业扶贫主要是通过农业产业化的发展，综合开发式扶贫的政策，通过开发当地的内生性资源，推进农业建设产业化，实现农民自我发展和脱贫致富。[②]产业扶贫是扶贫工作的有效途径，通过发展产业，为贫困户培养一个产业，让贫困户成为产业经营主体或者为他们提供就业、创收的机会，实现从传统“输血”式扶贫向“造血”式扶贫跨越，实现贫困人口自我发展、长期稳定脱贫，真正实现可持续性脱贫。

《中国农村扶贫开发纲要（2011—2020年）》中明确提出“充分发挥贫困地区生态环境和自然环境优势，推广先进的实用技术，培植壮大特色支柱产业。促进产业结构调整，通过扶贫龙头企业、农民专业合作社和互助资金组织，带动和帮助贫困农户发展生产。引导和支持企业到贫困地区投资兴业，带动贫困户增收”。产业扶贫是扶贫开发工作的重点工作之一。

---

① 纪翔：《2018全国脱贫攻坚成绩单：1000多万人脱贫，280个县摘帽》，http://country.cnr.cn/gundong/20181229/t20181229_524465831.shtml，2018年12月29日。

② 莫光辉：《精准扶贫视域下的产业扶贫实践与路径优化——精准扶贫绩效提升机制系列研究之三》，《云南大学学报（社会科学版）》2017年第1期。

自2013年，习近平总书记首次提出“精准扶贫”思想以来，精准扶贫逐步成为从中央到地方各级政府都高度重视的一项中心工作。各级政府围绕“精准扶贫、精准脱贫”工作要求，执行精准对接、精准施策、精准帮扶，创新扶贫机制，破解扶贫攻坚难题。作为国家战略的精准扶贫强调在精准识别的基础上，通过精准帮扶增强贫困人口自我发展能力并实现持续稳定增收。在精准扶贫战略实施的过程中，“五个一批”工程是实现精准脱贫五大方面的重要举措。其中发展生产脱贫一批，即实施产业扶贫被放在突出的位置，是实现精准脱贫的重中之重。在各地的扶贫实践中，大量的扶贫资源投入于产业扶贫。

红安县由于战争创伤和自然条件、资源禀赋等原因，贫困人口多、贫困程度深，脱贫难度大，是集革命老区、资源匮乏区、贫困地区、优抚集中区“四区一体”的国定贫困县。2014年，全县贫困人口中，因病致贫的占61.4%、缺技能的占7.22%、发展能力不足的占8.18%、因残致贫的占4.04%、缺资金的占17%、缺劳力的占9.67%。[①] 红安县通过健康扶贫、教育扶贫、易地搬迁和危房改造，为贫困户兜住了支出的底线，但是要增收还是要靠产业发展。红安县高度重视产业扶贫，一方面用好国家政策为贫困户创造被动收入，另一方面通过各种奖补措施鼓励贫困户主动增收，以期通过产业扶贫的方式撬动社会资本投入形成全社会力量共同帮助贫困户发展产业的局面，带动贫困户增收脱贫，发展地方特色产业，实现三赢。[②]

---

① 中共红安县委县政府：《红安县脱贫攻坚情况汇报》，2018年。

② 王兵、王洪涛、毛红平：《湖北红安精准脱贫不胜不休》，http://mini.eastday.com/mobile/180314085031878.html，2018年3月14日。

（二）产业扶贫的意义

发展产业扶贫推动扶贫从注重短期效益转向注重长期效益，从而实现由“输血”式扶贫向“造血”式扶贫的重要转变。发展产业扶贫是解决贫困户增收致富的一项根本性和长远性的重要战略举措，既能够提升贫困人口自我发展能力，使贫困人口拥有参与市场竞争的机会，增强市场竞争能力，增加贫困人口收入，实现稳定脱贫，又能通过发展产业实现产业结构的优化与调整，为打赢脱贫攻坚战提供可靠的保障。

1. 调整产业发展结构

产业扶贫的发展促使从以第一产业为主向第一、二、三产业并重的方向转型，带动农村地区经济产业结构转型。产业扶贫政策的实施与发展，逐渐摒弃了原来仅有的初级产品加工的做法，更加注重产品的深加工，延长产业链条，促使产品高端化、品牌化。同时，利用产业扶贫带动生产性服务业的兴起，主要体现为以自身自然资源为依托发展旅游扶贫。产业生产与旅游相结合，形成以生产、销售、观光、服务为主线的“旅游—产业”扶贫路径，带动其他产业链条的延伸与拓展，增加生产性服务岗位，带动贫困地区产业结构的调整。[①] 红安县在产业扶贫过程中不断打造自主发展品牌，升级产品加工，开发一系列优质产品，并利用电子商务开拓市场，解决部分贫困群体的就业问题。同时，利用自然资源与自主品牌，开发旅游产业，形成产业集群布局，发挥产业扶贫功效，促进产业结构的调整。

2. 增强市场竞争能力

国外经济学经典反贫困理论对我国产业扶贫实践具有重要的指导意义。其中阿马蒂亚·森的“可行能力”理论的指导意义更为深远。该理论

---

① 莫光辉：《精准扶贫视域下的产业扶贫实践与路径优化——精准扶贫绩效提升机制系列研究之三》，《云南大学学报（社会科学版）》2017 年第 1 期。

认为贫困的根源在于低下的生产力方式和实际能力。红安县在产业扶贫的过程中，为贫困户提供就业培训的机会，提高贫困户自身素质，激发贫困户通过自身主动参与来实现脱贫。红安县利用市场主体带动产业项目发展以及“送岗进村”“送岗入户”等举措为贫困群体提供就业机会与岗位，增强贫困户参与市场竞争的可能性，以此带动贫困人口脱贫，推动县域经济发展。

3. 增加贫困户收入

随着社会、时代以及国家大政方针的发展趋势，农业人口伴随城镇化、工业化和信息化而大规模向城镇转移，从事的工作领域将从第一产业转向第二、三产业。但是，农业人口向城镇转移是一个漫长而复杂的过程，目前大部分人还是滞留在农村，如何解决这部分人的发展问题是实现农村脱贫发展需要考虑的重要问题。红安县通过实施一系列产业扶贫政策，如鼓励有条件的农户发展规模化经营，引导年轻人回乡创业，打破固有思维模式，发展特色农业产业，推动县域产业发展，拓宽产业化规模，有助于增加贫困农户收入，减少贫困人口，同时推动农业产业化和现代化，促进农业和农村经济发展。

4. 实现可持续脱贫

产业扶贫是解决生存和发展的根本手段，是脱贫的必由之路。产业扶贫不同于以往的资金扶持、物质扶贫等内容，不是通过给贫困户捐钱捐物等方式解决贫困问题，而是通过发展产业实现贫困群体脱贫致富。产业扶贫充分结合贫困地区的自然条件、要素、禀赋以及经济水平等现实因素，有效利用本地资源、人才优势，培养地域内部的主导产业，形成产业发展与精准扶贫的深度融合，通过产业带动地方经济发展，解决就业问题。红安县发挥各部门各行业的优势，发展多种扶贫产业，多举措全方位地帮助贫困群众发展生产，通过发展产业扶贫项目达成可持续发展状态，从而带动贫困群众实现持续性地稳定脱贫。

二、产业扶贫的政策安排与主要做法

产业扶贫政策制度是产业扶贫顺利推进的重要保障。红安县结合县域实际情况，制定一系列产业扶贫政策，涵盖产业扶贫的方方面面，细化产业扶贫项目的奖补措施，确保政策制度切实可行。在政策的指导下，红安县开展了一系列产业扶贫举措。如发挥地域资源优势，发展特色优势产业，形成“四大特色”产业。利用红色文化资源，绿色生态资源，开展旅游扶贫产业，带动周边贫困村及贫困人口脱贫。探索光伏扶贫发展模式，将自然资源转化为经济效益，实现无污染可持续性发展。培育市场扶贫主体，通过市场扶贫主体的带动，形成扶贫利益联结机制，带动贫困户脱贫。

（一）产业扶贫的政策安排

红安县坚持产业发展与精准脱贫相结合，加大产业扶贫扶持力度，积极完善产业扶贫的相关政策。在退出贫困县序列后，红安县为了巩固脱贫成果，确保产业扶贫在巩固脱贫成果、提高脱贫质量方面取得新成就，根据县域的实际情况，制定相关的政策制度，逐渐形成一套完整而系统的产业扶贫政策。

2015 年 8 月，红安县出台《红安县精准扶贫政策扶持实施意见》以及“1+12”精准扶贫政策。其中，“12”是指 12 个具体实施办法，每个实施办法都有配套的实施细则。其中，针对产业扶贫的相关政策主要是《红安县工业扶贫实施办法》《红安县农业扶贫实施办法》《红安县旅游扶贫实施办法》《红安县光伏发电扶贫试点项目实施办法》。

《红安县工业扶贫实施办法》中明确指出，根据工业企业岗位需求，负责安排3000名贫困人口在家门口的企业就业，切实增加贫困户家庭经济收入。对符合政府认定的扶贫对象，在企业工作期满一年，每天80元，每安排一人年终给予该企业2000元奖励；安排贫困户家庭成员10人，满一年，县政府给予100万元县域经济发展调度资金或100万元贴息5%贷款；10人以上，每增加一人增加5万元县域经济发展调度资金或增加贴息5%贷款，最高不超过300万元；市场主体带动一个贫困户脱贫奖励1000元；贫困人口自主创业给予5万元全额贴息贷款。①

《红安县农业扶贫实施办法》中明确指出，大力发展优势特色种植、养殖产业，帮助1000户贫困户2500个贫困人口脱贫。2015年通过产业扶贫力争为贫困户人均增收1000元；2016年力争为贫困户人均增收2000元；2017年力争为贫困户人均增收3000元。对贫困户自主发展种植业、畜牧业以及水产业提供相应的补贴与支持政策；对市场主体带动贫困户发展产业的，如安排就业、合作发展、规模化脱贫等方式，给予相应的补贴和补助。②

《红安县旅游扶贫实施办法》指出，要在全县发展30个旅游重点村，带动1000户贫困户从事旅游业的创业，带动5000个贫困人口在旅游业就业。旅游扶贫重点村每村给予20万元的项目支持；贫困户自主创业给予5万元/户全额贴息贷款；景区或旅游扶贫重点村开办小型宾馆或开农家乐的（宾馆达到10个床位以上，农家乐一次性接待50人以上），给予每户10000元/年奖励；贫困户在景区或旅游扶贫重点村开办超市的，根据规模大小给予1000—5000元/年的奖励；旅游业市场主体安置贫困户打工就业或参与入股分红，脱贫一个奖励市场主体或旅游业主1000元，给

① 《红安县工业扶贫实施办法》，2015年8月。
② 《红安县农业扶贫实施办法》，2015年8月。

予 5 万元贴息 5% 贷款扶持。[①]

《红安县光伏发电扶贫试点项目实施办法》指出，为贫困户和贫困村建立持久增收项目，帮助贫困户家庭新建一个 3kW 功率户用分布式光伏发电站，产权及收益归贫困户所有，实现户年均增收 3000 元以上。贫困村新建一个 50kW 功率光伏发电站，产权及收益归村所有，实现村年均增收 5 万元以上。[②]

2016 年 10 月 15 日，红安县出台《红安县精准扶贫精准脱贫“136”工程实施方案（试行）》，其中明确要求，把发展产业增加贫困户收入作为红安县精准扶贫精准脱贫的首要任务。通过从全县已参与带动贫困户脱贫的市场主体中精选 10 家红旗市场主体、30 家骨干市场主体、60 家优质市场主体，带动贫困村出列、贫困户脱贫致富。“136”工程的实施吸引更多市场主体参与扶贫，同时，通过奖励政策的叠加，促使 100 家市场主体发展壮大，最终实现红安县“全国争一流，全省当标杆，镇镇有特色，村村有亮点”的精准扶贫精准脱贫工作目标。[③]

2017 年 3 月 6 日，红安县出台《红安县特色农业产业精准扶贫实施方案（试行一年）》，其中明确指出，以贫困户为帮扶对象，以红苕、红宝萝卜、有机茶、蜂蜜等产业为重点，促进贫困户稳定增收，并对特色农业产业的发展目标、扶持模式以及相关的扶持措施进行了明确而详细的规定，推动了特色农业产业助推精准扶贫工作，探索出建立市场与贫困户利益联结机制，如期实现脱贫攻坚目标。[④]

2017 年 3 月 6 日，红安县出台《红安县关于落实“136”工程实施方案》，明确指出市场主体，即红旗市场主体、骨干市场主体以及优质市

---

① 《红安县旅游扶贫实施办法》，2015 年 8 月。

② 《红安县光伏发电扶贫试点项目实施办法》，2015 年 8 月。

③ 《红安县精准扶贫精准脱贫“136”工程实施方案（试行）》，2016 年 10 月 15 日。

④ 《红安县特色农业产业精准扶贫实施方案（试行一年）》，2017 年 3 月 6 日。

场主体的入选基本条件，并对其申报、审核、监督都制定了一系列的政策措施。①

2018年1月30日，红安县出台《红安大布、永河皮子精准扶贫实施方案（试行）》，做强以红安大布、永河皮子等地标产品为主的特色产业，助推精准扶贫工作，探索建立市场与贫困户利益联结机制，进一步巩固脱贫成果。②

2018年3月30日，红安县出台《红安县特色农业产业精准扶贫实施方案及市场主体奖补项目资金拨付的补充意见》，做好特色农业产业助推精准扶贫工作，以贫困户为帮扶对象，以红苕、红宝萝卜、有机茶、蜂蜜、永河皮子、红安大布、香菇等产业为重点，通过政府主导、市场导向，重点选择一批基础好、产业链长，与贫困户联系紧密的市场主体为合作对象，通过构建“公司+合作社+贫困户”经营模式，探索建立市场与贫困户利益联结机制，带动贫困户共同发展。结合贫困村的资源优势，充分发挥农业产业特色，做强产业基地，推进第一、二、三产业融合发展。另外，该政策文件进一步明晰了市场主体奖补项目资金拨付规定。③

2018年10月30日，红安县出台了《红安县产业扶贫巩固提升三年行动方案（2018—2020年）》，进一步培植壮大农业优势特色产业，支持重点贫困村培育出能带动贫困户脱贫、具有自身特色的农业产业。激发贫困户内生动力，完善与新型农业经营主体利益合作联结机制，扶持贫困户自主发展产业，推动贫困户可持续增收和稳定脱贫。④

---

① 《红安县关于落实“136”工程实施方案》，2017年3月6日。

② 《红安大布、永河皮子精准扶贫实施方案（试行）》，2018年1月30日。

③ 《红安县特色农业产业精准扶贫实施方案及市场主体奖补项目资金拨付的补充意见》，2018年3月30日。

④ 《红安县产业扶贫巩固提升三年行动方案（2018—2020年）》，2018年10月30日。

（二）产业扶贫的主要做法

产业扶贫作为扶贫开发的主要任务，对于促进农村发展，增加农民收入具有重要作用。自精准扶贫工作开展以来，红安县始终把精准扶贫作为统揽经济社会发展的重中之重，探索产业扶贫的方式方法。红安县产业扶贫的主要做法体现在：利用本地的资源优势，发展特色农业产业；基于红色文化历史底蕴，开展旅游产业扶贫；落实绿色发展的理念，探索光伏扶贫模式以及采取一系列的奖补措施，培育市场扶贫主体。

1. 挖掘县域资源优势，发展特色农业产业

红安县位于湖北省东北部大别山南麓，全县耕地总面积为50.05万亩，是一个典型的山区农业县。红安县坚持遵循市场规律，立足自身资源禀赋，尊重群众意愿，因地制宜，突出产业特色，扶持特色扶贫产业发展，形成“一村一品”“一镇一业”的特色产业发展布局。第一，制定《红安县特色农业产业精准扶贫实施方案（试行一年）》《红安大布、永河皮子精准扶贫实施方案（试行一年）》《红安县特色农业产业精准扶贫实施方案及市场主体奖补项目资金拨付的补充意见》等政策制度，为发展完善特色农业产业提供政策支撑。第二，红安县设立扶贫产业发展基金1亿元，重点支持发展壮大红苕、红宝萝卜、老君眉茶、蜂蜜四大特色产业。[①] 第三，探索特色产业发展模式。红苕、红宝萝卜产业采取“市场主体+基地+贫困户”模式，由有意愿、带动能力强的市场主体实行统一种苗或者种子供应，统一技术指导、统一质量标准、统一组织销售，市场主体连续种植三年以上，并分别与贫困户签订帮扶协议。有机茶和油茶产业采取代建基地和合作共建基地的方式，实行“村集体+市场主体+贫困户”的模式，由基地所在村引进市场主体，贫困户入股，形成村集体、市场主

① 《红安县农办2018年巩固提升工作总结》。

体、贫困户三方利益联结机制。蜂蜜产业采取“公司 + 合作社 + 贫困户”自养模式，政府采取奖补措施。第四，政府出资为贫困户种（养）牛、羊、水稻、大棚果蔬等购买保险，提高产业扶贫保险的参与度。

2. 弘扬红色历史文化，开展旅游产业扶贫

红安县有着丰厚的红色文化底蕴，诞生了董必武、李先念两位老一辈革命家和 223 位共和国高级军事将领，革命遗址遗迹遍布全县的村村寨寨，是大别山地区红色资源最集中、资源禀赋最高的地区，是湖北省红色旅游主题最鲜明的地区。红安县将红色旅游建设作为重中之重，按照“以红为魂、红绿相间、多产融合、全域旅游”的理念，整合旅游资源，统一包装运营，集中推介营销，唱响“将军故里·传奇红安”旅游品牌。红安县通过积极发展旅游产业，充分发挥旅游扶贫的带动效应。第一，红安县成立由九位县长为指挥长的“红安县旅游扶贫指挥部”，实行专业对口指导扶贫。根据县域实际情况，制定若干旅游扶贫政策，编制全域旅游规划，配套编制乡村旅游扶贫规划，将旅游扶贫纳入“美丽乡村”建设。第二，集中力量打造一批功能完善、品质较好的精品景区、农业观光园、乡村旅游示范点，通过发展乡村旅游带动附近贫困村脱贫致富。通过政策以及资金的奖励，鼓励贫困户自主发展，通过开办农家乐、小超市等配套产业增收。引导附近村委会与旅游公司开展合作，为村民提供就业岗位；村民在景区附近开办农家乐、家庭旅馆或者经营旅游纪念品等增加收入；引导附近的居民开展特色种植、养殖业，让游客进行观光采摘的同时提高农副产品知名度。第三，发展休闲农业产业扶贫。将传统村落、自然风光与乡村文化相结合，推进农文旅游融合。按照“红色引领、绿色随行”的思路，鼓励和支持承包土地向家庭农场、专业大户、农民合作社流转，培育出华缘农场等新型农业经营主体，不仅增加村集体收入，还为当地村民打工提供就业机会，甚至带动周边农户进行生态农业种植。第四，发展新型

业态助力扶贫。建立阿里巴巴红安产业带，涵盖旅游农副特产、农家乐订房订餐等多个行业；建立京东红安特色农产馆，将红安特色旅游产品老君眉茶叶、红安花生、红安大布、手工制品和粮油制品等通过互联网平台销往全国。[①]

3. 坚持绿色发展理念，探索光伏扶贫模式

红安县贯彻落实绿色发展理念，深入实施生态立县战略，坚持绿色扶贫，充分发挥本地丰富的光照和荒山荒坡等自然资源优势，积极响应国家光伏扶贫政策，探索实践光伏扶贫模式，成功实施光伏扶贫工程。第一，建立组织。红安县人民政府成立了光伏发电扶贫工作领导小组办公室，组长由县长担任，副组长由副县长担任，成员由县政府办、县发改局、县金融办等单位主要负责人组成。第二，制定方案。红安县制定《光伏扶贫实施方案》，明确工作目标、项目信息、组织实施和保障措施，保证光伏发电工程顺利完成。第三，探索实践“2533”光伏扶贫模式。红安县的光伏扶贫工程是以相对集中的地面村级电站为主，以屋顶分布式发电系统为辅的两种建设模式；充分利用好各项扶贫政策，通过地方财政整合一批、金融机构贷款一批、贫困户自筹一批、上级扶贫资金支持一批以及社会捐赠一批等五个筹资渠道，拓宽筹融资渠道；坚持高标准设计、高质量建设、高效率运行的“三高”建管标准，在全国率先招投标了一家专业运维公司，全面负责所有光伏扶贫电站的后期运营管理，确保项目稳定性、增收持续性；形成锁定结算对象、确定结算流程、限定结算时间的三定结算模式。红安县探索的光伏产业扶贫模式，发展光伏扶贫工程在实现稳定经济收益的同时，也形成了良好的生态效应，走可持续发展道路。

---

① 《红安县旅游扶贫工作情况汇报》，2015 年 8 月。

4. 采取系列奖补措施，培育市场扶贫主体

红安县政府通过特殊措施和优惠政策引导红安县大型国有企业和私营企业积极参与到精准扶贫精准脱贫中来，以期实现特色优势产业对贫困村、贫困户全覆盖。第一，引导企业为贫困户安排就业、与贫困户合作发展以及实现贫困户规模化脱贫。政府实施一系列奖补措施，如吸纳贫困户到企业务工五户以上（每户每年报酬不低于 6 个月，每天不少于 60 元），一次性对经营主体给予 15 万元贴息 5% 的贷款扶持，贷款以五户为底数，每增加一户增加 10 万元贴息 5% 的贷款，与贫困户合作发展脱贫一户，给予 10 万元 / 户贴息 5% 的贷款，给予 1000 元 / 户的奖励。带动贫困户实现规模化脱贫，市场主体带动贫困户脱贫 30 户以上或 50 户以上的，除享受上述政策外，另给予 50 万元或 100 万元支持。[①] 第二，推动参与扶贫的市场主体发展壮大。红安县通过实施“136”工程，一方面，通过市场主体带动，增强贫困户自主创业思维，提升其自我发展能力，促使贫困户脱贫致富、贫困村出列；另一方面，通过政策的叠加，促使 100 家市场主体发展壮大，增强产业扶贫的精准性、有效性，实现红安县“全国争一流，全省当标杆，镇镇有特色，村村有亮点”的精准扶贫精准脱贫工作的目标。

三、产业扶贫的成效

红安县将产业扶贫作为精准扶贫的关键举措，发展农业、工业、光伏、旅游业等产业扶贫措施，促使产业发展的短期收益与长期收益相结合，助推精准扶贫工作。在产业扶贫中，红安县经过不懈努力，取得了一系列的扶贫成效。构建起完善的产业扶贫政策体系，为推进产业扶贫

---

① 吴双莲：《红安县精准扶贫相关政策》，http://www.redhongan.com/p/60473.html，2017 年 10 月 11 日。

工作提供了保障；形成独具红安县县域特征的扶贫产业，打造地区产业品牌；不断优化集群化的旅游资源布局，形成旅游产业带，强化旅游扶贫的带动作用；推动光伏扶贫模式全覆盖，促使贫困户实现长期稳固收益；引导市场主体带动扶贫，形成利益联结机制，实现多赢、共赢。2018 年，红安县农林牧渔业增加值增长率为 6.10%，特色产业带动贫困户的比率为 86%，新型农业经营主体实际带动贫困户的比率为 98.6%。全县产业扶贫自主发展新增 322 户，政府奖补 219.48 万元，户均增收 3000 元以上；新增扶贫市场主体 52 个，新增带动户数 1796 户；政府奖补市场主体 714.5 万元、贫困户 1020.58 万元，户均增收 3000 元以上。到 2019 年 1 月，共兑现奖补资金 1.4 亿元，支持 1.8 万户贫困户发展种养业。除"五保户"和无劳动能力低保户外，每个贫困户有两个以上脱贫增收产业。①

（一）构建完善的产业扶贫政策体系，保障产业扶贫顺利推进

产业扶贫政策是产业扶贫工作顺利推进的制度保障。在精准扶贫工作的开展过程中，红安县为了落实精准扶贫工作，出台一系列产业扶贫政策，制定扶持措施，助推全县脱贫攻坚工作。自 2015 年起，红安县研究落实"四大政策体系"（"1+12"精准扶贫政策、"1+9"灾后恢复重建精准脱贫救助政策、"1+6"精准脱贫补充政策、"1+7"脱贫致富政策），其中涉及多项产业扶贫的相关政策《红安县特色农业产业精准扶贫实施方案（试行一年）》《红安县关于落实"136"工程实施方案》《红安大布、永河皮子精准扶贫实施方案（试行）》《红安县特色农业产业精准扶贫实施方案及市场主体奖补项目资金拨付的补充意见》《红安县产业扶贫巩固提升三年行动方案（2018—2020 年）》等。红安县产业扶贫政策涉及的领域

① 中共红安县委县政府：《红安县脱贫攻坚巩固提升工作情况汇报》，2019 年 1 月 7 日。

从农业、工业到旅游业，对第一、二、三产业如何带动扶贫、相关奖补政策以及扶贫产业如何发展均有相应的比较详细的可操作扶持政策。其所形成的体系化的产业扶贫政策为产业扶贫行动提供了政策支持与保障。

（二）形成独具地方特色的扶贫产业，树立地区产业发展品牌

红安县立足地方自然资源，发挥地方特色优势，形成特色农业扶贫产业。大力发展农业特色产业，形成红安苕、红宝萝卜、蜂蜜、老君眉茶四大特色产业品牌，拓展种植与养殖面积，引进市场主体，建立生产基地，发挥市场主体的带动作用，带动2800户贫困户脱贫增收。2018年，红安县农业局共整合项目资金2200万元，包括花生绿色高产创建项目400万元，红苕特优区创建项目500万元，特色产业就业资金250万元，特色产业发展资金65万元，有力地支持了国家地标产品“红安苕”和“红安花生”的基地建设和产品开发。到2018年12月28日，红安县全县种植特色产业基地总规模达到16.6万亩，138家新型市场主体建设扶贫产业基地138个，其中2018年新增基地37个，面积2.7万亩，同比分别增长26.8%和16.3%。[①] 2018年，红安县新认证无公害农产品六个，组织推荐“阿凡”牌红薯刀削面、“苕大哥”牌粉丝、“瑞洋农福”牌香菇、“朝启”牌花生等特色农产品到中国武汉农博会和黄冈地标优品及东坡文化美食节上参加展销，并获得了多项特色农产品金奖。与湖北垄上频道联合制作了红苕扶贫专题节目，全面推介了“红安苕”品牌。“百天千万扶贫行动”暨“红安苕”大型集中采挖直播活动在社会上引起强烈反响，在京东、斗鱼等互联网上点击量突破1400多万次，特色产品销售额突破2000万元。2016—2018年，在96个重点贫困村培育市场主体102家，流转土地3.2

① 红安县农业局：《种植产业扶贫情况》，2018年12月28日。

万亩，其中2018年新增产业扶贫市场主体16家，流转土地5100亩。这些市场主体通过大棚果蔬、中药材、红苕、红宝萝卜、香菇等扶贫项目，带动贫困户开展特色产业的种植、加工和销售。其中建立的五大产业扶贫示范基地如表4-1所示。

表4-1　红安县五大产业扶贫示范基地

扶贫产业	产业扶贫示范基地	数量（个）
大棚果蔬	湖北纱帽翅生态农业有限公司	3
	红安县瑞鑫家庭农场	
	红安县御品种植养殖专业合作社	
中药材	湖北紫卉牡丹产业发展有限公司	3
	湖北供销惠侬发展有限公司	
	湖北山鹰生态农业发展有限公司	
红苕	湖北根聚地新农业发展有限公司	2
	红安县国海建祥农业服务合作社	
红宝萝卜	红安县胡家河众鑫种植专业合作社	2
	红安县李家畈绿色蔬菜种植专业合作社	
香菇	红安县竹林园种植养殖专业合作社	2
	红安县瑞沣种植专业合作社	

案例　红安县重点扶持地理标志产品——“红安苕”

红安县的红苕种植历史悠久，以其淀粉含量适中，纤维素及糖分含量高，生食甘甜可口，熟食绵软芳香而声名远播，“红安苕”已被评为国家地理标志保护产品。红安县以“红安苕”作为特色产业扶贫的突破口，围绕做大做强“红安苕”产业，不断创新举措，促使“红安苕”扶贫产业带动贫困户脱贫。

加强技术投入。红安县加强对“红安苕”产业的技术投入，从科技应用培训、发展种植规模、拓宽销售渠道等方面积极谋划。第一，建立温室育苗大棚。红安县农业局投入115万元在杏花乡龙潭寺村、湖北根聚地新农业发展公司高标准建设两座温室育苗大棚，建立红薯脱毒种苗组培车间，建设两个特色品种保护与繁育基地，开展种苗繁育与供应。经过种苗脱毒种出来的红安苕产量高、品质好。第二，建立脱毒红薯储藏室。瑞沣种植养殖合作社已建成可储藏600吨脱毒红薯储藏室，能培育出2亿株脱毒薯苗。第三，推广机械化生产技术，在全县集中种植红安苕，减少人力成本，扩大红安苕的种植面积，促使其种植面积达到7.5万亩，亩产2000公斤，产量15万吨，亩节本增效300元，使红苕种植面积达到红薯产业适度规模经营比重75%。①

创新扶贫模式。红安县采取“公司+合作社+基地+农户”的模式，统一种苗供应、统一标准种植、统一技术指导、统一质量标准、统一收购销售，带动农户集中种植红安苕，带动全县农民增收3000万元，带动1.2万户贫困户脱贫致富。第一，引进湖北根聚地新农业发展有限公司，该公司与20多家合作社签订产销协议，合作社与贫困户签订帮扶协议。一方面带动贫困户种植红安苕脱贫，另一方面还能促使贫困户在家门口就业，给合作社打工，为红薯除草、浇水、施肥，每天获得80元酬劳。第二，延伸产业链。②引进湖北根聚地新农业发展有限公司等企业，打造红苕粉丝以及红安苕休闲食品等产品。第三，运用物联网信息技术。通过“互联网+”开展

① 丁胜权、李子乐：《红安创新举措做强“红安苕”地理标志产品》，http://www.redhongan.com/p/66716.html，2017年12月11日。

② 黄士峰：《百年红安苕育出新品种，老区人寄望脱贫愁销路》，https://www.sohu.com/a/159579461_748725，2017年7月24日。

"红安茗"地标产品公共品牌广告宣传与营销，实现红茗产销有效对接，红茗产品电子商务交易额达到1000万元。

（三）优化集群化的旅游资源布局，强化旅游业带动扶贫

红安县利用自身资源优势、旅游产业优势以及区位优势发展旅游扶贫产业，充分发挥旅游业带动扶贫的作用。红安县集中打造精品景区、农业观光园和乡村旅游示范点，形成红色景区、十大乡村旅游示范点与十大农业生态观光园相结合的旅游资源布局，带动附近的村子30%以上的农户直接或间接服务于旅游，带动附近贫困村脱贫致富。从目前旅游扶贫产业的带动效果来看，旅游速度发展快的乡镇贫困人口减少的幅度较大，景区周边的贫困村组脱贫速度较快，参与旅游服务业的村民综合素质明显提升，进行旅游商品化的农副产品附加值明显提升，同时旅游业兼容吸纳贫困人口的能力较强。截至2018年年底，旅游扶贫产业的发展直接帮扶72户贫困户自主创业，共兑付奖补资金39万元。有41家旅游市场主体参与精准扶贫，直接和间接带动1190户5330人，其中300人通过小额贷款入股分红，每年每人获得收入不低于4000元。①

案例　借助旅游产业带领群众脱贫致富

夏畈村位于天台山脚下，全村面积7986亩，辖4个村民小组，有60余户共242人，2015年全村人均收入7500余元，村集体经济累计收入超过40万元。村"两委"通过发展旅游，升级旅游服务公司，促进村集体经济发展，带动贫困群众脱贫增收，让全村群众

① 《2018年红安县旅游扶贫工作总结》。

共享产业发展的成果。

开发旅游项目。第一，开发天河漂流项目。2005年，担任村支部书记的秦基友积极争取天台山风景区党委、管理处的支持，带领村“两委”，依托特有的山水资源，引进红平旅游公司开发天河漂流项目。第二，修建旅游渡口。2006年，利用整村推进扶贫政策，投资近百万元修建旅游专线公路5.9千米，投资15万元在八畈修建旅游渡口。

转变运作模式。2007年，秦基友创办夏畈村旅游服务公司，全体村民成为公司股民，他自己兼任公司董事长，组建了60人的团队，开办餐饮店、澡堂、售货亭，成立漂流工程组、运输车队、看护和清洁队，全村58户232人全部入股，全村130个劳动力常年从事旅游服务业，同时解决了全村孤寡、五保和特困户共五户13人的就业问题，让全村90%的劳力从事旅游服务业，当年旅游服务业收入人均突破2万余元。公司由村委会统一管理、独立经营、理事会监管，自公司成立六年以来，累计实现利润300多万元。

强化扶贫效应。通过开办旅游服务公司的方式将资源优势转化为经济效益，并提升村民的生活水平与质量。第一，村委会每年从旅游服务公司的积累中拿出部分结余用于改善村级基础设施建设和产业发展，修建通村通组公路，修建村部。第二，在七里坪镇单独征地建设了48户移民新村，并投入大笔资金让本村的小学生全部免费就读于列宁小学。第三，村委会拿出28万元连续六年为全体村民购买新农合医保和村民养老保险。第四，村民不仅上班可以拿到薪金，而且能从股份公司得到分红，六年来村委会累计向村民分红达129万元。到2014年年底，夏畈村人均纯收入达7389元；村集体化解全部债务26万元，村民每年都有年终集体分红，村集体积累达 40 多万元。[①]

（四）实行全覆盖的光伏扶贫项目，实现长期稳固收益

光伏扶贫具有建设周期短、见效快、增收持续稳定等优点。光伏扶贫可以通过一次投入实现长期稳定收益。红安县按照“政府引导、贫困户参与、政策扶持、市场运作”的思路，坚持“贫困户自愿、贫困户受益”的原则，探索了一条符合脱贫需要的光伏扶贫发展模式。光伏扶贫项目累计投入 4.94 亿元，总装机规模 61556kW，于 2017 年 6 月底已全部并网发电，实现数据化传输和专业智能化管理，覆盖 96 个重点贫困村和 17648 户贫困户。其中每村建设一座 50kW 光伏电站，每户建设一个 3kW 分布式光伏发电站，实现了贫困村、贫困户全覆盖。每年可为每个贫困村集体增收 5 万元左右，让每个贫困户每年增收 3000 元左右，持续获益 25 年，5 万贫困人口可从中受益。[②] 2017 年 7—12 月发电收益分红 3234.9 万元。[③]

案例　发展光伏扶贫形成稳固收益

红安是“国家层面的生态型限制开发区”——大别山水土保持生态功能区。可再生资源的开发利用是既保护资源环境又发展经济的一条重要途径。红安县的气候条件决定全县年均总日照为 2088.6 小时，占可照时数的 45%。红安又是大别山南麓的丘陵地区，荒山荒坡多达 10 多万亩，光伏产业开发利用潜力巨大。

---

① 《盘活旅游产业，带领群众致富——天台山风景区夏畈村旅游业发展纪实》。

② 《红安县光伏发电扶贫项目情况简介》。

③ 《红安县产业扶贫与乡村振兴有效衔接调研报告》。

2014年，在湖北省能源局的支持下，红安县成功建设了高桥镇光伏扶贫推广示范项目，取得了良好的示范效应，广大贫困户感受到光伏扶贫的增收效果，强烈要求列入光伏扶贫对象。红安县在总结经验的基础上，不断创新户用分布式光伏开发利用机制，探索分布式光伏开发利用的新途径、新方式，形成了“2533”光伏扶贫模式，成功实施百村万户扶贫工程。红安县光伏发电带来了经济效益和社会效益双丰收，增加了贫困村、贫困户收入，不仅增强贫困户收益获得感，提高了贫困户的生活保障，而且光伏扶贫可持续增收的特点，保证了贫困村和贫困户的长期稳定收益。同时，光伏扶贫也产生了巨大的环境效益，减少了二氧化碳、二氧化硫、氮氧化物以及碳粉尘的排放。红安县光伏扶贫项目既实现了保护生态环境，又实现了发展经济带动贫困村、贫困户长期受益，稳固脱贫的目标。①

红安信义光伏产业园项目是集200MWp光伏电站和光伏现代农业产业园等的一个项目。信义光伏产业园项目在实现光伏发电确保贫困村贫困户长期稳固收益的同时，还通过多种方式带动农民增收，稳固脱贫成效，实现可持续性脱贫。其主要通过以下三种途径：第一，通过捐赠带动农民增收。红安信息新能源有限公司通过向贫困村或者贫困户捐赠光伏发电设备，带动贫困户增收。第二，通过劳动务工带动农民增收。向周围贫困村聘请劳动力来完成信义光伏产业园的部分建设以及一些基础性维护工作，促使有劳动力的贫困户依托此项目实现脱贫。第三，以产业融合带动农民增收。与现代新型工业、农业、全域旅游相结合，形成一条集新型工业、现

---

①《湖北省红安县探索实践“2533”光伏扶贫模式侧记》，http://www.chinajsb.cn/html/201903/26/1943.html，2019年3月26日。

代农业、乡村旅游业为一体的三产融合示范带，并成为带动周边贫困户致富奔小康的示范带。[①]

（五）引导多样性的市场主体带动，达成利益联结机制

市场主体对于带动贫困户脱贫具有重要的作用。红安县引导市场主体参与扶贫，到2019年已支持155家优质市场主体参与产业扶贫，有效促进了贫困户和市场主体双赢发展。据统计，2013—2019年全县已建千亩以上现代农业科技示范园数量从10家发展到71家，农产品加工企业由6家发展到63家；家庭农场、农民专业合作社等新型农业经营主体由50多家发展到1800多家。[②]红安县通过培育市场主体的发展来带动产业扶贫，形成市场主体与贫困对象间双赢的利益联结机制，如“帮大户、带贫困户”“公司+基地+合作社+农户”“互助金+基地+贫困户”等模式，通过流转土地、安排用工、合作发展以及入股分红的方式，使贫困户获得资金、薪金以及分红收入。

案例　市场主体带动城关镇周家冲村脱贫致富

周家冲村位于红安县城以西八公里，地处低山丘陵地带，是全县有名的交通闭塞村、水利死角村、经济空壳村。在2015年以前，还无宽带网络，村民收入主要靠种养业和劳务输出，全村有贫困农户36户70人。

湖北中园农业科技园是城关镇重点招商引资项目。周家冲村依托该园区，拓展致富路，借力脱贫。湖北中园农业科技园是与华中

---

① 《红安县光伏发电扶贫项目情况简介》。

② 《红安县产业扶贫与乡村振兴有效衔接调研报告》。

农业大学、省农科院等高等院校和机构携手，计划投资2.5亿元，流转土地2万余亩建成的综合农、林、牧的产业基地。科技园自开建以来，中园公司致力于发展生态农业、科技农业以及特色农业，已经建成集文化、休闲、娱乐、旅游观光以及科普教育为一体的特色文化生态农业旅游观光综合园区。2015年，科技园已整合改良核心区近1000亩土地，绿化荒山200亩，绿化、硬化公路60公里；建成300亩水域面积的立体养殖区；建成500亩精品花卉、特色水果、有机蔬菜温控大棚种植区；培育成功2万棵盆栽苹果、10万棵盆栽葡萄、8万株特种火龙果；种植500多亩精品花卉苗木。

园区与周家冲村以及周边村民建立合作关系，扶持村民增收致富。中园公司积极开展产业扶贫，实施技术服务、收购保障、组织示范三大体系，通过园区的建设和改造，大力发展民营经济，进一步拓展村民就业空间，帮助贫困户、贫困人口和残疾人就业。中园公司通过大规模流转土地，整合各类生产要素，实现规模经营，并发展高效农业种植业和特色养殖业，拓宽产业扶贫渠道，提高经济效益。2015年园区高效农业面积已达2000多亩，辐射带动农户2000户，其中贫困户45户，贫困人数132人。吸引130多名村民在园区打工，人均年收入1万元以上，以帮扶解决就业问题，加快脱贫速度。

其中一个贫困户在园区从事种养业，学到了蔬菜栽培技术，每天有不少于80元收入。户主高兴地说："忙时我在这里打工，闲时可耕种自己的农田，过不了两年我家就能脱贫了。"

经过一年的努力，园区已建成以桃李、樱桃等水果为主的瓜果采摘示范基地，以盆栽葡萄、盆栽苹果、火龙果等为主的科技农业示范基地和以观赏景观为主的花卉苗木示范基地三大产业示范基地，形成了以瓜果蔬菜、有机葡萄、家禽养殖、鱼鸭混养、淡水养殖、有机水稻生态养殖为特色的产业新格局。

“在县、镇两级扶贫工作队带领下，我们创新扶贫开发方式，推进农业产业化进程，加快土地流转规模经营，发展高效农业种植业、特色养殖业，扶持各类经济合作组织，促进了农民持续稳定增收，特别是贫困村民增收。”周家冲村党支部书记冯兴永高兴地说。

现在，周家冲村是全县生态农业领头村，引进投资8000万元的正邦公司，流转土地1000余亩。80余名村民在家门口务工，村组土地租金收益达16万余元。56岁的五组贫困户陈业志右脚残疾，不能外出务工。正邦公司落户后，村里安排他在公司临时务工，一年增收5000多元。[①]

四、产业扶贫的经验启示

红安县将“发展生产脱贫一批”放在精准扶贫工作的突出位置，采取一系列产业扶贫措施，取得了不少的扶贫成效。红安县产业扶贫的经验与启示主要体现在以下四个方面：一是细化与深化产业扶贫政策，完善扶贫政策体系，为产业扶贫提供政策支持；二是创新产业扶贫帮扶模式，形成合作、带动等帮扶模式，增强产业扶贫的减贫效果；三是推动产业融合发展，构建第一、二、三产业融合发展的格局，拓展产业扶贫类型，进一步调整县域产业发展结构；四是完善利益联结机制，实现双赢，增强产业扶贫的益贫性与可持续性。

① 《红安扶贫脱贫先进事迹（人物）资料》。

（一）完善扶贫政策体系

完善的扶贫政策体系是顺利开展扶贫工作的重要保障。只有完善产业扶贫政策制度，才能确保扶贫产业的快速平稳发展。依据中央和省、市有关产业扶贫的相关政策文件，对接地方实际情况，通过系统谋划构建起地方完善的产业扶贫政策体系，对地方产业扶贫的发展提供政策制度支撑，为各产业扶贫主体的扶贫行为提供合法性依据。一方面从工业、农业、旅游业以及光伏等多种产业类型的角度细化产业扶贫政策，制定相关的扶贫奖补政策；另一方面对参与产业扶贫的主体，如市场主体、能人大户以及贫困户等参与产业扶贫也给予相关的扶贫奖补政策支持。这不仅能够推动第一、二、三产业的有机融合，同时也激发了市场与社会的活力，凝聚各方力量参与扶贫。

（二）创新扶贫帮扶模式

创新产业扶贫帮扶模式，积极对接市场主体，通过市场主体带动贫困户脱贫。第一，转变帮扶思路。从以往普惠性扶持政策向差异化扶贫政策转变，从以往直接给钱给物的方式向直接帮扶、委托帮扶和股份合作等多种帮扶方式转变。第二，强化市场主体的带动作用。通过多种优惠与奖补措施培育参与扶贫的市场主体，在增强市场主体自身实力的同时，提升其带动贫困户脱贫的能力。引进龙头企业、专业经济合作社、家庭农场以及专业大户等市场主体带动贫困村、贫困户脱贫。对于有劳动能力但缺乏生产项目、信息、资金的贫困户，通过“帮大户、带贫困户”“公司 + 基地 + 合作社 + 农户”“互助金 + 基地 + 贫困户”等方式带动贫困户发展种养业，形成“造血型”可持续稳定脱贫的产业帮扶道路。第三，形成“政府引导、市场带动、银行支持、保险保障、贫困户主动”的“五位一体”扶贫模式，构建政府、市场、金融、保险以及个体有机结合的产业扶贫支撑保障机制，带动县域经济发展，促进贫困户稳步增收。

（三）推动产业融合发展

发挥地域优势与特色，构建第一、二、三产业融合发展的格局，调整优化贫困地区产业发展结构，形成链条式发展格局，促使产业可持续发展，带动地域经济发展，助力脱贫攻坚。第一，开展旅游产业扶贫。借助地方资源的优势，充分利用旅游资源，创建旅游扶贫示范村，打造农业旅游观光园、乡村旅游示范点，引导、支持与发展星级农家乐，发展旅游扶贫工程，推动旅游服务业的发展。同时，引进市场主体参与到旅游扶贫中，稳固和壮大旅游市场主体，让“绿水青山”变为“金山银山”，促使旅游产业成为脱贫后永续支撑的产业。第二，推动“互联网 +”产业扶贫。开发利用新型电商平台，促使各类新型经营主体通过电商平台拓展销售渠道，开发农村新产业新业态。第三，利用好光伏产业园项目。光伏发电将清洁能源转化为扶贫资源，形成可持续性的收益。在利用光伏发电的同时，通过“光伏 +”项目的开发，如开发光伏产业园，将其与观光、旅游、采摘等项目相结合，形成多元化的收益模式。

（四）完善利益联结机制

完善产业扶贫利益联结机制，形成利益联盟，实现合作双赢。第一，建立和完善龙头企业、基地、合作社以及农户间的合作互助模式，通过龙头企业带动、合作社带动、家庭农场带动、能人大户带动，以及电商、光伏等新业态带动，完善产业利益联结机制。第二，盘活农村地区自然资源以及人力资源，形成市场、村集体、贫困户共同受益的“红利”式发展模式。通过市场主体产业发展带动一批贫困户出租资产获得租金，贫困户通过出租土地或者其他的资产，提供给农业市场主体获得收入，带动脱贫；带动一批贫困户到市场主体打工获得薪金，促使有劳动能力与有学习意愿的贫困户到工业、商业、农业以及旅游市场主体进行务工，获得务工收入；带动一批贫困户与市场主体合作经营获得分红，通过政府奖补资金促使贫困户与农业市场主体合作获得经营分红；带动一批贫困户入股市场主体获得股金收入，贫困户通过小额贷款入股工业、商业、农业以及旅游市场主体，获得股金分红。通过上述多种方式，实现“市场主体盈利、村集体收益、贫困户脱贫”的三赢局面。

第五章 易地扶贫搬迁：挪穷窝、换穷业、促致富

红安县按照中央和省市决策部署，把易地搬迁作为精准脱贫头号工程、标示性工程，坚持“挪穷窝”与“换穷业”并举、安居与乐业并重、搬迁与脱贫同步、社会融入与社区发展相协调，严格坚守搬迁对象识别精准、住房面积不超标、搬迁户不举债、建新必须折旧“四条红线”，采取集中安置为主、分散安置为辅的形式，加快实施易地搬迁工程。经过不懈的努力，红安县提前完成易地扶贫搬迁工作任务，搬迁安置点基础设施不断完善，搬迁群众的增收渠道得以拓展，逐渐融入搬迁社区，成为社区发展建设的重要主体。

一、易地扶贫搬迁的背景与意义

红安县所处的地理环境主要有以下特征：一是贫困程度深。贫困发生率高、贫困人口多、贫困村多、贫困户人均纯收入低。二是生产生活条件差。贫困户土地资源少、贫困村精准扶贫“三个品牌”（扶贫搬迁、雨露计划、小额信贷）需求量大、贫困户生产生活条件差、交通等基础设施条件差。三是经济发展落后。县域经济发展水平落后、贫困村村级集体经济发展水平落后、乡村旅游业处于起步阶段。四是公共服务不足。贫困村村组道路、电力、饮水安全、农村危房、公共卫生、教育、文化建设有待加强。五是自身发展能力不够。贫困人口老龄化现象严重、身

体健康问题堪忧、贫困人口文化水平低。[①] 这些短板严重制约了红安县经济社会的健康发展，约束了农民家庭及其成员的发展机会，尤其是安全住房问题，成为农民摆脱贫困、自主发展的关键性障碍。在这样的现实背景下，红安县积极响应国家政策号召，实施易地扶贫搬迁举措，将贫困群众从条件恶劣的居住环境搬迁到村庄、乡镇、县城等基础设施健全、生产生活全面保障、就业机会多样的优势区域，改善了贫困群众的生产生活面貌，推动贫困群众脱贫致富，使贫困群众共同参与到全面建成小康社会的队伍中来，共享改革发展的伟大成果。

易地扶贫搬迁作为国家精准扶贫战略举措中“五个一批”的重要内容，在改善农民居住条件、带动农民脱贫致富方面发挥着不可或缺的关键性作用。首先，易地扶贫搬迁帮助贫困群众“挪穷窝”改善居住条件，为贫困户后期发展提供了坚实的物质保障，提供了多样化的就业机会，方便群众就近就业创业，吸引优质市场主体和社会资源，打造良好的经济发展环境，增强地区经济发展活力。其次，易地扶贫搬迁有助于统筹推进农村城镇化进程，完善城乡地区的基础设施，满足群众的多样化需求，促进全民共享基本公共服务和公共物品。再次，易地扶贫搬迁的实施有效增强了贫困群众的获得感和幸福感，以及发展致富的信心和动力，切身感受党和政府对贫困群众的关怀和照顾，明确了贫困群众的主体地位，在很大程度上调和了国家—社会—农民等多元主体的关系结构，促进了良性互动的关系形态的形成和发展。最后，易地扶贫搬迁作为红安县脱贫攻坚的重要举措，是高质量完成精准扶贫精准脱贫政治任务的重要保障，也为红安县实施乡村振兴战略奠定了坚实的经济物质基础和社会文化基础。总的来看，易地扶贫搬迁具有显著的减贫经济效益、社会

① 彭玮：《当前易地扶贫搬迁工作存在的问题及对策建议——基于湖北省的调研分析》，《农村经济》2017 年第 3 期。

效益和文化效益，毋庸置疑地成为红安县高效完成脱贫任务、打赢脱贫攻坚战的必要举措，成为贫困群众脱贫致富、增强发展能力、塑造生计空间的重要依托，为衔接乡村振兴战略提供着现代化的物质载体、多元化的发展环境、规模化的产业体系和高质量的返乡人才，为推动红安县科学、高效、可持续发展增强动力。

二、易地扶贫搬迁的主要做法

扶贫移民是一个复杂的人口、经济、社会乃至文化的系统工程，我国扶贫移民政策是在实践中逐步探索发展的。[①] 为了实现贫困群众“搬得出、稳得住、能致富”的发展目标，各级政府部门根据当地实际情况不断完善顶层制度设计，提高政策文件的指导性和精准性。易地扶贫搬迁政策的制定、执行、细化、完善等程序呈现了自上而下的实践路径和自下而上的反馈逻辑，科学化、系统化建构起来的政策体系成为易地扶贫搬迁工作的重要方向指南和行动纲领。2015 年 11 月 29 日，《中共中央、国务院关于打赢脱贫攻坚战的决定》中提出要通过实施易地搬迁脱贫，因地制宜地选择安置方式，确保贫困群众搬得出、稳得住、能致富。随后，湖北省出台《关于印发加快推进全省易地扶贫搬迁工作实施方案的通知》，文件中指出要进一步明确搬迁对象，尽快明确县级实施主体，抓紧制定“十三五”易地扶贫搬迁县级规划，尽快上报“十三五”县级实施方案和 2016 年实施计划，切实加强风险控制和资金监管，全力保障全省易地扶贫搬迁工作有序推进、科学运作。

红安县根据国家政策，结合当地经济社会发展情况，于 2016 年制定

---

① 陆汉文、覃志敏：《我国扶贫移民政策的演变与发展趋势》，《贵州社会科学》2015 年第 5 期。

了《红安县易地扶贫搬迁实施办法》，提出了红安县易地扶贫搬迁实施的总体要求和指导原则，明确了易地扶贫搬迁对象和目标任务，设计了多元化的安置方式，建构了资金筹措机制和相关配套政策，为红安县易地扶贫搬迁工作的科学有效落实奠定了制度基础。在原有脱贫措施的基础上，在不改变扶贫资金用途的前提下，红安县专门制定了《红安县易地扶贫搬迁脱贫规划》，主要通过五种差异化的扶贫模式帮助易地扶贫搬迁贫困户脱贫致富。

革命老区是党和人民军队的根，老区和老区人民为中国革命胜利和社会主义建设作出过重大牺牲和重要贡献。由于自然、历史等多重因素影响，一些老区发展相对滞后、基础设施薄弱、人民生活水平不高的矛盾仍然比较突出，脱贫攻坚任务相当艰巨。中共中央办公厅、国务院办公厅于2016年2月出台《关于加大脱贫攻坚力度支持革命老区开发建设的指导意见》，进一步加大对革命老区的扶持力度，加快老区开发建设步伐，让老区人民过上更加幸福美好的生活，共享改革发展的现代化成果。对于红色印记浓厚的红安县来说，同样能够受益于国家政策的专项支持，政策优势有力地保障并推进了红安县脱贫攻坚的伟大征程。各项支持政策为红安县易地扶贫搬迁工作提供保障，从具体的政策制定到基层实践，红安县走出了一条特色鲜明的易地扶贫搬迁道路，充分发挥了“易地扶贫搬迁脱贫一批”的实际效用。

（一）坚持执行政策与尊重群众意愿相结合

红安县安置点建设以乡镇人民政府为实施主体，严格遵守工程“四制管理”，严格按照国家技术规范检查督办，确保工程建设材料过关、质量过硬，在项目建设程序、标准、进度、质量、安全和资金使用上从严管理。红安县易地扶贫搬迁工作过程中无上级规定禁止行为的事项发生，无安全事故发生，项目分户验收已基本完成。

1. 安置点全部统一踏勘选址

易地搬迁安置点由各乡镇进行初选，再由县发改、国土、住建、规划、环保、林业、水利、电力、扶贫办等部门组成的工作专班，对乡镇初选地址进行现场踏勘确认，确保安置点选址符合各部门规划。通过踏勘确认安置点，红安县易迁办组织地质勘测、地质灾害评估、环境评价等中介服务单位对各安置点实行全覆盖检查，对有潜在自然灾害风险以及不符合人居环境要求的安置点坚决换址，为贫困户选择最好的地段，营造安全、便捷、可持续发展的生活环境。

2. 安置点全部统一规划设计

按照人均不超过25平方米的要求，以及“保基本、保安全”的原则，结合当地民风民俗、村容村貌，红安县设计院针对所需的25、50、75、100、125平方米五种户型，科学合理地分别设计了两套精简实用的户型图，县易迁办结合实际，对外墙、内墙、地面、门窗、厨房、卫生间、节能、水电等方面装修标准及选材价格本着“保安全、保基本”、节俭适用的原则予以确定，乡镇各安置点严格对照执行。在安置点设计上既充分满足群众日常所需，也达到了国家设计规范要求。

3. 搬迁群众统一“五步”确认

红安县易地扶贫搬迁对象，在建档立卡贫困户精准识别“回头看”的基础上，充分尊重贫困户的意愿，严格按照“户申请、组评议、村公示、乡镇审核、县审批”程序执行到位，多方联动，联审联批，确保搬迁对象识别公正、公平、公开。红安县搬迁对象全部为建档立卡贫困户，并实行动态管理，做到该搬的一人不漏、不该搬的一人不进。

4. 易迁资金封闭管理，按时拨付，保障工程顺利推进

截至2018年12月底，红安县易地扶贫搬迁到位资金43657.67万元。

其中，中央预算内投资5721.2万元，地方政府债券9105万元，长期利息贷款24374万元，专项基金4457.47万元。已按进度下拨至各乡镇和项目主体建设资金38164.073万元，余下的资金在工程决算完成后支付，质保金到期后支付。从微观层面来看，红安县易地扶贫搬迁人均投资资金额度为5.7万元，其中中央预算内投资0.7万元，专项建设基金0.5万元，地方政府债券1万元，商业银行贷款3.5万元。红安县加强项目资金管理，严格遵守易地扶贫搬迁资金专款专用、物理隔离、封闭运行，要求相关人员要规范财务制度，及时记账、分类记账，禁止切块使用。在安置点工程前期费用方面，红安县在易地扶贫搬迁专项资金中支出较少，人均没有超过3000元。

（二）坚持保证质量与加快进度相结合

1. 对接部门主动服务

由红安县住建局牵头，从设计院、质监站、安全站、园林局等单位抽调精干人员组成专业队伍，为各乡镇（场）易地扶贫搬迁安置点从房屋设计、质量保障、施工安全、绿化设计等方面提供全方位指导与服务，积极对接乡镇（场）解决安置点建设过程中遇到的技术性问题，弥补乡镇建设领域技术短板，主动服务安置点“软件”资料手续办理，从行政服务层面，加快乡镇安置点工程建设进度。

2. 严格项目“四制管理”，确保工程质量安全

严格落实建设项目管理中实施的项目法人责任制、招标投标制、建设监理制和合同管理制；严格遵守工程规范管理，所有安置点地质灾害评估全覆盖。在项目建设程序、标准、进度、质量和安全上从严管理，消防设施、防雷设施全部配套到位。工程资金按进度拨付，确保施工质量和进度。红安县易地扶贫搬迁项目建设过程中无安全事故发生，无拖欠农民工工资情况出现。

3. 实施“交钥匙”工程

搬迁群众结合自身实际情况及意愿选择安置点，搬迁入住前安置点通水、通电、道路硬化、环境绿化等基础设施全部配套到位。室内进行简易装修，厨房、卫生间生活设施一应俱全，在安置人数较多的点还配套建设了幼儿园、卫生服务站、警务服务中心、简易休闲娱乐设施等，满足贫困户日常生活需要，真正实现贫困户拎包入住。

红安县易地扶贫搬迁严格实行“交钥匙”工程，所有安置点竣工验收后，由乡镇（场）统一分配，直接交钥匙搬迁入住，不增加群众负担。同时对搬迁户进行了引导和教育，倡导搬迁户按照简单实用的原则进行装修，不搞豪华装修，不搞相互攀比，不购置高档建材家具，严禁举债装修。红安县严守搬迁群众不举债的底线，通过民政救助和发动社会捐赠等形式，为搬迁五保户配备基本的生活用品，进一步减轻贫困搬迁户的负担。

（三）坚持科学管理与优化服务相结合

1. 明确安置点配套设施标准，加强项目管理

红安县易迁指挥部制定《安置点附属基础设施及公共服务设施配套指导意见》《安置点项目建设规范化管理意见》等文件，对安置点通水、通电、通水泥路、排水、绿化、菜地、路灯、公共活动场所及管理用房，贫困户室内厨房操作台、卫生间设施、电视信号接入等明确统一标准要求，贫困户入住时各项设施到位，给贫困户搬迁入住提供最大的方便。

2. 提升单人安置点生活水平，提供人性服务

红安县出台《单人及五保户安置点后期管理的意见》，镇村落实主体责任，制定专门制度，明确专人管理，配齐“十个一、五个两”（一张床，一张小桌，一个衣柜，一个热水瓶，一个水杯，一个洗脸盆，一个脚盆，

一把扫帚，一把簸箕，一袋洗衣粉；两张椅子，两床被子，两副床单，两套衣服，两双鞋）的基本生活物资，根据季节变化配备蚊帐、窗帘等生活用品，配套建设专门公共食堂，安排专人长期常态开火做饭，集中就餐，建立每天一名村干部24小时长期值班制度。通过逐渐改善贫困户的居住条件，提升贫困人口的生活信心。

2016年永佳河镇江家店村安置点建成，搬迁入住16户18人，其中一户有两名家庭成员，其余全部是单人户。该安置点选址靠近中心村，山清水秀，环境优美而且交通便利。两排平房，一个院子，公共用房及活动室等配套完善，实现绿化、亮化、美化。建立了完善的管理制度，村委会有专干负责日常管理，村医定期到安置点对贫困户做体检，一个公益性岗位人员专门负责做饭并协助管理，本村在外企业家的社会捐赠不断，安置点旁规划了1亩多的菜园地，搬迁群众可以自己种菜，常常还有结余。由于安置点制度好、服务好，贫困户住得舒适，幸福指数高，村里很多留守老人十分羡慕，也要求到安置点去居住，他们在外地打工的子女向村委会提出安置申请。村“两委”经代表会统一意见，2017年在安置点周边扩建了十间房，用于同步安置留守老人。

（四）坚持“挪穷窝”与“换穷业”相结合

1. 集中安置发展优势产业

红安县集中安置率达到93.3%，各级单位始终坚持遵循群众意愿、城乡统筹、布局优化、集约用地、适度规模的原则，按照“五靠近”（靠近县城区、靠近镇区、靠近中心村、靠近旅游区、靠近园区）和“三进”（进镇区、进县城、进园区）的思路进行选址。让贫困户向生活和生产资源更加丰富、更加便捷，发展空间更大的区域靠拢，从而带动发展，更利于资金集中使用，发展规模产业。

2. 综合利用大扶贫政策

红安县充分利用四大政策体系，通过发展工业、农业、旅游业、光伏发电产业帮助安置户脱贫。以光伏扶贫为例，红安县属于亚热带季风气候，年均总日照1998.8小时，有10万多亩荒山荒坡，非常适合发展光伏产业，而且光伏扶贫具有收益稳定、持续增收的独特优势，红安县全力推进光伏扶贫全覆盖工程，变“输血”为“造血”，坚决拔掉“穷根”。自精准扶贫工作开展以来，红安县把光伏扶贫作为发展生产、脱贫致富的重要举措，大胆试验，因地制宜地探索出“2533”光伏扶贫模式。通过科学规划选址，严格标准建设，高效推进光扶扶贫电站建设。①

3. 易地扶贫搬迁户因户施策

红安县专门制定了《红安县易地扶贫搬迁脱贫规划》，主要通过五种后扶模式帮助易地扶贫搬迁贫困户脱贫。一是通过扶贫产业扶持资金和搬迁户扶贫资金入股市场主体，贫困户通过保底分红加利润提成获取收益。红安县将易地扶贫搬迁项目结余资金4596万元通过县圆投公司入股德青源生态养殖扶贫项目，分红收益实现全县易迁户全覆盖，每户每年增收1300元，2017年分红收益已发放到户。二是依托当地资源优势，有针对性地发展特色种植业增收。在县城竹林安置点发展蔬菜基地，实施香菇种植“1115工程”，即通过市场主体+社区+贫困户租赁方式，由市场主体统一供菌，统一技术指导，统一回购销售，完成总投资900万元的种植项目，达到一户贫困户参与一个大棚、一户种植1000菌棒香菇，户年平均创收5000元。同时，社区还流转土地40亩，为每户搬迁户安排20平方米的菜园，较好地解决了搬迁户种菜吃菜的问题。三是通过将搬迁后扶产业资金用于建设标准化厂房、修建或购买商业门面等方式，利用资

① 石杰、刘志凯：《红安推进光伏扶贫　坚决拔掉“穷根”》，http://www.hgitv.com/news/hgxw/74078.html，2017年8月24日。

产收益帮助贫困户增收。上新集镇新马社区回购房安置点安置 83 户 291 人，上新集镇将易迁安置结余资金 406 万元购买社区商业门店，通过签订长期合同出租给好邻居连锁店开办超市，每年分红 25 万元（以后定期按比例上调），收益带动社区所有易迁户，每人每年可增收 800 余元，并免除易迁户物业管理费。另外有易迁对象 12 人在该超市务工，每人每年收益在 15000 元以上。四是发展服务业模式，组织有劳动能力的搬迁户，通过服务业打工就业或自主创业，帮助贫困户增收，支持发展旅游业创业增收 76 户。五是通过企业务工模式，强化职业技能培训，通过引导性培训和技能性培训，提高技能水平，增加务工收入。安置户享受劳动就业培训 1000 余户，在企业务工的有 200 余户。

以红安县移民局不断创新后期帮扶方式来看，积极推动搬迁农户创业就业，加快了水库移民和谐、稳定的增收步伐。一是项目帮扶。截至 2015 年 9 月底，已安排移民项目扶持资金 1713 万元，实施移民扶持项目 393 个，用于建设村组、林区、户户通道路，排水排污，饮用自来水，河堤加固及渠道修复，防洪抗旱塘坝改造，村庄整治，等等。二是金融帮扶。大力推进移民创业就业，以小额贷款贴息为载体，在搬迁农户中加强宣传，增加他们创业发展贷款额度，为搬迁农户创业提供强有力的资金支持。三是产业帮扶。积极探索搬迁农户后期扶持新办法，大力发展农业合作社，鼓励低收入农户参股。发展“一村一品、一乡一品”，形成了华河镇的高山有机茶、城关镇的大棚蔬菜、七里坪镇的地膜花生等产业。四是困难帮扶。积极开展“三进三送”活动，进基层送政策，进社区送服务，进农户家送温暖，帮助搬迁农户解决各种问题。开展驻点村“一对一”结对帮扶和平时济困救助工作。五是技术帮扶。统筹安排、因需施教，依托农广校的资源优势，进行新型移民科学技术培训，让移民找到创业发展的门路。六是联动帮扶。与其他相关部门沟通协作，充分发挥部门的杠杆作用和资源优势，配套项目建设移民美丽家园。实施村村通道路硬化建设。进一步完善水利设施建设。实时通报移民困难情况，对搬迁农户实行动态管理和帮扶。

（五）坚持“建新”与“拆旧”相结合

1. 做好前期宣传，完善制度设计

红安电视台《新闻频道》《阳光频道》开辟专栏系统解读搬迁范围、目标任务、安置方式、住房标准、资金保障、申报流程、拆旧办法、帮扶措施等，同时通过网站、微信、明白卡等多种形式积极宣传有关政策，做到政策公开透明、家喻户晓。建新必须拆旧是易地搬迁“四条红线”政策之一，在前期申请过程中，乡镇作为实施主体要与贫困户签订《红安县易地扶贫搬迁协议书》，进一步明确乡镇政府与搬迁贫困户双方的责任与义务，规定贫困户“搬迁后自愿将原住房拆除、原宅基地上交给甲方土地复垦”，贫困户的签字确认，为后期拆旧工作奠定了良好的政策和信誉基础。

2. 做好顶层设计，规范操作流程

为确保拆旧复垦依法依规推进，红安县易迁指挥部制定了《关于明确我县易地扶贫搬迁旧房拆除及分散安置点公共基础设施配套相关政策的通知》《红安县易地扶贫搬迁拆旧复垦实施方案》等相关文件，以规范整个流程。文件规定，各乡镇要统筹安排，协调推进，抓好搬新家、拆旧房、复垦还地三项工作，抓住有效时机，多措并举，协调推进各项工作落实。要切实维护农民集体经济组织和群众合法权益，坚持以人为本。要以搬迁入住促进旧房拆除，以旧房拆除促进入住常态化，以入住常态化促进后期管理的改进和完善。锁定各乡镇（场）是易地扶贫搬迁旧房拆除的责任主体，使其从动员搬迁、旧房拆除到土地复垦负全部责任。考虑到乡镇工作推进中的实际困难，红安县整合专项资金，对旧房拆除及贫困户搬家工作实行每户奖补 1000 元资金，各乡镇（场）成立拆旧专班负责宣传发动、台账建立、统一登记、统一搬迁、统一拆旧、统一验收、统一申报复垦项目。

3. 既要无情拆旧，又要有情搬迁

挪旧窝、搬新居、换新貌，在农村来说是非常重大的事，要离开生活了几十年的地方去其他地方居住，在情感上确实有很大的不舍。为此，红安县提出“无情拆旧，有情搬迁，公开公正，不落一家”的口号，乡镇政府在搬迁过程中做了大量细致的工作，如集中组织车辆，以村为单位帮助搬迁户集中搬家，包村干部一起动手，全程参与，搬入新居，鞭炮齐鸣，热闹非凡，让贫困户感到十分温暖。集中搬迁既解决了贫困户搬运过程中诸多琐事的麻烦，也避免了搬家过程中出现的交通安全事故。红安县高桥镇是全县旅游名镇，在全县率先全面完成拆旧任务，2017 年有一家单人户不愿意搬迁，镇党委书记、镇长先后十多次上门做思想工作，最终他想通了，同意拆除旧房，高高兴兴地搬进新房。

三、易地扶贫搬迁的成效

红安县积极整合各类资源，努力打造易地扶贫搬迁“红安样板”，坚持“挪穷窝”与“换穷业”并举、安居与乐业并重、搬迁与脱贫同步，严守搬迁对象识别精准、住房面积不超标、搬迁户不举债、建新必须拆旧“四条红线”，实行统一选址、统一规划设计、统一踏勘、统一建设、统一精简装修，建成“设施齐全、功能完善、管理规范、产业配套、就业充分”的安置点 168 个，全部实行“交钥匙工程”。在各级政府、市场主体、社会力量等多元主体的支持下，红安县上下齐心协力共同开创了易地扶贫搬迁新局面，取得了预期的扶贫脱贫效果，不仅带动了贫困群众脱贫致富，也为红安县后期可持续发展提供了强劲动力，是一项多方共赢的宏伟工程。

（一）提前完成搬迁任务

一是在精准识别方面，红安县严守易地扶贫搬迁对象精准识别底线，结合精准扶贫和易地扶贫搬迁有关政策要求，对易地扶贫搬迁对象识别，严格按照户申请、组评议、村公示、乡镇审核、县审批程序执行到位，明确有关方面责任，确保搬迁实施对象不错一户、不漏一人。

二是住房面积方面，全县所有项目建设，严守建房面积红线，严格锁定人均25平方米建房面积，统一按照25、50、75、100、125平方米户型设计，户型精准对应到户到人，杜绝了住房面积超标情况。红安县易地扶贫搬迁安置点全部实行“交钥匙工程”，统一户型设计，统一图纸，统一监管。对稽查中发现的回购房少量超面积情况，进行了全面整改，并对2017年回购房面积进行了提前测量，要求开发商交房前必须提供符合面积的住房，杜绝了回购房面积超标情况的发生。

三是建新拆旧方面，易迁对象搬迁入住后，除共山合脊、传统古村落无法拆除外，其他应拆尽拆。群众搬迁负担方面，红安县集中安置、分散安置全部实行统一规划、统一户型设计、统一建设、统一监管、统一分配。红安县所有安置方式（包括购房安置），从设计、建设到交钥匙、搬迁入住全过程、所有环节，未向农户收取任何费用和押金、保证金等。从源头上杜绝搬迁对象因易地扶贫搬迁建房而举债的现象发生。

“十三五”期间，湖北省政府下达的红安县易地扶贫搬迁计划数为3464户8173人，2016年红安县实际完成2190户3870人，2017年完成1274户4303人，三年任务两年完成，2017年年底入住率达100%，累计投入资金4.21亿元。全县易地扶贫搬迁安置点共168个，其中集中安置点92个，安置3010户7623人（含进城入镇回购房安置点7个，安置222户852人）。分散安置点共76个，安置454户550人，集中安置率达到93.3%。旧房除涉及传统古村落保护22户、房屋共山合脊530户无法拆除外，已完成拆除。

2016年，湖北省发改委下达红安县搬迁任务1489户3835人。2016年实际完成搬迁入住2185户3867人，共159个安置点，其中集中安置点79个（1553户2622人）、分散安置点76个（453户565人）、回购安置点4个（179户680人），所有搬迁人口均已脱贫，旧房拆除完成2163户。

2017年，湖北省发改委下达红安县年度实施计划为3129人，为与全县“脱贫摘帽”同步，红安县易地扶贫搬迁按照“三年任务两年完成”的目标实施。在2016年完成任务的基础上，“十三五”期间余下任务的1273户4306人全部在2017年实施并已完成共9个安置点，其中集中安置点6个（1231户4134人），分散安置点1个（9户10人），购房安置点3个（42户172人），已全部达到搬迁入住条件并实现搬迁入住，搬迁对象已经全部脱贫。2017年为红安县“脱贫摘帽”的目标年，截至2017年年底，红安县已全部完成易地扶贫搬迁工程建设及搬迁入住任务。2017年，红安县易地扶贫搬迁在省级考核中荣获第一名。

红安县国土部门根据易地扶贫搬迁土地复垦相关统计数据，对符合土地增减挂钩交易要求的，将及时纳入交易实施范围；对不符合土地增减挂钩要求的，由乡镇政府督促拆旧到位，对宅基地进行耕种、复绿。2018年，红安县在省市易地扶贫搬迁工作指挥部的帮助指导下，围绕“脱贫摘帽”和脱贫攻坚巩固提升目标任务，统筹推进精准扶贫各项工作，严格执行易地扶贫搬迁政策要求，主要从完成旧房拆除复垦、复绿、完善安置点配套设施、强化安置点后期管理、巩固发展安置点后续脱贫产业开展工作，不断巩固提升易地扶贫搬迁后续帮扶措施，顺利实现全县整体“脱贫摘帽”。

（二）基础设施不断完善

2018 年，为进一步切实做好群众搬迁入住后的附属配套设施建设，保障搬迁群众的基本生活需求，逐步完善公共服务配套设施，为搬迁群众长期稳定生活提供保障，红安县易地扶贫搬迁指挥部召集相关责任部门，召开专题会议研究了开发区安置点和易地扶贫搬迁竹林安置点配套建设及后期管理工作，落实“搬得出、稳得住”的政策要求。对大型社区安置点，进一步考虑社区群众长期发展所需，结合社区实际情况配套建设幼儿园、小学、卫生室、警务服务中心等设施。召集县级各有关部门加强协调配合，对易地扶贫搬迁工程后续配套工程建设给予全力配合，保障相关工程项目的顺利推进。

从十几里之外的卓旺山村搬过来的李喜元是入住桃源新村安置点最早的居民之一。李喜元和妻子都患有慢性疾病，常年需要治疗，两个女儿尚且年幼，一家人只能靠种田为生，生活十分拮据。2017 年，李喜元家被列为易地扶贫搬迁对象。桃源新村安置点的新房子完工交付后，他就和家人第一时间搬了进来。同李喜元一样，八里湾镇 4 个村的 36 户 92 位贫困对象都搬进了这里。搬出了深山小村的“土窝”，住进了宽敞明亮的新房，贫困户的生活发生着巨大改变。①

通过易地扶贫搬迁工程，贫困户的生产生活条件得到极大改善，已经走在脱贫致富的康庄大道上。在红安县脱贫摘帽后，加强易迁点的后续管理工作成为全县易迁安置点的建设重点。红安县进一步明确了村级安置点的管理职责，全面压实乡镇的主体责任、民政部门的协管责任、村支部书记的第一责任；出台物业管理优惠政策，引进物业管理公司对大型安置点

① 《红安易地扶贫搬迁 搬出“穷窝”住进“福窝”》，http://www.hgitv.com/news/hgxw/73957.html，2017 年 8 月 21 日。

进行管理；配备安置点管理人员和服务人员。截至2019年1月，全县每个村级安置点都有负责人，每天有村干部值班；大型安置点都有一名乡镇干部负责，并配有公益性岗位人员负责卫生等工作。同时，继续推进旧房改造工作，2018年共对230户旧房改造，进一步改善了贫困户居住条件。

红安县竹林社区安置点，作为全国第二、全省第一安置点，是针对全县955户3359人建档立卡易地扶贫搬迁贫困户建设的综合性大社区安置点。安置点位于城关镇竹林村，紧邻沿河大道，依山傍水，交通便利，适宜居住，方便就业，安置来自全县13个乡镇（场、处）共955户3359人，该项目总占地面积118.11亩，按照50、75、100、125平方米4种户型进行设计，总建筑面积90652平方米，全部为6层荆楚派建筑风格多层住宅。全部实行“交钥匙工程”，房屋交付前对室内房屋进行了简易装修，自来水、电、天然气均接入到户插卡即用，厨房操作台、卫生间设施、洗脸池一应俱全，贫困户真正实现拎包入住。社区内还配套建设了党群服务中心、幼儿园、卫生服务中心、社区警务室，开通了公交线路，成立了物业管理公司对社区进行专业化管理，为贫困户日常生活提供服务。

（三）搬迁群众增收渠道得以拓展

在光伏发电、德青源金鸡产业全覆盖的基础上，红安县还要求各乡镇要因地制宜、因户施策，争取每个大型安置点都有对接的后续扶贫产业，为搬迁户增加收入拓宽路径。数据统计显示，红安县光伏扶贫带动2413户，每户每年增收3000元，2017年6月30日已全部并网，2017年并网后的收益已发放给贫困户，享受健康扶贫的3314户，享受工业、旅游业扶贫的780户，享受种养殖等农业产业带动的940户，通过资产入股分红、收益的822户，享受劳动就业培训的1056户，享受教育扶贫的780户，金融扶贫的597户，政策兜底的1916户，享受其他政策的928户。

易地扶贫搬迁贫困户经过多样化的增收方式，失业待业人口实现再就业，他们的家庭收入明显增长，贫困群众的生活水平日益提高。

竹林社区推进香菇大棚种植实现脱贫。根据《关于印发〈红安县竹林社区香菇后扶产业基地建设方案（2018—2020年）〉等意见的通知》的要求，2018年首批20户种植户已经实施香菇种植，2018年总体实现100户香菇种植大棚建设。2019年完成100户贫困户种植菌棒上架，带动贫困户稳定增收。配套建成仓库、烤棚、晒场等配套设施，到2020年再完成200户贫困户种植菌棒上架。除香菇种植外，还引进1—2个食品、制衣企业，实现带动100—200户贫困户就业。县城区竹林安置点屋顶光伏项目2018年并网发电，每年可实现收益120万元左右，在此安置的954户贫困户可实现两份光伏扶贫收益，户平均可年增收1000元左右。

上新集镇新马社区回购点后续扶贫多元化。红安县上新集镇与开发商达成协议，由上新集镇政府对新马社区安置点内超市进行回购，回购价为每平方米2500元，回购总金额356.5万元，超市产权归上新集镇人民政府。超市回购后，出租给好又多连锁超市经营，至2021年，每年可实现超市租金收益及保底分红共35万元，户平均可年增收1250元，另外可为贫困户提供就业岗位12个，这种模式既产生资产收益又带动贫困户在家门口就近务工创收，一举多得。

“我自从嫁到我的婆家就没有房子住，总是租房子，打工、孩子读书在哪里我们就租住在哪里。现在国家这么好的政策，我有了属于自己的房子，我肯定很开心啊，还有一份事情做，天天都开心！再不用担心这个月住这儿下个月能不能住了。”2017年7月28日，喜迁新居实现家门口就业的红安县上新集镇贫困户陈红梅高兴得合不拢嘴，见人就说。跟陈红梅一样，在该镇最大的社区新马社区，84户279人易迁户全部搬进了新家。为了让贫困户“搬得出、稳得住、过得好”，上新集镇紧紧围绕增收目标，让易迁户“家家有项目，户户有产业，月月有收入”。

拎包入住，出门上班。上新集镇以“重在扶业、要在扶志、久在扶人”为抓手，精心选择集中安置点。新马社区集中安置点位于上新集镇镇中心区旁，该镇区已有服装厂、电子厂等厂家入驻，可为贫困户提供100余个工作岗位。不少贫困户在家门口找到了工作，人均年收入达2万元以上。

搬来入社，年底分红。上新集镇坚持安居与乐业并举、搬迁与脱贫同步的原则，采取“产业+就业+分红”的模式实现脱贫目标，由政府整合易地扶贫搬迁配套资金回购社区超市，利用超市租金，让贫困户参与分红，每名贫困户每年可以分到4000元红利。同时，安排部分有劳动力的贫困户到超市打工，在家门口就业，每月还可以领到800—1200元的工资。

楼上居住，楼下经商。社区有闲置的商铺，一部分以政府采取购买的方式无偿提供给有经营能力的贫困户使用，另一部分面向社会招租，收益部分扶持无劳动能力的贫困户。目前，已有10余户搬迁户在商铺售卖农特土产品等，其他住户从事种养殖业。①

红安县德青源金鸡产业扶贫项目位于太平桥镇和红安经济开发区，总投资8亿元，占地面积696亩。养殖区建设鸡舍和厂房30栋，建筑面积8万平方米，蛋鸡年饲养量240万只，年产蛋量5亿枚，年产有机肥15万吨，年产值6.5亿元。加工中心建筑面积4.6万平方米，年加工鲜蛋1.5亿枚，年加工150万只鸡，年产值8亿元。项目全面建成投产后，预计可实现年产值14.5亿元，年纳税1.2亿元，项目预计可解决就业1200人，可带动10000人长期稳定脱贫。同时，项目可带动物流、包装、旅游、饲料、种植等关联产业发展，预计关联产业年产值可达5亿元，就业人员可达15000人。在完成2016年安置点主体工程及配套建设的基础上，

① 毛红平、张红林：《上新集镇让易地扶贫搬迁户既安居又乐业》，http://www.hgdaily.com.cn/w/3/ciye/401949502008570001.html，2017年7月31日。

红安县将剩余资金通过县圆投公司入股德青源金鸡扶贫项目，可实现每户易迁户每年分红 1300 元。该项目 2017 年已有产量并实现分红，2018 年已实现每户收益分红 1300 元。经摸底调查，红安县易地扶贫搬迁对象，每户至少有针对性地享受了 3 项以上的脱贫政策。综合测算，每户平均每年可稳定增收 5500 元以上。

（四）搬迁群众社区融入收效明显

为做好单人及五保户安置点的后期管理和生活保障工作，红安县易迁办下达了《关于加强易地扶贫搬迁单人及五保户安置点后期管理的意见》，对弱势群体更加体现政策的人性关怀，在吃、穿、住、娱等方面加大资金保障，利用公益性岗位做好安置点的管理工作。对各乡镇下发《关于进一步加强易地扶贫搬迁安置点搬迁入住管理的通知》，要求上报各易地扶贫搬迁安置点责任人登记表，强化工作责任，按照县级统筹、乡镇落实的工作机制，要求各乡镇（场、处）进一步加强易迁安置点的管理和后续帮扶，增强党员干部的政治担当、责任担当和行动自觉，进一步抓好易地扶贫搬迁政策落实。

“我们住到这里真的是在享福，在这里住着又快活又开心，这边看得见花，那边也是花，住着格外快活。”50 岁的贫困对象吴婆婆笑得合不拢嘴。易地搬迁安置房虽然面积不大，但十分实用和精致，客厅、厨房、卫生间一应俱全，不大的院子里还能种时令蔬菜，房屋外还配套建设了路灯、广场绿地、卫生室、公厕、垃圾处理站等公共基础服务设施。吴婆婆与该村其他贫困户一起搬进新房，安居乐业、脱贫致富的梦想正一点点变为现实。

搬新家住新房，高楼村群众的幸福生活才刚刚开始，村里建立的光伏发电项目，在满足贫困群众自用的前提下，还能够并网销售，为贫困户增加了收入。越来越多的利好政策给这个偏远小村带来生机和活力，这里的群众正一步步开启幸福生活。[①]

县城区竹林安置点安置了来自全县13个乡镇（场、处）的955户3359人，成为全省最大规模的安置点。在公平、公正、公开的前提下，对家庭有身体残疾、体弱年迈、行动不便者给予特殊照顾，优先将一层房源作为其摇号分配房源，体现人性关怀。探索“社区+物业”的管理模式，成立社区党总支和物业公司，组建物业队伍，配套开通新的公交线路，建设超市、幼儿园、卫生院、广场和休闲娱乐等公共服务设施，扎实推进光伏扶贫、入股德青源项目、就业培训等后续发展工作，确保贫困户“搬得出、稳得住、能脱贫”。社区组建党员志愿服务队，实行定户定人定责，主动排忧解难。鼓励广大党员当好政策宣传员、选房引导员、搬迁示范员、安居解说员、矛盾调解员，帮助搬迁群众实现安全搬迁、精准搬迁、有序搬迁，让他们找到了“虽离故土，这也是家”的归属感和认同感。

四、易地扶贫搬迁的经验启示

红安县按照国家政策要求，结合县情扎实推进易地扶贫搬迁工作，提前高质量完成搬迁安置任务，搬迁群众的居住条件得到极大改善，生活便捷程度得到极大提高，群众的满意度和幸福感得到实质性提升，形成了易地扶贫搬迁的“红安样板”。总的来说，红安县易地扶贫搬迁工作科学化的发展模式和运作机制，积累了许多可以借鉴和推广的经验，能够为其他贫困地区易地扶贫搬迁工作提供相应的启示。

---

① 毛红平、张红林：《高桥镇易地扶贫搬迁助力精准脱贫》，http://www.hgdaily.com.cn/w/3/ciye/401949501994170001.html，2017年7月12日。

（一）“挪穷窝”与“换穷业”并举

易地扶贫搬迁帮助贫困群众“挪穷窝”。为全面推进易地扶贫搬迁工作，红安县相继制定了“十三五”时期易地扶贫搬迁实施方案、年度实施计划、安置点规划、搬迁脱贫规划“四位一体”等规划编制，按照靠近中心村、靠近集镇、靠近生态旅游区、靠近产业园区、靠近城区的“五靠近”原则，从设计、建设到交钥匙、搬迁入住全过程，所有环节贫困户都不用花一分钱。桃源新村集中安置点是八里湾镇两个易地扶贫搬迁集中安置点之一，在尊重贫困户意愿的基础上，该镇因地制宜、科学选址，对交通、教育、医疗、生活等方面进行综合考虑，将最好的地段提供给贫困户，并整合了各类项目资金，打造出专属于贫困群众的“福窝”。

易地扶贫搬迁推动贫困群众“换穷业”。传统农业存在经营利润空间小、生产周期长、收益回报期长、人力资本投入大等劣势。易地扶贫搬迁将贫困群众从以往高投入、低效益的传统农业中抽离出来，从而将其吸纳进入经济效益高、产业规模大、政府扶持多、市场前景好、社会效益好、绿色又环保的新型产业体系中，帮助搬迁农户塑造可持续性的发展空间，拓宽了贫困群众的致富渠道，优化了贫困户的收入来源结构，增加了贫困群众生产生活的经济资本，也增强了贫困群众迎接新生活的致富信心。

县城区竹林安置点坚持“挪穷窝”与“换穷业”并举，大力实施“234”产业增收计划：“2”即光伏发电、德清源金鸡计划分红两个全覆盖，每年每户有稳定分红收入 5300 元；“3”是打造蔬菜种植园、华盖百果园、香菇种植园三大产业基地；“4”指打工生产、物业管理、自主创业、公益性岗位四条就业渠道。针对贫困户的不同情况，坚持发挥所长、分类安排的原则，定期发布用工信息，确保贫困户宜居宜业。

（二）安居与乐业并重

红安县一是注重激发地区经济发展活力。政府部门为初创型企业搭建销售平台，拓展销售渠道，开拓产品市场，并给予配套的政策支持。重点扶持新型技术产业，推动地方产业结构优化升级。因地制宜地挖掘红安县潜在的优势资源，充分发挥绿色理念的引领作用，发展旅游服务业或种养殖业，发挥资源集聚效应，促进基础设施的共建共享，有效降低了企业的生产成本。二是大力发展易地扶贫搬迁社区文化教育事业。不断强化教育教学质量和提升搬迁农户的道德素养，在社区范围内进行法治宣传教育、治安消防教育，不断提升搬迁农户的综合素质和能力。红安县针对不同的群体需求制定精准性长短期结合的教育方案规划，对青少年进行自我保护教育，对青壮年劳动力进行就业创业技能培训教育、提供就业信息，对老年人进行健康生活和养老保健指导。三是在完善搬迁农户自治方面，创新居民自治的实现形式和运作机制，充分发挥手机、互联网等新媒体工具的即时通信和信息共享功能，使搬迁农户能够实现线上公共事务参与，表达意见及建议，行使法定的公民表决权、监督权和知情权。四是加强易地扶贫搬迁社区生态环境治理。进行广泛的环保宣传，定期开展环保护绿活动，改善社区人居环境。出台相应的社区环保条例，践行落实退耕还林还草政策。实行生活垃圾分类处理，工业污水和残渣禁止直接排放到河道，培养搬迁农户文明生活理念和企业绿色可持续发展理念。五是大力推进和谐共荣的易地扶贫搬迁社区建设。建立有效的搬迁农户利益协调机制，促进矛盾在社区内部解决，稳定基层社会秩序。制定全体居民共同遵守的社区公约或公共规范，以此作为个体的行动准则和价值取向。激发搬迁农户的社区共建意识，建立有效的意见表达机制和利益诉求反馈渠道，以及相应的社区回应机制。

（三）搬迁与脱贫同步

红安县为搬迁农户建立完善的搬迁保障政策，不仅将贫困群众从环境恶劣的原居住地搬迁到设施完善的移民安置点，从最初的搬迁动员宣传到后期的易地扶贫搬迁社区治理，严格根据政策精准识别搬迁户，按计划实施搬迁工作，不断为搬迁农户开拓多元化收入渠道，将其统筹到当地城乡医保体系中来，使他们能够均等化地享受社区的各项福利政策。红安县为搬迁群众搭建医疗服务平台，链接优质医疗服务资源，尽可能地按政策提高医疗报销比例，建立了完善的大病应急机制和救助体系，有效防范了易地扶贫搬迁对象因病陷入返贫状态，规避了贫困群众就医无部门管理、无政策保障、无解决对策等问题的出现。

红安县不断加强对搬迁群众的信息管理和动态监测，及时反映其生活状态和日常需求，对有返贫趋势的农户重点关注，建立了有效的生活保障措施和风险应对机制。对于有“懒汉情结”的群众进行心理指导和思想教育，激发他们的内生发展动力，切实提高贫困群众的脱贫质量。鼓励、支持和引导搬迁户自主创业和多渠道就业，制定相应配套的就业创业扶持政策，依托当地的优势资源发展特色产业和服务业，推动搬迁群众从第一产业向高附加值的第二、三产业转移，改善了劳动力的就业结构和就业环境，提升了搬迁农户的人力资本、薪资水平和综合素质，增强了他们的专业技能，渐进式地推进农民身份转型，从而推动易地扶贫搬迁对象实现“能脱贫”的搬迁目标。

（四）社会融入与社区发展相协调

红安县在易地扶贫搬迁工作中切实发挥了各级党政组织的核心领导作用和监督作用，引导易地扶贫搬迁工程中各项事业平稳运行，强化搬迁社区社会组织的服务能力建设，提高各类组织提供公共服务的主动性和积极性，同时也充分发挥了居委会、社区志愿团体、社工组织等社区自治组织的社会服务作用，为搬迁农户提供多样化的公共服务，满足其多元需求，弥补了政府部门在提供基本公共服务方面的不足。此外，红安县在营造易地扶贫搬迁社区自治空间方面做出较多努力，通过不断明确社区自治边界，理顺政府管理与居民自治的关系，切实推进搬迁农户的自我教育、自我服务、自我管理和自我监督。完善信息共享机制，保障搬迁农户的知情权和表达权。做好社区活动宣传，建立有效的社区活动参与机制和激励机制，动员搬迁农户参与社区活动，在实践活动中提升了他们的活动参与能力和意愿。

红安县也积极鼓励有实力、有潜力的企业单位参与易地扶贫搬迁社区建设，尤其是将企业吸纳到社区治理体系中，将其视为社区治理的重要主体，为社区治理结构的改善和社区治理能力的提升提供了物质保障和经济支持。通过多元治理主体的协同合作，形成良性可持续的互动关系，采用自治、法治、德治相结合的治理手段，不断提升易地扶贫搬迁社区的治理能力，构建完善的社区治理体系，探索适宜的社区治理模式，创新了基层社会治理体制机制。坚持打造常态化的移民生活共同体、利益共同体、情感共同体、文化共同体和政治共同体，为搬迁移民打造共建共治共享的生活家园，使搬迁群众尽快融入社区生活，增强了他们的归属感、认同感、责任感、幸福感、获得感和成就感。

易地扶贫搬迁作为贫困地区推进精准脱贫的重要方式，需要深入贯彻协同发展理念，始终将易地扶贫搬迁社区建设与贫困群众脱贫致富、城乡一体化建设、新型城镇化以及乡村振兴战略相结合，全力打造产业兴旺、生态宜居、乡风文明、治理有效、生活富裕的易地扶贫搬迁社区，是坚持“以人为本”的核心建设理念，通过高效整合社区内外的可利用资源，最终实现人与社区的协同发展。

第六章 基础设施建设：保基本、促发展、助脱贫

基础设施是社会经济活动顺利进行的必要条件，也是经济社会人们赖以生存发展的物质基础，它能够为我们日常生产和生活提供各种服务和便利。作为衡量一个地区社会经济发展的重要指标之一，基础设施建设是贫困地区彻底脱贫的基础性条件，是关系人的生活质量和发展质量的关键性要素，也是使贫困地区稳定脱贫、不再返贫的重要保障。红安县始终将脱贫攻坚同基础设施建设紧密结合，整合项目资金并撬动社会资金，调动群众参与的积极性，努力补齐农村基础设施、基本公共服务、人居环境短板，为全面建成小康社会提供强有力的基础设施保障。

一、基础设施建设的背景与意义

贫困地区基础设施是为当地各项事业的发展及群众生活的改善提供公共产品和公共服务的各项设施的总称，作为贫困地区公共产品的重要组成部分，它涉及经济、社会、文化等多方面。加快基础设施建设，破除贫困地区发展瓶颈制约，有助于提高贫困地区经济发展和农民生活水平，助推贫困地区早日实现小康梦。

（一）基础设施建设概况

按照党的十九大关于打赢脱贫攻坚战的总体部署，根据各地区各部门贯彻落实《中共中央、国务院关于打赢脱贫攻坚战的决定》的进展和实践中存在的突出问题，中共中央、国务院日前印发了《中共中央、国务院关于打赢脱贫攻坚战三年行动的指导意见》（以下简称《指导意见》）。《指导意见》对关系贫困地区基本民生保障条件的基础设施建设给予了特别关注，并将其列入“任务目标”中的重要内容，提出“实现贫困地区基本公共服务主要领域指标接近全国平均水平”的总体要求，具体内容包括“乡镇和建制村通硬化路，贫困村全部实现通动力电，全面解决贫困人口住房和饮水安全问题，贫困村达到人居环境干净整洁的基本要求”等。提出从交通扶贫、水利扶贫、电力和网络扶贫，以及贫困地区人居环境整治四个方面，加快补齐贫困地区基础设施短板。

党的十八大以来，中央和地方政府不断加大对水、电、路、网等基础设施和公共服务建设投资力度，“四通”覆盖面不断扩大，教育文化卫生设施配置逐渐齐全，生产生活条件得到进一步改善，基础设施条件不断完善。2018 年中央农村工作会议指出，实施乡村振兴战略要“坚持农民主体地位”，强调发挥“亿万农民的创造精神”[①]。红安县在乡村振兴战略规划中，将农村公共服务、基础设施和信息流通等项目优先安排，重点倾斜，强力推进。通过整合项目资金并撬动社会资金，调动群众参与的积极性，持续加强基础设施建设。以精准脱贫为统领的“五位一体”工作，着力推进“万人帮扶、千人驻村”活动，切实发挥驻村帮扶作用，统筹推进红安县精准脱贫、基层党建、美丽乡村、文明创建和平安乡村“五位一体”工

① 《扶贫开发成就举世瞩目 脱贫攻坚取得决定性进展》，http://www.gov.cn/xinwen/2018-09/03/content_ 5318888.htm，2018 年 9 月 3 日。

作，努力实现村级建设“六好”标准，即精准脱贫好、基层党建好、村庄形象好、治安环境好、文明新风好、群众口碑好。[①]

近几年来，红安县坚持以脱贫攻坚统领经济社会发展全局，以加快县域经济发展支撑脱贫攻坚，抢抓大别山试验区建设、大别山振兴发展等重大战略机遇，积极争创省级重要增长点，从而使经济社会发展和党的建设取得新成绩。

2018 年 6 月，红安县顺利通过了精准脱贫国家验收，8 月 6 日，湖北省政府批准红安县正式退出贫困县。红安县在完成脱贫摘帽后，认真学习贯彻党中央、国务院关于打赢脱贫攻坚战三年行动电视电话会议精神，紧紧围绕“三个着力”（着力激发贫困人口内生动力、着力夯实贫困人口稳定脱贫基础、着力加强扶贫领域作风建设）和“一摘四不摘”（摘帽后不摘责任、政策、帮扶和监管）的总体要求，按照贫困地区“一高于、一接近”（农民人均可支配收入增长幅度高于全国平均水平，基本公共服务主要领域指标接近全国平均水平）的任务目标，紧密结合乡村振兴战略，压实主体责任，下足“绣花”功夫，持续推进巩固提升工作，建立健全长效脱贫机制，真正做到了工作力度只增不减、资金投入只增不减、政策支持只增不减。通过落实各项工作巩固提升举措，全县已脱贫人口脱贫质量明显提高，贫困人口全部住上安全住房，饮上洁净自来水，农村基础设施建设得到有效巩固，农村人居生活环境明显改善，贫困户精神和生活面貌焕然一新。

（二）基础设施建设的意义

贫困地区基础设施建设就是农民生产、生活服务的系统工程，做好了

---

① 《全面开展“万人帮扶，千人驻村”活动，决胜脱贫攻坚战！》，http://www.sohu.com/a/140128540_264423。

能够优化农民劳作、休闲时的条件，从更大的方面优化人居环境，进而从根本上推动农村产业的协调和综合发展。基础设施建设对于促进贫困地区的经济增长以及其他方面的发展有着重大意义。贫困地区基础设施建设的主要目标是促进贫困地区的经济科学发展，为农民提供良好的生活和生产保障，从物质上打下坚实基础。完善的基础设施可以让贫困地区群众的精神文化生活更加丰富，加强广大农民对社会的归属感和认同感，进而促进社会的和谐发展。基础设施，是打赢脱贫攻坚战的首要和必备条件。[①]

在当前全面建成小康社会的决胜阶段，基础设施建设落后严重制约了贫困人口脱贫致富的步伐，已经成为贫困地区精准扶贫、精准脱贫的一个短板。道路、电力、饮用水、住房和人居环境等基础设施是保障现代生活水平的基础性条件。对于偏远和贫困地区而言，这些条件相对较差，如果长期得不到解决，则会拉大与发达地区之间的差距，严重制约人们的生存和生活质量，并且会进一步引发其他生活与发展的匮乏和不足，包括医疗、教育、社会保障等，使贫困地区脱贫更加困难。

“十二五”时期以来，红安县不断加快基础设施建设步伐，集中建设了一批重大项目，缓解经济发展中的瓶颈制约，增强了社会经济发展后劲，为红安决胜全面建成小康社会发挥了积极作用。科学推进交通基础设施建设，有力支撑乡村振兴战略，为红安发展铺设了一条快速发展的道路。改善水利基础设施，规划和统一部署安全饮水到户工程，加强全县主要支流治理、中小河流治理、抗旱水源建设、山洪灾害防治，实施中小型水源工程建设，提高农田灌溉保障率和有效灌溉面积占耕地面积比例，提升抵御山洪等自然灾害的能力，实现“安全水利、资源水利、民生水利和生态水利”。结合美丽乡村建设，加强农村基础设施建设，确保村容村貌

① 史书平：《浅析基础设施建设对农村扶贫工作的作用研究——以陕南移民开发搬迁为例》，《青年与社会》2014年第2期。

干净整洁，让更多的群众共享脱贫攻坚成果。红安县实施基础设施建设工程进一步推动了“万千”活动，促进农村“五位一体”建设，改善农村人居环境，促进农村发展繁荣，缩小城乡建设差距，提高农民获得感和幸福感。总的来说，红安县通过不断加强基础设施建设，城乡面貌日新月异，人民生活条件极大改善，为整县推进精准扶贫工作创造了有利条件。

二、基础设施建设的政策与实践

（一）基础设施建设的政策历程

红安县在继续完善“四大政策”体系基础上，根据国家三年行动指导意见，研究出台了《关于巩固提升脱贫攻坚成效推动全面建成小康社会的实施意见》《红安县2018年脱贫攻坚巩固提升工作安排》《红安县2018年巩固脱贫成果实施方案》等政策文件，制定《红安县关于打赢脱贫攻坚战三年行动责任清单》《红安县产业扶贫巩固提升三年行动方案（2018—2020年）》《红安县特色农业产业精准扶贫实施方案及市场主体奖补项目资金拨付补充意见》《红安县竹林社区香菇后扶产业扶贫基地建设方案》《红安县产业扶贫巩固提升三年行动方案基地建设方案》等文件，重点推进七项举措。[①] 其中第四项举措是夯实农村基础设施建设。把脱贫攻坚与乡村振兴战略紧密结合起来，做好政策衔接、机制整合、工作统筹，通过集中统筹公共资源和广泛动员社会力量参与，补齐基础设施短板，完善基本公共服务。[②]

① 中共红安县委县政府：《红安县脱贫攻坚巩固提升工作情况汇报》，2019年1月7日。

② 毛红平：《红安县吹响巩固和扩大脱贫攻坚成果新号角》，http://www.hazf.gov.cn/4810603/12104110.html，2018年9月10日。

“精准扶贫，交通先行”是群众最为热切祈盼的心声，也是各级党委政府组织开展扶贫工作的施策重点。为落实国家扶贫战略举措，红安县在强力推进“三纵五横”公路骨架网络项目建设的同时，重点致力于关乎广大百姓脱贫致富的农村公路基础设施建设和管理工作，科学制定了《红安县2018年度交通运输领域扶贫巩固提升工作实施方案》，以加快民生项目建设铺设脱贫之路，以聚力产业扶贫修筑致富之路，以改善道路通行条件建设安全舒适扶贫之路，以规范交通行政执法护航脱贫之路。[①]

在打赢脱贫攻坚战的决胜阶段，水利基础设施建设有助于从根本上改变贫困地区水利建设滞后的局面，解决人民群众最直接、最现实、最迫切的“水问题”，加快贫困地区人民群众脱贫致富步伐，助力精准脱贫攻坚。为此，2017年红安县出台《红安县倒水流域水环境综合治理工作方案》[②]，制定整治清单，加大水生态系统保护与修复力度，积极开展重要生态保护区、水源涵养区、江河源头区生态自然修复和预防保护，巩固现有退耕还林还草成果，加大耕地水土流失综合治理力度。2018年9月26日出台《关于印发红安县水利局巩固提升脱贫攻坚成效推动全面建成小康社会实施方案》《红安县水利局巩固脱贫成果2018—2020年农村饮水安全巩固提升工作方案》的通知，[③]贯彻落实脱贫攻坚巩固提升工作中水利基础设施建设的必要性。随后，出台《红安县建档立卡贫困人口饮水安全工程建设管理办法》《红安县农村饮水安全工程资金管理办法》等管理制度，完善农村水厂安全运行相关规章制度，创新农村水厂管理维护制度，促进农

① 《红安县交通运输领域2018年扶贫工作总结》。

② 《红安县长江经济带生态保护“雷霆行动”领导小组办公室关于印发〈红安县倒水流域水环境综合治理工作方案〉的通知》，http://www.hbj.hazf.gov.cn/4724229/4763980.html，2017年5月10日。

③ 《省扶贫办：攻克深度贫困地区堡垒 如期打赢脱贫攻坚战》，http://www.hubei.gov.cn/gzhd/zxft/2017fangtan/201812/t20181217_1374787.shtml?tdsourcetag=s_pcqq_aiomsg，2018年12月17日。

村饮水安全工程良性运行。[①] 红安县新农办出台《红安县农村基础设施建设实施细则》，将农村基础设施建设实施方案进一步细化，按照“政府引导、群众为主，创新机制、规范管理，注重实际、便民实用”的原则，[②] 由村支部唱主角，群众为主体，健全村民自建制度，完善程序，加强监管，落实项目民定、工程民建、质量民查、资金民审、管护民责的“五民”新机制。充分利用村庄现有的石块、砖头及其他废旧材料，切实做到因地制宜，便民实用，降低成本。

红安县将美丽乡村建设作为统筹大城乡战略的重要组成部分，着力改善人居环境，出台了《中共红安县委、红安县人民政府关于推进精准扶贫建设美丽乡村的实施意见》[③]，进一步明确美丽乡村建设工作目标、工作重点和保障措施，推进农村基础设施建设，充分调动广大群众的参与积极性，形成全民参与、共建美好家园的良好氛围。

（二）基础设施建设的主要做法

1. 交通基础设施建设

近年来，红安县经济快速发展、综合实力显著提高，但交通基础设施薄弱仍是红安县脱贫攻坚工作以及实现全面小康目标的主要制约因素之一。为此，红安县以习近平新时代中国特色社会主义思想为指导，深入贯彻落实党的十九大精神，坚持“交通强国、公路先行”的发展战略，推进工程建设“质量、进度、安全、绿色环保、廉政”五大目标，健全监管体系，强化项目管理，落实保障措施，集中各方力量，破解突出问题，切实

---

① 红安县水利局：《2018 年饮水安全巩固提升工程工作总结》。

② 《三尺小路连民心 数盏明灯亮乡村——红安县农村基础设施建设“2+N”模式实践与探索》。

③ 《中共红安县委、红安县人民政府关于推进精准扶贫建设美丽乡村的实施意见》。

推进交通基础设施建设。①

（1）把握机遇。把握国家连片扶贫开发区、大别山革命老区经济社会发展试验区、武汉都市圈连绵区等重大政策机遇，努力将机遇变规划、规划变项目。一是优规划。在制定“十二五”交通发展规划中，坚持把交通骨架建设放在交通发展的优先位置，由过去“一纵三横”公路骨架调整为“三纵五横”，改变了红安交通运输仅依靠两条省道支撑的局面。二是争项目。认真研究国家投资政策和方向，广泛搜集信息，精心筛选项目，制定详细的对接政策和争资立项工作规划。加强纵、横向沟通和协调，成立专门队伍和专班，与上级交通部门的跟踪对接常态化。抢抓国省干线调整机遇，争取武麻高速、麻竹高速、阳福线和宋大线四条线路进入国道网，檀八线、大别山红色旅游公路、红熊线、桃李线和天马线五条线路进入省道网。三是促融合。按照立足大黄冈、融入大武汉、做实武汉北的发展定位，把交通一体化作为先行领域，强化交通规划与新型工业化、城镇化、农业现代化及文化旅游产业规划的融合。强化区域合作，积极与周边地区开展对接，主动连接周边骨架路网。提出“十三五”打造“一空一江两高三铁”的综合立体交通格局，即红安通用机场，园区至阳逻港（长江）快速通道，武汉经红安至大悟高速公路，阳逻经红安至新县高速公路，随麻安铁路，京九客运专线，武汉至合肥客运专线。积极推进沪汉蓉高铁二线、武汉至红安轻轨、园区至汉口北快速通道建设。

（2）推进建设。结合路网状况、财力等实际情况，列出道路建设的必要性、线路图、时间表，以战略眼光、战役方式、战斗精神推进交通项目建设。围绕“三纵五横”县域交通骨架网，抢抓机遇，精心组织，实施交

---

①《市人民政府办公室关于印发黄冈市交通基础设施重大项目建设等四个三年攻坚实施方案（2018—2020年）的通知》，http://www.xxgk.hg.gov.cn/xxgk/jcms_files/jcms1/web1/site/art/2018/12/14/art_5783_87062.html，2018年12月14日。

通建设项目。聚焦农村交通，推进村村通公路建设与美丽乡村、红色旅游、电子商务等融合发展。坚持“建、管、养、治”并重，“绿化、亮化、美化”并举，大力开展公路养护管理和大提质活动。

（3）破解难题。坚持政府主导，运用市场办法、创新思维破解瓶颈制约。一是破解用地难。采取低丘缓坡综合利用、迁村腾地、占一补一等措施，做大项目建设可用地总量，保证公路用地指标，优先安排公路建设用地 5800 多亩，保障交通项目顺利推进。二是破解筹资难。坚持不等不靠，主动作为，干中求助，整合资源，多方筹措，保证交通基础设施建设顺利推进。三是破解征迁难。按照属地管理原则，对公路建设涉及的土地征用、房屋征补等实行乡镇包保，严格执行补偿打包制。

（4）强化保障。把发展交通放在突出地位，在组织上加强领导，在制度上落实责任，在质量上注重安全，在资金上确保廉洁，在落实上强力督办。一是聚合力。坚持把交通建设作为“领导工程”，由红安县“四大家”主要领导和县委常委牵头担任重点工程指挥长，加强对项目的统筹领导。建立由政府主导、部门联动、社会参与的工作机制，统筹多部门，加大协调力度，扎实做好项目前期工作。二是重监管。始终把工程质量、资金安全放在交通建设的首位，以落实工程建设“五制”为重点，建立“政府监督、业主管理、社会监理、企业自检”四级质量保证体系和责任链条。出台《政府性投资工程审计办法》，变结果审计为过程设计、变静态审计为跟踪审计，全程参与工程建设监督审计。三是强督办。交通项目建设实行“一月一调度、一季一点评、一路一领导、半年一考核、一年一奖惩”工作制度，县领导带头深入项目建设一线，掌握项目建设进展情况，定期召开联席会议，及时协调解决各种困难和问题，确保项目又好又快推进。组建强有力的督办问责专班，对落实不力的责任单位坚决问责追责。[①]

2. 水利基础设施建设

水利事业为贫困地区经济社会持续健康跨越式发展提供了强有力的支撑，具有不可撼动的历史地位。水利要进一步发挥支撑作用，必须强力推进基础设施建设。红安县是大别山片区贫困地区的重中之重，水利基础设施薄弱且严重老化，历史欠账较多，严重制约了红安经济社会发展。为此，红安县扎实推进民生水利建设，切实抓住国家加大对水利投入的有利时机，积极争取上级项目资金，完善乡村水利基础设施建设。一是按照水质、水量、用水方便程度等指标衡量，详细规划和统一部署安全饮水到户工程，配套建设净化和消毒设施，全面落实安全饮水管护机制。二是参照“龙头一开，清水自来”的标准，持续实施农村饮水安全巩固提升工程，加大重点水利工程、塘坝除险加固项目建设力度，全面整治渠道、堰塘、泵站、抗旱水池等小型水利设施。三是加强红安县主要支流治理、中小河流治理、抗旱水源建设、山洪灾害防治，优先实施中小型水源工程建设，力争大幅提高农田灌溉保障率和有效灌溉面积占耕地面积比例，改善基本农田和水利设施，保护农村饮用水水源地，提升抵御山洪等自然灾害的能力。[②]

此外，为深入贯彻党的十九大会议精神，落实党中央、国务院关于扶贫工作的重要指示，结合农村饮水安全现状以及巩固脱贫成果的总体要求，红安县开展了农村饮水安全巩固提升工作。[③]

（1）领导重视，抓紧抓实。召开专题会议研究精准脱贫巩固提升工作，总结前段扶贫工作，对下一步工作进行安排。同时，出台《关于印发

① 田胜辉：《打造立体交通格局　加速红安跨越发展》，《黄冈日报》2016 年 11 月 24 日第 5 版。

② 王华宝、张幼林：《红安水利项目建设全面推进》，http://www.hg.gov.cn/art/2016/1/27/art_33_77087.html，2016 年 1 月 27 日。

③ 红安县水利局：《2018 年饮水安全巩固提升工程工作总结》。

红安县水利局巩固提升脱贫攻坚成效推动全面建成小康社会实施方案》和《红安县水利局巩固脱贫成果 2018—2020 年农村饮水安全巩固提升工作方案》，对水利基础设施巩固工作进行政策化。

（2）加强学习，提高认识。深入学习贯彻习近平总书记关于扶贫工作的重要论述，把脱贫攻坚摆在重中之重的位置。坚持力量不变不减，驻村工作队不变，两个驻村第一书记不变，干部包保不变，确保不返贫；局班子成员包乡镇不变，负责饮水安全问题。发挥部门帮扶作用，落实帮扶责任、做好帮扶事项。

（3）强化督导，加强检查。年度扶贫工作任务项目化，明确项目内容、时间节点、责任单位、责任人，由局长负总责，局领导班子成员带队负责各自范围内的督导检查，确保农户饮水安全得到提升。

（4）建章立制，长效运行。开展贫困户、非贫困户满意度调查、回访，出台《红安县建档立卡贫困人口饮水安全工程建设管理办法》《红安县农村饮水安全工程资金管理办法》等管理制度，完善农村水厂安全运行相关规章制度，创新农村水厂管理维护制度，促进农村饮水安全工程良性运行。

3. 农村基础设施“2+N”模式

为了坚持群众路线，解决群众生产生活实际问题，改善人居环境，增强农民获得感和幸福感，让更多的群众享受到发展成果，红安县采取以奖代补的办法，在各个乡村推行“2+N”模式，把便民小道从村主路连接到千家万户家门口。其中，“2”是指便民小道、路灯，“N”是指各村组根据自身实际情况，在建好“2”的基础上，可建设公厕、垃圾收集设施、开展绿化等项目。①

（1）科学决策。一是高规格保障。将农村基础设施建设工作纳入社会

① 《发挥群众在乡村振兴中的主体作用——红安县推进农村基础设施“2+N”模式的实践与思考》，http://www.hgsn.gov.cn/dywj/2018-08-08/2131.html，2018 年 8 月 8 日。

主义新农村建设重点内容，与精准扶贫工作一同部署、一同推进，资金一并统筹、一并管理，在新农村建设领导小组统一领导下开展工作，领导小组办公室按“四有”标准配备到位。县、乡、村、组四级党员干部全面参与，县委书记、县长亲自部署、率先垂范，其他县领导一对一挂点督办，26名乡镇党政主职人人领办示范点，自上而下，形成高位推进农村基础设施建设工作的强大气场。二是高强度投入。县政府统筹整合农村基础设施建设专项奖补资金1亿元，通过政府融资、民间投资、社会捐资等方式撬动社会资金1.2亿元，投入农村基础设施建设。三是高精准统筹。在持续抓好以精准扶贫为统领的“五位一体”工作的同时，统筹推进农村基础设施建设。与基层党建相结合，促进党建引领发展。与文化旅游相结合，加快全域旅游发展。结合全域旅游示范区创建，在旅游线路、示范村和达标村，由红安县旅投公司建设水冲式星级厕所100座，无害化乡村厕所120多座。与文明创建相结合，提升群众人文素养，全面完成乡村文明创建“七个一”建设工程。四是高密度督办。将农村基础设施建设纳入两办督办体系，坚持一月一排名，一季一拉练，半年一小结，年终算总账。对工作滞后、进展缓慢的，限期整改。

（2）统一标准。将基础设施建设实施方案进一步细化，按照“政府引导、群众为主，创新机制、规范管理，注重实际、便民实用”的原则，由村支部唱主角，群众为主体，健全村民自建制度，完善程序，加强监管，落实项目民定、工程民建、质量民查、资金民审、管护民责的“五民”新机制。在建设标准上不追求高大上，不搞大拆大建和重复建设，充分利用村庄现有的石块、砖头及其他废旧材料，切实做到因地制宜，便民实用，降低成本。一是便民小道户户通。到户的便民小道宽度不超过1.2米，公共便道宽度不超过1.8米。政府按建成面积每平方米35元的标准进行奖补，不足部分，由群众投工投劳，捐资捐物解决，鼓励就地取材，用青砖、石块铺设。二是路灯湾湾全覆盖。每个自然湾根据群众夜间出行需求，确定路灯安装数量，可安装太阳能路灯和电力节能路灯的，以电力节能路灯为主。三是水冲式公厕经济适用。根据农村居住人口确定适当建设规模，保证有水、有电、有化粪池、有人管理，立面装修力求简单朴实，与乡村格调协调一致。

（3）多方发动。一是发挥好村“两委”的主导作用。充分发挥农村基层党组织的战斗堡垒作用、党员先锋模范作用和村规民约的自我监管作用，调动和激发广大农民的参与热情，通过召开“场子会”让村民了解政策精神，通过“微信圈”让村民拥有知情权，通过“置身其中”让村民拥有参与权，真正成为农村基础设施建设的实践者、受益者，从而凝聚人心，推进发展。二是发挥人民群众主体作用。对涉及群众利益的民生实事，坚持大家事大家议、大家事大家办，通过群众影响群众、群众教育群众、群众带动群众，把好事办好，把实事办实。三是发挥好乡贤的引导作用。让乡贤参与到理事会管理中，号召群众，让群众信服。

（4）以奖代补。按村平均20万元的标准实行以奖代补，县级示范点和乡镇级示范点分别奖补50万元、30万元，同时按1∶1的比例撬动社会资金。奖补资金验收由农户签字确认、小组汇总、村级初审、乡镇确认、县级抽查验收的程序规范运作，要求便民小道户户全覆盖，路灯湾湾全覆盖，工程量不足奖补资金的按实际验收量为准。

4. 生态基础设施建设

精准扶贫强调绿水青山就是金山银山的理念。对于贫困地区而言，良好的生态环境成为其脱贫致富的重要资源。随着农村基础设施建设的逐步推进，各个贫困村都开展了农村环境卫生整治工作。为了打造农民安居乐业的美丽家园，红安县开展了生态基础设施建设工作①。

① 中共红安县委县政府：《红安县脱贫攻坚巩固提升工作情况汇报》，2019年1月7日。

（1）推进人居环境整治行动。统筹推进厕所革命、精准灭荒、乡镇生活污水治理和城乡生活垃圾无害化处理“四个三”重大生态工程建设。深入推行森林抚育、河库长制等工作，加强山水林田河的保护与修复。

（2）推进美丽乡村建设。采取以奖代补，坚持示范引领，每年推进60个以上美丽乡村示范点建设，结合现代农业、基层党建、红色旅游，打造一批生态文明村、红色文化村和产业特色村。按照“扫干净、摆整齐、拆顺畅、配设施、保常态”的要求，推进农村“四边四化”（路边、水边、山边、村边，洁化、绿化、美化、亮化），巩固和完善“户清扫、村收集、镇转运、县处理”农村垃圾治理体系，深入开展村庄环境整治，建设美丽乡村。

（3）加强生态文明建设。认真贯彻习近平总书记关于长江经济带发展的重要论述，以推进长江大保护九项专项行动和新一轮“雷霆行动”为抓手，严厉打击河道违法采砂、违法开山炸石，重拳治理水、大气、土壤等突出环境问题。以山脉、水系为骨干，深入实施山水林田湖草一体化生态修复，做好矿山地质恢复、植绿复绿工作，不断优化生态生产生活空间，让天更蓝、山更绿、水更清，打造大别山绿色生态示范区、全国生态保护与建设示范区。

三、基础设施建设的主要成效

（一）交通扶贫

近年来，红安县交通扶贫投入不断增加，县域道路通达里程不断增加，通行条件不断改善，全县交通基础设施建设特别是农村公路工程建设取得了较好成绩，为红安决胜全面建成小康社会发挥积极作用。①

1. 服务乡村发展

全县公路总里程 2872.8 千米，其中一级公路 38.6 千米、二级公路 286.6 千米、三级公路 152.6 千米、四级公路 1989.1 千米，其他为等外级公路。实现了所有乡镇通二级公路，100% 行政村通四级以上公路的目标。完成大别山红色旅游公路红安段、阳福绕城公路、檀树岗至两道桥公路、两道桥至八里湾公路、G346 杏花至二程公路、红两公路、红熊公路等重点交通项目，以及将军故居路、新农村建设配套公路、重点贫困村通组公路、产业扶贫道路、生态产业园及村组循环路、渡口出行路、危桥改造等农村路建设。打通了红安至省城及周边县市的大通道，优化了农村公路通达条件，促进了农村公路与旅游、产业、自然资源开发紧密结合，有效服务了农村发展，助推了农村电商、乡村旅游、扶贫产业主体、古村落开发等“三农”产业快速发展。

2. 助力脱贫攻坚

自 2015 年以来，通村达组公路建成 720 千米，完成近 200 千米县乡道提档升级，相继建成七里坪周家墩、杏花乡益新富地、太平红安德清源金鸡项目等扶贫产业道路，建成市场主体道路 105.6 千米，完成农村公路危桥加固改造 40 座、安防工程 768.5 千米，全面协助完成便民小道建设。扶贫道路微循环不断畅通，美丽乡村建设不断推进，助力扶贫市场主体的壮大和贫困户打工收入不断增加，为红安县扶贫成效提供了帮扶“孵化器”。

3. 方便农村出行

客运车辆 4G 动态监控系统在湖北省率先实现县级全覆盖。全县已形

① 李珍子：《关于加快我县交通基础设施建设的建议》，http://www.haxzx.gov.cn/yzjy/2019-02-26/518.html，2019 年 2 月 26 日。

成了以城区为中心、乡镇为节点、覆盖行政村的三级农村客运网络，便捷人民群众出行；投入25台新能源纯电动客车，运营县城至七里坪农村客运线路，由原来的五元票价改为公交化三元“一票制”运营，引领全县农村客运“城乡一体化”推进，确保让利于民、方便于民，惠及人民群众出行，逐步实现农村客运“走得安全、走得舒适、运得高效”。完成了红安客运总站站前广场和停车场建设，发挥了全县客运枢纽功能。

（二）水利扶贫

自2015年以来，红安县按照“安全水利、资源水利、民生水利和生态水利”的工作要求，不断加强项目建设，水利基础设施条件得到极大改善。“十二五”时期八大水利建设取得显著成绩，一是以金檀灌区为主的大中型灌区续建配套及节水改造工程，二是农村安全饮水工程，三是病险水库加固工程，四是水土保持工程，五是小型农田水利工程，六是倒水河流域综合治理工程，七是农村水电项目，八是山洪灾害工程措施项目。

2018年，农村饮水安全巩固提升工程主要对12处规模水厂进行技术改造、主管网延伸和联网并网建设等巩固提升；规划在9处农村边远地区以及饮水条件较差且大厂水管网无法覆盖的垸组新建小型集中式供水工程，拨付资金776万元，完成了湖北省下达的2018年度农村饮水安全巩固提升工程建设任务，惠及56295人的饮水安全；查漏补缺，对标准不高，群众仍不满意的，拨付资金31万元，完成201户饮水巩固提升；制定了2019年农村饮水安全巩固提升工程方案；积极推进农村饮水安全工程信息化建设，实现“千吨万人”以上规模水厂取水口、制水厂区等重要部位视频监控全覆盖；加强了饮用水水源地保护，按有关规定开展出厂水、末梢水监督检测和自检工作，实现了常态化检测；开展了饮水安全、节约用水等科普知识宣传活动，借助新闻媒体宣传精准脱贫农村饮水安全政策，营造良好的舆论氛围。建立健全运行机制，确保这项工程长效安全运行。[①]

（三）农村基础设施扶贫

实施乡村振兴战略要“坚持农民主体地位”，强调发挥“亿万农民的创造精神”。坚持农民的主体地位，是以人民为中心的发展理念在乡村振兴战略中的体现。在红安农村有一句朴实的赞语，受到了广大群众的普遍欢迎，那就是“三尺小路连民心，数盏明灯亮乡村”。“三尺小路”在红安也叫便民小道，连通农村的村主路到各家各户门口。明灯也就是农村方便群众夜间出行的太阳能路灯和电力节能路灯。这是对红安县量力而行、尽力而为探索“2+N”模式、推进农村基础设施建设、切实解决群众最关心最直接最紧迫的利益问题的最好回报。在推进农村基础设施建设“2+N”模式中，红安县就如何发挥农民群众的主体作用进行了一些探索实践，并取得了以下成绩。

1. 农村环境卫生得到明显改善

完善垃圾收集处理设施及配套设施，配置铁皮垃圾箱800多个，家家户户自备垃圾桶12万多个，新建垃圾池3000多个，提高了垃圾治理能力。持续发动群众参与“扫帚行动”，每月26日被固定为“洁净乡村日”，共清除陈年垃圾20000多吨。结合公益岗位，基本达到一湾一名保洁员，落实了常态化保洁。农民卫生意识得到进一步提高，全县基本消除农村垃圾乱倒、污水乱流、畜禽乱跑、柴草乱堆等现象。

① 《引来幸福水滴滴润民心——红安远丹江口农村饮水安全精准扶贫例记》，http://www.hubeiwater.gov.cn/focus/hubeidaily/201809/t20180930_111476.shtml，2018年9月30日。

2. 基础设施建设快速推进

红安县抢时间、抓进度，快速推进以路灯、便民小道为主的“2+N”农村基础设施建设，从全县动员部署到落实，仅用半年时间建成便民小道180万米，安装路灯3万多盏，建成冲水式公厕220座。

3. 体制机制建设不断创新

发挥了新乡贤的带动作用，选拔了一批有德、有才、有威信的乡村乡贤，参与到村级事务管理和工程建设等工作中，有效充实了基层组织力量。红安县60%以上的村组成立了卫生理事会，乡贤在其管理等方面发挥了很大作用；在发挥了群众主体作用的同时，利用“三会一课一群”，即对接会、场子会、院子会，支部主题党课和乡村微信群，充分调动农民参与基础设施建设的积极性。

红安县通过发挥群众在“2+N”基础设施建设中的主体作用，增强了农民的主人翁意识，激发了农民自我教育、自我管理、自我监督和自我服务的热情，解决了农村“晴天一身灰、雨天一脚泥，晚上出行黑灯瞎火”的问题，全县30多万群众从中受益，群众满意度大幅提升。

案例　八里湾镇石门桥村落实“2+N”模式振兴乡村

红安县八里湾镇石门桥村在推进农村基础设施建设过程中，采取以奖代补的办法，推行“2+N”模式，充分发挥群众的主体作用，便民小道采取村组与农户共建，村出水泥、砂石料、大工和机械，农户出小工，拆除废旧设施由村组统一通过机械拆除，农户不要一分钱补偿。村委会还成立了由16人组成的美丽建设理事会，走出一条以群众自我管理、自我监督、自我服务的新路子。按照“自家周边自家建、邻家周围帮着建、公共场所一起建”的工作思路，探索了群众自建便民小道的“石门桥模式”。该村积极动员村内党员干部、乡村教师、家庭妇女等劳力，利用农闲时间，义务投工投劳，主动捐资捐物，清理杂草杂物，建设篱笆墙，铺设简易便道。同时，向在外成功人士发出倡议书，呼吁“通过投资、帮扶、认捐、认建等形式，积极投身美丽乡村建设”。据统计，该村群众踊跃筹资投劳，折合资金30多万元。坚持“2+N”模式主旨思想，发挥人民群众主体作用，从群众利益共同点出发，使党的执政基础根植于人民群众之中。[①]

（四）生态扶贫

红安县始终坚持扶贫开发与生态保护并重的原则，积极探索生态脱贫、绿色发展的新路子，稳步推进贫困地区生态环境综合治理。开展中央环保督查环境整治“回头看”，实施污染防治三年攻坚行动，推进长江大保护九项专项行动和新一轮“雷霆行动”，重拳治理水、大气、土壤等突出环境问题。全面开展第二次全国污染源普查，提高精准治污能力。严格落实河（库）长制，加强倒水、滠水、举水综合治理。推进秸秆禁烧和综合利用，完善城乡垃圾收运系统，加快垃圾焚烧发电项目建设，让红安大地蓝天永驻、青山常绿、碧水长流。严厉打击在河道违法采砂、违法开山炸石行为。大力发展绿色产业。严把招商引资和规划建设环境准入关、审批关，全面实施污染物排放许可制度。巩固天台山、老君山禁牧养林成果，加大天台山松毛线虫防治力度。开展精准灭荒行动，完成荒山绿化1万亩、新一轮退耕还林2万亩。实施天然林保护工程，让生态资源成为红安人民的绿色银行。积极引领绿色风尚。深入开展县乡村三级生态文明

① 周志兵、毛红平：《一米两米百万米 幸福直通千万家 红安建好农民家门口“三尺小路”》，http://www.news.cnhubei.com/xw/hb/hg/201805/t4114354.shtml，2018年5月23日。

创建工作，创建一批节约型机关、绿色社区、绿色工厂、绿色家庭，让各级政府、各部门、千家万户种好“绿色责任田”。倡导绿色消费，让自然、环保、节俭、健康的生活方式成为公众习惯和自觉行动。[①]

此外，红安县紧扣“一带一片”规划，不断巩固“扫干净、摆整齐、拆顺畅，配设施、保常态”工作成果，围绕美丽乡村建设，整合扶贫资金 6525 万元。2018 年，重点建设省级示范点 4 个，市级示范点 30 个，县级示范点 34 个，巩固提升 2017 年示范点 60 个，对 386 个行政村垃圾转运进行奖补。9 个乡镇场污水处理厂厂区土建工程已完成 96%，已安装污水收集市政管网约 130 公里，占比 93.5%。全县农户无害化厕所完成建改 15695 户，占市定年度任务 12840 户的 122.23%；农村公厕建改 148 座、乡镇公厕建改 10 座、城区公厕建改 8 座、交通厕所新建 1 座、旅游公厕 13 座，农村环境整治达到预期效果，资金拨付超过 80%。群众满意率、幸福感得到较大提升。[②]

案例　雨淋村改善村湾环境

太平桥镇雨淋山村属低丘陵地带，自然湾土地贫瘠，耕地面积较少，自然资源匮乏，村民缺少致富技能和信息，依靠传统的农业种植模式，经济发展较为困难。加之长期以来存在的交通闭塞问题，村集体经济收入单薄，村民致富门路不多，产业发展匮乏以及增收渠道单一，村级经济发展和村民的生产生活受到严重制约。

驻村工作队以党的十九大精神为指导，严格贯彻落实习近平总书记关于扶贫工作的重要论述，按照县委、县政府的统一部署

① 余学武：《把握“五大关系” 探索生态优先绿色发展新路子》，http://www.hbdysh.cn/2018/0515/41910.shtml，2018 年 5 月 15 日。

② 中共红安县委县政府：《红安县脱贫攻坚巩固提升工作情况汇报》，2019 年 1 月 7 日。

和安排，对照“四个全面”和“五个一批”的工作目标，扎实落实县委县政府要求的“十二项工作任务”。一方面，协调村“两委”完成了村部老年活动中心建设，切实推进并落实了一户一个垃圾桶，一湾一个垃圾池，一组一名保洁员，一月一次大扫除（每月26日开展“乡村洁净日”活动），一村（湾）一个卫生理事（分）会（建立卫生公约和保洁费筹集办法），一次集中拆除（组织拆除各自然湾破旧猪圈、牛栏、厕所及其他违规建筑），一月一次集中环境秩序整顿（指导各户柴草堆积整齐，不准乱堆乱放、乱搭乱建）等的工作要求，使村湾的卫生环境得到了全面改善。另一方面，借“厕所革命”及乡村振兴战略的政策东风，工作队协调村“两委”向上级争取项目支持，力争建成一所村级公共卫生厕所，并大力引进社会资本，号召在外能人参与改造村内现有厕所和垃圾池。上述工作的全面落实切实改善了群众的生产生活环境，村容村貌焕然一新，为推进精准脱贫创造了良好的生态和人文环境。①

四、基础设施建设的经验启示

经过不断地实践与探索，红安县不断改善基础设施，让更多的群众共享脱贫攻坚成果。强力推进“三纵五横”公路骨架网络项目建设，完成县乡道路改造，所有乡镇和行政村分别通二级和四级以上公路，实现客运班车全覆盖。按照“龙头一开，清水自来”的标准，实施农村饮水提升工

① 《红安县发展和改革局关于2018年精准扶贫工作总结及2019年度工作计划》。

程。落实安全饮水管护机制，加大重点水利工程、塘坝除险加固项目建设力度，全面整治小型水利设施，开展水利扶贫行动。整合资金，推进农村基础设施建设“2+N”模式，农村面貌大幅度改观。统筹推进厕所革命、精准灭荒、乡镇生活污水治理和城乡生活垃圾无害化处理“四个三”重大生态工程建设，持续发动群众广泛开展保洁卫生活动，农村人居环境大为改善。通过将脱贫攻坚与基础设施建设紧密结合，红安县补齐交通基础设施、水利基础设施、农村基础设施和生态基础设施短板，并取得了明显成效，积累了丰富的成功经验。

（一）严格规划，发挥统筹约束作用

为了适应时代的快速更新发展，项目规划需要具备一定的前瞻性，同时，为了避免基础设施建设费用预算的超支，需要以实际物质基础作为约束，在不增加财政负担的同时保证基础设施建设的顺利开展。对于公路、水电和人居环境等基础设施的建设与完善，按照不同领域的技术标准进行科学的规划设计，各类项目的选址、布线、规格、功能指标等要符合相关规范和技术要求，尤其是环境复杂、地形多变的偏远山区，更要做到在规划、设计和建设施工过程中严格执行标准，保障规格达标、功能到位。[①]

（二）发挥群众主体作用，激发内在参与动力

贫困地区基础设施建设的目的是提高当地的物质水平，改善贫困地区人民群众的生产生活条件，人民群众的实际需求才是所有建设任务的最终目标。在这个过程中，按照“政府引导、贫困户参与、政策扶持、市场运作”的思路，探索适合当地实际发展需要的基础设施建设模式。

① 张国防、吴俊杰：《贫困地区基础设施建设的路径探析》，《经济视角》2018 年第 1 期。

只有充分尊重群众的意见，才能真正做到满足群众的生活所需。从实际出发解决群众最关心最直接最现实的利益问题，找到群众利益共同点，激发广大人民群众的内在参与动力，继而参与到基础设施的建设工作中来，才能推动基础设施建设更加顺利地开展。[①]

（三）调动社会力量，增强社会活力

脱贫攻坚是一项系统工程，单靠政府单打独斗势必影响效率，必须调动全社会力量共同积极参与。基础设施建设对资金的需求量较大，要如期完成任务，社会力量和民间资本不可或缺。首先，需要充分发挥政府的主导作用，在物质帮扶和财政投入上加大扶贫力度，政策上给予倾斜。其次，引导社会各界力量，协同发力，注重调动社会资源、动员民间资本，积极参与脱贫攻坚，让更多的资源向贫困地区倾斜和流动，从而加快脱贫攻坚进程。社会各界的广泛参与，有助于整合社会资源，缓解扶贫开发中资金短缺、投资乏力等问题，有助于增强社会活力，推进基础设施建设全社会参与的良好氛围。[②]

（四）把握行业扶贫优势，推进基础设施建设

贫困地区基础设施建设涉及交通、水利、城市规划、环境保护、农业、环卫等众多部门和领域，要切实推进扶贫工作，必须充分发挥各行业扶贫优势，将各部门职能和行业资源精准聚焦到脱贫工作中，做到项目优先安排、工作优先对接、资金优先保障和措施优先落实。在现实操作层面，行业部门能充分利用各种资源，广泛开展结对帮扶，加快项目落地，

① 文秋雨、张雨佳、左滢等：《深度扶贫背景下农村基础设施建设的建议与思考》，《安徽建筑》2018 年第 24 期。

② 黄倩倩、朱湛：《社会力量参与精准扶贫的优势及作用机制》，《现代交际》2016 年第 18 期。

使扶贫工作更加精准和有针对性。此外，脱贫攻坚要注重市场规律，在充分利用监管部门优惠政策的同时，需要加大市场调研力度，因地制宜，实事求是。在“输血”的同时大力培养帮扶地区“造血”功能，充分发挥相关职能部门的行业优势，编制专项规划并组织实施贫困地区基础设施建设，严格压实各相关部门的责任，统一工作目标，使脱贫工作见效更快、效能更长，保障脱贫工作按时按量推进，从根本上改善贫困地区群众的生产生活条件。①

① 谭炜、唐丽：《依托政策倾斜 发挥项目优势 达州市以增减挂钩试点助推脱贫攻坚》，《资源与人居环境》2017年第2期。

第七章 教育扶贫：智志双扶添注脱贫内生动力

教育扶贫是解决贫困地区发展和保证贫困家庭持久脱贫的最富有成效的方式之一。自 2015 年以来，红安县针对本地教育贫困的现实问题，在教育扶贫推进过程中，制定相关文件政策，实施“4321”教育扶贫模式，打出教育扶贫的组合拳，通过基础设施改造、教师素质提升、家庭技术培训等举措，将科学知识与实用技术送到人民身边，为家庭发展“输血”“造血”，教育扶贫成效显著。

一、教育扶贫的背景与意义

“扶贫必扶智，让贫困地区的孩子们接受良好教育，是扶贫开发的重要任务，也是阻断贫困代际传递的重要途径。”[①] 这是习近平总书记新时期对坚决打好、打赢脱贫攻坚战的新论断之一。“教育扶贫”是最能发挥贫困人口的主体作用、最能解决贫困根源的扶贫方式。教育可以向贫困地区传授知识，塑造其思维方式，传递先进思想理念，提供自立与发展的机遇，如果教育的作用能在贫困地区真正得到充分发挥，还将形成社会价值。[②] 让贫困地区的孩子接受优质的知识教育，是扶贫开发的一项重要决策。

① 习近平：《携手消除贫困促进共同发展》，《人民日报》2015 年 10 月 17 日第 2 版。
② 杨蕊旭：《教育：脱贫的治本之策》，《中国集体经济》2019 年第 10 期。

教育扶贫是精准扶贫战略推进的基础和保障。一是教育精准扶贫可以解决贫困地区最重要的人才短缺问题。当前，贫困地区落后的重要原因之一是人力资源短缺。教育精准扶贫可以为贫困地区精准扶贫工作开展提供更多人才支持。二是教育精准扶贫是贫困地区建立长远经济社会发展模式的智力保障。贫困地区要想建立长远经济社会发展模式，离不开大量高素质人才的参与。贫困地区初步脱贫后要想缩小与发达地区经济社会发展差距，更需要高素质人才源源不断的智力保障。三是教育精准扶贫是其他精准扶贫政策推进的基础。教育精准扶贫可以为经济产业扶贫、资金扶贫、技术扶贫等其他扶贫政策的落实与推进提供基础。因为所有精准扶贫策略要想落到实处，真正发挥扶贫效果，都需要优秀人才的参与。①

红安县教育贫困现状一直比较严峻，自 2015 年以来，湖北红安县充分发挥教育智力扶贫优势，整合教育资源，根据每一个贫困生不同的实际情况，制定针对性的教育扶贫方案，让每一个贫困家庭的孩子能够有书读、读好书，确保建档立卡贫困生能够像其他学生一样接受良好的教育。

二、教育扶贫的政策安排与制度设计

为贯彻落实《湖北省教育精准扶贫行动计划（2015—2019 年）》，发挥好教育事业在精准扶贫工作中的重要作用，根据《黄冈市教育精准脱贫工作实施方案》和《红安县 2015—2017 年扶贫攻坚实施方案》，红安县结合实际，以提升贫困村基础教育水平、资助家庭贫困学生就学、提高贫困群众能力素质为主要任务，积极印发制定相关配套文件政策。

① 殷巧：《教育扶贫：精准扶贫的根本之策》，《人民论坛》2017 年第 13 期。

（一）省市级层面统筹规划

为进一步规范和加强对义务教育阶段家庭经济困难寄宿学生生活补助资金管理，强化激励导向，根据《财政部、教育部关于印发〈城乡义务教育补助经费管理办法〉的通知》《省人民政府办公厅〈关于印发湖北省进一步完善城乡义务教育经费保障机制实施方案的通知〉》等有关规定，湖北省财政厅、省教育厅于 2017 年 5 月 17 日印发了《湖北省义务教育阶段家庭经济困难寄宿生生活费补助资金管理办法（试行）》。该通知提到补助资金专项用于按标准发放家庭经济困难寄宿生、特殊教育学生生活费补助，基本标准为：小学生 4 元 / 天，初中生 5 元 / 天，特殊教育学生 5 元 / 天，每学期在校时间按 125 天计算，资助标准根据国家政策变化和湖北省经济发展状况适时调整。

为进一步规范和加强普通高中国家助学金管理，提高资金使用效益，根据《财政部、教育部关于印发〈普通高中国家助学金管理办法〉的通知》精神和国家有关法律、法规，湖北省教育厅、省财政厅分别于 2017 年 6 月 12 日和 15 日印发了《湖北省普通高中国家助学金管理办法（试行）》，提到普通高中国家助学金资助对象为具有正式注册学籍的普通高中在校生中家庭经济困难学生，国家助学金平均资助标准为每生每年 2000 元，具体标准根据受助学生家庭经济困难程度分别确定为每生每年 1500 元、2000 元、3000 元三档标准。

为进一步规范和加强对学前教育资助资金管理，提高资金使用效益，根据《财政部、教育部关于建立学前教育资助制度的意见》《财政部、教育部关于印发〈中央财政支持学前教育发展资金管理办法〉的通知》，结合湖北省实际，省财政厅、省教育厅于 2017 年 12 月 29 日印发了《湖北省学前教育资助资金管理办法（试行）》文件，提到由省财政厅、省教育厅筹措的中央、省财政支持学前教育发展资金中用于学前资助的资金，以及其他相关财政性资金组合而成的资助资金用于资助普惠性幼儿园在籍在园家庭经济困难儿童，其中建档立卡家庭经济困难幼儿、烈士子女、孤儿和残疾儿童优先享受资助。

（二）县级层面贯彻宣传

2016 年 2 月 28 日，红安县教育局办公室印发《红安县教育精准扶贫实施方案》，该文件从实施贫困学生关爱计划、实施乡村教师发展计划、实施薄弱学校提升计划、实施社会合力帮扶计划四大项工作内容出发，聚集红安县教育扶贫，制订对应工作计划。

为确保大力实施教育精准扶贫工程，2016 年 2 月 28 日，红安县教育局办公室印发《红安县教育局关于成立全县教育系统精准扶贫工作领导小组的通知》，决定成立全县教育系统精准扶贫工作领导小组，做好分工，保证全面落实各种扶持政策。

《红安县建档立卡贫困家庭学生资助工程实施方案》从学前教育、义务教育、普通高中教育、中等职业教育、高等教育等阶段着手关注资助政策。第一，落实学前教育资助政策。保证建档立卡接受学前教育的贫困家庭幼儿，每生每年补助生活费 1000 元，并可以申请免费乘坐校车。第二，落实义务教育资助政策。全部免除义务教育阶段贫困家庭学生学杂费、课本费，补助义务教育阶段贫困家庭寄宿生生活费，小学生每生每年 1000 元、初中生每生每年 1250 元，补助贫困地区义务教育阶段贫困家庭学生营养膳食费每生每年 800 元。对乘坐校车的建档立卡贫困家庭学生，由财政补贴，免费乘车。第三，落实普通高中教育资助政策。免除建档立卡贫困家庭普通高中学生学杂费，发放每生每年 2500 元助学金。第四，落实中等职业教育资助政策。对建档立卡贫困家庭学生免除中等职业教育学费，发放“雨露计划”补助每生每年3000元，发放一、二年级学生每生每年2000元助学金，安排三年级学生到企业顶岗实习。第五，落实高等教育资助政策。提供全日制普通本专科学生每人每年1000—8000元、全日制研究生每人每年1000—12000元生源地助学贷款。做到“应贷尽贷，特困尽贷”，发放高职学校贫困家庭学生“雨露计划”补助，每生每年3000元。配套专项资金资助高校新生入学路费及入校后短期生活费，省内院校录取的新生每人资助500元，省外院校录取的新生每人资助1000元。引导社会各界捐资，设立奖励基金，对考取全日制普通本科学校的贫困生一次性给予奖学金。设立大学生国家助学金，适当减免学费，由高校办理提供勤工俭学岗位等。第六，落实特困学生特殊救助政策。在教育局资助中心设立特困学生救助专项资金，采取资助政策叠加的方式，对特困生予以特别救助。

《红安县教育精准扶贫“贫困村所在地薄弱学校改薄工程”实施方案》关注点在统筹“全面改薄”、第二期学前教育三年行动计划等项目和资金上，向贫困村所在地薄弱学校倾斜，重点改善96个贫困村所在地27所薄弱学校基本办学条件，其中初中3所，小学6所，教学点11所，幼儿园7所（其中1所幼儿园已于2014年完成改造），本次实际重点建设26所学校、幼儿园。第一，建设标准上，落实教育部、国家发改委、财政部“全面改薄”20条底线精神，保基本，补短板。第二，建设规模上，根据全市教育扶贫提出的“改善办学条件全覆盖要求”，红安县规划投入2246.6万元，重点改善26所学校办学条件，实现办学条件基本标准化。在学前教育方面，规划投入资金51.6万元，在6所幼儿园购置幼儿玩教具、幼儿图书等设施设备。在义务教育方面，规划投入资金2195万元，建设20所中小学，其中实施校园校舍建设项目31个，新建及改造校舍14755平方米投入资金1437万元，改造运动场地11200平方米投入资金

200 万元，配套设施建设（围墙、护坡护坎、校门、道路、绿化）投入资金 274 万元，购置设施设备投入资金 284 万元，其中生活设施设备（床铺、饮水、洗浴、食堂）71.4 万元，实验室、功能室（不含信息化）设施设备 162.6 万元，信息化设施设备 50 万元。

《红安县教育局精准扶贫工作教师培训计划》是关于贫困村教师能力提升的计划。加大贫困村 27 个学校（幼儿园）413 名教师的培训力度，全面提升教师师德师能水平，帮助红安县贫困村中小学一线教师更新教育教学理念，解决教师在实际教学工作中遇到的困惑及问题，满足一线教师对实现专业发展的内在需求，进而提高实施素质教育、开展有效教学的能力和水平是落实该计划的目的。红安县全面实施“送教下乡”及结对帮扶全覆盖，促进城镇优秀教师与贫困村中小学教师建立广泛联系，指导贫困村中小学开展教育教学实践和改革，培养了一批贫困村中小学骨干教师。健全贫困村中小学校长、教师专业发展培养培训制度，加快发展全县教育信息化建设步伐，实施信息技术能力提升培训全覆盖，进而全面提升了红安县贫困村教师队伍整体素质。

《红安县教育局精准扶贫：贫困家庭“明白人”培养工程实施方案》关注点在职业教育上。根据《红安县教育局精准扶贫实施方案》，全县 96 个精准扶贫行政村应、往届初中毕业没有升入普通高中的学生全部接受免费中等职业教育。大力开展农村劳动力实用技术技能培训，全县每年组织或参与开展职业技能培训人数不少于 1000 人次。通过重点实施“四项计划”“八大工程”，完善特殊群体学生资助和关爱机制，改善农村薄弱学校办学条件，打造专业化教师队伍，提升教育质量和育人水平，实现了贫困家庭学生资助全覆盖、贫困村所在地薄弱学校改造全覆盖、贫困村所在地学校教师培训全覆盖“三个全覆盖”工作目标，真正促进了贫困家庭从根本上脱贫。

三、教育扶贫的实践举措

为做好教育扶贫工作，红安县教育局结合工作实际，创新工作举措，打出教育扶贫的“组合拳”，教育扶贫成效显著。

（一）实施“4321”教育扶贫模式

红安县教育局深入贯彻党的十九大精神，学习领会习近平总书记关于扶贫工作的重要论述，结合教育实际情况，在摸清全县学生底数的基础上，创造了独具特色的“4321”模式。“4”即“四大计划”：贫困学生关爱计划、乡村教师发展计划、薄弱学校提升计划和社会合力帮扶计划；“3”即“三个全覆盖”：实现贫困家庭学生资助全覆盖、贫困村所在地薄弱学校改造全覆盖、贫困村所在地学校教师培训全覆盖；“2”即“两个全免费”：从2016年开始，红安县对建档立卡贫困户子女上高中和乘坐校车实行全免费；“1”即“一个明白人”：充分发挥职业教育扶贫优势，依托县职教中心实施贫困家庭明白人工程，形成独具红安特色的扶贫亮点。

1. 实施贫困学生关爱计划

第一，实施家庭经济困难学生资助工程。建立完善覆盖从学前教育到高等教育各学段的学生资助体系，确保农村建档立卡贫困户子女学生资助全覆盖。

第二，开展师生结对帮扶活动。全县各级各类中小学建立完善特殊群体学生对口帮扶工作机制。各学校校级干部、中层干部及全体教师“一对一”对口帮扶家庭贫困学生、农村留守儿童等特殊群体学生，确保建档立卡贫困家庭子女帮扶全覆盖。以学校团队组织为阵地，引导一般学生与特殊群体学生结对开展“手拉手”帮扶活动。“一对一”帮扶活动落实情况纳入教师考评重要内容。

第三，实施特殊群体学生关爱工程。重视对留守儿童、孤儿、单亲家庭子女、特困家庭子女、残障学生、学习困难学生、行为偏差等学生的关爱和教育工作，各学校建立特殊群体学生成长档案，精心组织结对帮扶、心理辅导、“课外访万家”等关爱活动。实施留守儿童关爱工程，每个乡镇至少建成一个留守儿童关爱中心，开设亲情电话和 QQ 聊天室，招募志愿者，进行“生活引导、学业辅导、心理疏导”；各学校建立领导、中层干部、班主任“三带一”、非留守学生“三帮一”结对帮扶机制，保障留守学生健康快乐地生活和学习。落实《湖北省特殊教育提升计划（2014—2016 年）》，在县特殊教育学校建立特殊教育资源教室（中心），配齐基本的教育教学和康复设备，为残疾学生提供个性化教育和康复训练。

第四，落实农村学生入学、升学支持政策。坚持“两为主”方针，将农村进城务工人员随迁子女全面纳入城市义务教育经费保障范围，与同城学生在收费、资助、学籍异动、入队入团、评优表彰及参与各种活动等方面一视同仁。落实随迁子女异地升学考试政策，在湖北省各地初、高中就读并获得统一学籍的随迁子女均可在学籍所在学校报名参加中、高考，享受当地户籍考生同等待遇。

第五，实施农村学校校车安全服务工程。完善“政府主导、属地管理、部门配合、市场运作、公司运营、财政补贴”的校车工作模式。落实校车扶持政策，政府按每车每年两万元落实财政补贴，并为每辆校车安排一个公益岗位，配备校车照管员，实现全县乡镇校车服务全覆盖和建档立卡贫困户子女乘坐校车全免费，从根本上解决农村学生上下学“乘车难”的问题。

2. 实施乡村教师发展计划

实施农村教师素质提升工程，落实国家《乡村教师支持计划（2015—

2020年）》有关要求，加强乡村教师队伍建设。

第一，拓展乡村教师补充渠道。按照“总量平衡，退一补一”的原则，通过定向培养、精准招录、在职培训、对口支援、实习支教等，加大农村教师补充力度。新招聘义务教育阶段和学前教育阶段教师优先保障农村学校、幼儿园教学需要，逐年解决农村幼儿园教师编制问题。统一城乡教职工编制标准，全面推进义务教育教师队伍“县管校聘”管理体制改革，县教育局在核定的编制总额内，按照班额、生源等情况统筹分配各校教职工编制，通过调剂编制、加强人员配备等方式进一步向人口稀少的教学点、村小学倾斜，重点解决教师全覆盖问题，确保乡村学校开足开齐国家规定课程。鼓励优秀退休教师到乡村幼儿园、中小学开展支教。

第二，完善教师交流机制。采取定期交流、送教下乡、学区一体化管理、学校联盟、对口支援、名师“传帮带”、乡镇直中小学教师走教等多种途径和方式，重点引导优秀校长和骨干教师向乡村学校流动，城镇学校、优质学校每学年教师交流轮岗比例不低于符合交流条件教师总数的10%。县域内重点推动县城学校教师“送教下乡”和交流轮岗活动，每年县城教师送教下乡不少于400人次；乡镇范围内重点推动中心学校教师到村小学、教学点交流轮岗和教师结对活动，每年教师结对不少于500人。支持乡村教师、校长到城区优质学校上挂锻炼，通过订单培养，提升乡村教师整体素质。

第三，加大农村教师培养培训力度。争取省市高校支持，探索建立全科教师培养模式，加强乡村教育本土化人才培养，重点为村小学和教学点培养全科教师。落实“国培计划”和“省培计划”，加大对农村中小学教师培训的倾斜支持力度。从2015年开始，全县教师培训经费70%以上用于乡村教师，实现贫困县乡村教师（校长）培训全覆盖。加强乡村教师信息技术应用能力培训，积极利用信息技术手段破解乡村优质教学资源不足的难题。

第四，提高乡村教师待遇。依法依规落实乡村教师工资待遇政策，全面落实乡村教师生活补助，做好乡村教师重大疾病救助工作，农村义务教育省级骨干教师每人每月补助 600 元，农村一线教师根据学校条件不同给予每人每月 300 元、400 元、600 元不等的生活补助，加快实施乡村学校教师周转宿舍建设，确保乡村教师“教有所居”。每两年评选一届红安名师、骨干教师，由县财政列支 20 万元，每届每人分别给予 5000 元和 3000 元教研经费补贴。完善乡村教师职称（职务）评聘条件和程序办法，对乡村学校教师在职称评聘、培训进修、评优提职等方面实行倾斜。从 2016 年起，聘用到中级以上岗位、推荐为县级以上评选表彰对象的教师，必须有两所以上学校或农村学校三年以上任教经历。加大农村教师表彰力度，定期开展师德标兵、最美乡村教师、教坛新秀、优秀教师和十佳乡村校长表彰活动。

3. 实施薄弱学校提升计划

第一，实施农村薄弱学校办学条件改善工程。建立优先帮扶贫困村教育发展机制，加强贫困村学校规划，优先支持建设贫困村义务教育学校，同步实现标准化和现代化远程教育，让贫困村群众子女能就近享受公平优质教育资源。在实施第二期学前教育三年行动计划、“全面改薄”项目建设、义务教育学校标准化建设、农村中小学校舍维修改造、义务教育信息化建设等项目时，优先安排改善贫困村学校的基本办学条件，使贫困村学校办学条件尽快达到农村普通中小学校建设标准。优先加强对贫困村学校管理和校园文化建设的工作指导，确保贫困村学校全面实现硬件、软件同步提升。完善贫困村学校食堂功能，扩大学生营养改善计划，提高学校食堂供餐比例，切实改善贫困村孩子的营养状况。

第二，实施农村学校教育信息化工程。加强贫困村所在中小学信息技术基础设施建设，加快推进“三通两平台”建设，到 2017 年，基本实现“宽带网络校校通”“优质资源班班通”和“网络学习空间人人通”，全县教学点实现与省级网络平台互联互通。大力推进“互联网＋教育扶贫”，通过信息技术手段，促进优质教育资源共建共享。巩固提升农村“教学点数字教育资源全覆盖”项目成果，建设农村教学点网络学校，逐步扩大“在线课堂”开设规模，促进全县农村教学点开齐开足课程，全面提升教育教学质量。

第三，推进办学模式改革。以“均衡、优质、共享”为主题，充分发挥优质学校辐射带动作用，探索集团化办学、名校办分校、委托管理、学区制管理、学联盟等多种办学模式，采取以强带弱、以大带小、以城带乡的形式，创建一批城乡一体先行区、优质资源富集区、改革创新先导区，整体提升农村学校教育质量和办学水平。

第四，实施学校对口帮扶工程。采取“县（城区学校）—乡（乡镇学校）”和“乡（乡镇学校）—村（村小教学点）”结对帮扶方式，全面开展学校对口帮扶活动。加强教育开放合作，争取省市优秀学校对口帮扶红安县农村薄弱学校。发挥帮扶学校的示范引领和辐射带动作用，对受帮扶学校从教育理念、学校管理、师资力量、教学资源、办学条件等方面进行指导与帮扶，推动优质教育资源共享，整体提升学校办学水平，打造特色学校和红安教育品牌。立足将军县的红色文化和丰富的自然及历史人文资源，强化校本研修和开发，重点在立德树人、师资建设、课程设置、教学改革、体育艺术和校园文化等方面打造一批特色学校和优质师资队伍。围绕将军文化、红安精神代代传等主题打造红安教育品牌，建设全省知名、全国有影响的青少年德育实践基地。

第五，对贫困地区薄弱学校实行招生倾斜政策。进一步增加贫困地区孩子接受优质教育的机会，为贫困地区培养更多人才。增加示范优质高中招收农村学生计划，红安一中安排更多的分配生名额，招收农村初中毕业生和贫困家庭学生。争取省级支持，加大国家贫困地区定向招生专项计划在红安的实施力度，加大中央部门高校和省属重点高校面向国家贫困县的招生力度。实行省属高等职业院校单独招收中职毕业生计划，对建档立卡的贫困家庭子女实行单独划线、单独录取。

4. 实施社会合力帮扶计划

第一，积极倡导社会捐资助学。充分发挥红安县国家级贫困县和“中国第一将军县”的优势，在认真实施好政府层面的教育惠民政策基础上，广泛宣传扶贫助学工作，努力在全社会营造捐资助学的良好氛围，积极争取、整合多方力量开展引资办学、捐资助学等扶贫助学活动，形成立体交叉大教育扶贫合力。每年争取高职院校、部队、厂矿企业和惠农公益基金会、慧芳扶贫助学会等各类基金会、助学会等社会爱心组织和人士捐资200多万元以资助贫困学生；争取对外友好协会实施“彩虹桥工程”，改善农村薄弱学校办学条件。

第二，积极争取社会力量开展志愿服务活动。倡导社会力量面向农村学校和师生开展有针对性的志愿服务活动，如争取民间组织和相关部门开展法律援助、心理咨询、健康体检、技能培训、文化下乡等活动。

第三，实施农村劳动力技能培训工程。充分发挥省内高职院校和本县中职学校的办学优势，积极推进“产教”结合和校企一体化办学，坚持“以需求定培训”的原则，积极探索“订单培训，定向输出”“就近培训，就地转移”“整合资源，联合培训”等培训模式，免费举办新型农民培训、“两后生”职业技能培训、外出务工人员创业培训和新型产业园区企业职工培训，加大实用技术培训力度，使贫困户家庭子女熟练掌握两门实用技术。每年免费培训1000人次以上，并为培训学员免费进行技能鉴定，颁发相应的职业技能等级证书，对于培训合格并通过职业资格等级考试的学员，给予“雨露计划”扶助。对于贫困学生家庭劳动力，优先推荐到本县企业就业。

（二）教育扶贫的亮点展示

红安县根据省市教育精准扶贫工作部署，认真落实国家教育扶贫普惠政策，创新帮扶形式，围绕贫困学生、贫困家庭、薄弱学校和教师四大主体，努力构建覆盖薄弱学校和特殊群体学生的教育精准扶贫体系，让贫困家庭的孩子都能接受公平的、有质量的教育，取得初步成效。①

1. 贫困户学生资助全覆盖

红安县教育局提出全体局党组成员包片，挂图作战，销号管理。建立从学前教育到高中阶段教育家庭经济困难学生信息库，实现各学段内国家资助政策全覆盖，确保不让一个学生因贫失学。

第一，国家资助资金落实方面。2015 年国家资助资金落实情况：学前教育，2015 年资助贫困家庭幼儿 1582 人次，资助金额 79.1 万元。义务教育阶段，2015 年为 6578 名中小学校寄宿生发放生活补助，补助资金 800 万元。中等职业教育国家助学金，2015 年免学费 4870 人，免除金额 487 万元，发放助学金 2967 人，发放金额 296.7 万元。普通高中助学金 2015 年资助 7261 人，资助金额 725 万元。

2016 年国家资助资金落实情况：学前教育，2016 年资助贫困家庭幼儿 1717 人次，资助金额 85.85 万元。义务教育阶段，2016 年为 10985 名中小学寄宿生发放生活补助，补助资金 1122.875 万元。其中建档立卡户 2016 年春 829 人，金额为 49.9 万元，2016 年秋 981 人，金额为 59.2 万元。中等职业教育国家助学金，2016 年免学费 4532 人，免除金额为 453.2 万元，其中建档立卡户为 200 人，金额为 20 万元。普通高中助学金 2016 年资助 5926 人，资助金额 593 万元，其中建档立卡户为 1123

① 《红安县教育精准扶贫实施取得初步成效》，http://www.redhongan.com/p/24319.html，2017 年 1 月 11 日。

人，资助金额为138.875万元。高中免学费，2016年春639人，金额为43.2万元，2016年秋655人，金额为49.9万元。大学生生源地信用助学贷款工作，2016年为5294名家庭贫困大学生办理了生源地信用助学贷款3826.9万元。

2017年国家资助资金落实情况：学前教育，2017年春资助贫困家庭幼儿918人，金额为45.9万元。2017年秋资助贫困家庭幼儿1634人，金额为81.7万元。义务教育阶段，2017年春，为5645名中小学校寄宿生发放生活补助资金341.675万元。其中建档立卡户小学生159人，金额为7.95万元，初中生847人，金额为52.9375万元。2017年秋，发放贫困寄宿生生活补助3562人，金额为214.3万余元，其中建档立卡户小学生185人，初中生1583人，合计金额100.4万元。中等职业教育国家助学金，2017年春免学费2336人，免除金额233.6万元，其中建档立卡户为159人，金额为15.9万元；2017年秋免学费1829人，共182.9万元，其中建档立卡户352人，金额为35.2万元。普通高中助学金工作，2017年春资助人数为2683人，资助金额为269万元，其中建档立卡户为582人，资助金额72.75万元，2017年秋资助人数为1785人，资助金额为205万元，其中建档立卡户为702人，金额为105.3万元。高中免学费，2017年春659人，免除金额近50万元，2017年秋768人，免除金额62.748余万元。大学生生源地信用助学贷款工作，2017年为5563名家庭贫困大学生办理了生源地信用助学贷款4138.4万元。大学生新生入学项目资助，2017年共为321名大学生办理了路费资助，资助金额21.4万元。

2018年春国家资助资金落实情况：学前教育，2018年春资助贫困家庭幼儿700人，金额为35万元。义务教育，2018年春为3563名中小学生发放了寄宿生生活补助资金214.2万元，其中建档立卡户1768人，金额为110.5万元。中等职业教育国家助学金政策，2018年春免学费2678人，免除金额 267.8 万元，其中建档立卡户 497 人，金额为 49.7 万元，发放助学金 1778 人，金额为 177.8 万元，其中建档立卡户 353 人，金额为 35.3 万元。普通高中助学金，2018 年春资助人数为 1785 人，资助金额为 205 万元，其中建档立卡户 702 人，资助金额 105.3 万元。高中免学费，2018 年春免除学费人数 856 人，免除金额 70.04 万元。

第二，县政府拨付资金资助方面。按照精准扶贫不落一人的要求，除国家资助政策已覆盖的贫困户以外，从 2017 年春开始覆盖所有贫困户子女，红安县人民政府结合上级扶贫要求，拨付资金，解决实现了建档立卡贫困户子女资助全面覆盖。

2017 年政府资金资助情况：其中学前资助，2017 年春 1812 人，2017 年秋 696 人，合计资金 125.4 万元；小学生资助，2017 年春 5097 人，2017 年秋 5110 人，合计资金 510.35 万元；初中生资助，2017 年春 1834 人，2017 年秋 1864 人，合计资金 229.19 万元。

2018 年政府资金资助情况：2018 年春，地方政府整合资金 486.475 万元，实现建档立卡贫困户子女资助全面覆盖。其中学前资助，2018 年春 2145 人，合计资金 107.25 万元；小学生资助，2018 年春 5612 人，合计资金 280.6 万元；初中生资助，2018 年春 1578 人，合计资金 98.6 万元。

第三，免费乘坐校车方面。2016 年惠及 707 人，资金为 79.8 万元；2017 年春惠及 946 人，资金为 52.2 万元，2017 年秋惠及 2875 人，资金为 176.464 万元；2018 年春惠及 2633 人，资金为 170.285 万元。

第四，社会资助资金方面。2016 年全年争取社会爱心人士和团体共资助金额 319.28 万元（其中泛海集团资助红安县应届毕业生 185 人，每人 5000 元，合计 92.5 万元；惠农公益基金会资助红安县贫困艺术生 9 人次，每人次 4 万元，合计 36 万元；省政协资助红安县学生 163 人次，含物资合计 39.34 万元），资助学生 842 人次。

2017 年全年争取社会爱心人士和团体共资助金额 361.1 万元。其中泛海集团资助红安县应届毕业生 15 人，每人 5000 元，合计 57 万元；惠农公益基金会资助红安县贫困艺术生 10 人次，每人次 4 万元，合计 40 万元；必林、惠芳基金资助红安县贫困生 20 人次，每人次 5000 元，合计 10 万元；省政协资助红安县学生 53 人次，含物资合计 21 万元；张培刚基金会资助红安县 30 人，金额 10 万元；县政协爱心协会资助红安县学生 40 人，金额 16 万元。

2018 年春争取社会爱心人士和团体共资助金额 36 万元。其中顺丰公益基金会资助红安县高中生 100 人，每人 3200 元，合计 32 万元；爱心人士李鹏资助红安县贫困学生 20 人，每人次 2000 元，合计 4 万元。

2. 贫困村薄弱学校改造全完成

2015—2018 年春，红安县教育局通过积极争取、多方筹资，共投入资金约 3 亿元，实施了义务教育全面改薄、学前教育发展建设、农村教师周转宿舍、普通高中改造、职业教育提升计划等五大工程，新建及维修改造校舍总建筑面积约 15 万平方米。其中幼儿园投入约 3500 万元，实现了乡镇中心幼儿园全覆盖，并覆盖部分新农村小集镇片区，实现农村幼儿就近入学。义教教育阶段学校投入约 2.2 亿元，薄弱学校基本办学条件有效改善，均衡化教育基本实现，城镇学校布局逐步完善。高中、中职学校投入约 5300 万元，硬件建设全面提升，普职比日趋合理。

3. 贫困村学校教师补充、交流全到位

在教师补充方面：自 2015 年以来，红安县教育局根据鄂政办发〔2015〕68 号文件精神，建立完善了“总量平衡、退一补一”的教师常态化补充机制。通过省招机制招聘农村义务教育阶段学校新机制教师 238 人，通过县本级招聘机制公开招聘各学段教师 330 名，其中农村幼儿教师 150 名，农村小学教师 156 名，高中及职教系列教师 21 名，特殊教育学校教师 3 名。

在教师交流方面：自 2015 年以来，一是安排城区学校 102 名优秀教师到农村学校交流轮岗；二是为加大新机制教师培养力度，安排农村义务教育阶段新机制教师 102 人到城区学校跟岗学习；三是继续加强城乡教师交流，安排县域内城乡教师 468 人交流结对，镇域内教师 750 人交流轮岗。

4. 贫困村教师素质提升全覆盖

自 2015 年以来，通过“国培计划”和省级培训统筹，以“乡村教师紧缺学科培训”“乡村教师访名校”“优秀班主任培训”“学科培训者培训”等项目为重点，加大对贫困村 27 个学校（幼儿园）467 名教师的培训力度，868 名教师全部参加了县级各类专题的集中培训，优先选送 15 名幼儿教师到北京等地进行高端培训，有 4 名园长进行了园长培训，有 5 名教师参加了迪士尼英语口语培训，有 3 人参加了爱飞翔培训，有 219 名村小教师参加了乡村教师访名校（北京）活动，每个村学校选派一人参加了全科教师培训，20 名教师分别参加了省市级戏曲进校园、信息技术、卓越工程、种子选手培训等项目，让贫困村教师开阔了眼界，实现了专业发展全面提升师德师能水平。

5. 贫困家庭技术培训全免费

充分发挥职业教育扶贫优势，统筹各类资源，对精准扶贫村贫困户居民免费开展职业技能和实用技术培训，帮助贫困家庭成员拥有一技之长。

自 2015 年以来，县职教中心陆续投入资金 75 万余元，为在红安县就读高二、高三的 1991 名贫困学生免费开展职业技能和实用技术培训。同时围绕培养就业创业能力，坚持以技能操作为重点，主要开设红色文化、计算机、农村实用技术、现代农业等专业。共计培训 1814 人次，努力帮助贫困家庭成员掌握一门技术。

所有培训实行“五免一补”：免培训费、免教材资料费、免伙食费、免住宿费、免费办理职业技能鉴定等级证，补助交通费。同时加强贫困家庭毕业生就业创业引导帮扶，充分发挥大学生就业创业孵化基地作用，开展针对性强的职业规划指导，优先推荐和帮助建档立卡户子女上岗就业、创业，努力实现“培训一人、就业一个、脱贫一家”目标。

6. 贫困村教师入户帮扶全落实

将教育扶贫访万家与新一轮的万名教师访万家活动紧密结合。全县教师结对帮扶义务教育阶段的8960名建档立卡贫困学生，为此放弃节假日休息时间上门服务，与家长交流学生学习情况，宣传教育扶贫政策，并且主动利用课后、周末的时间为贫困家庭孩子补习功课，培优补差，让他们在学习上不掉队，在学校里更自信。

7. 贫困村教育驻村工作全满意

自2015年开展驻村工作以来，全县教育系统50个驻村工作队坚持“五天四夜”工作制，主动配合当地村组，认真开展各项扶贫工作。驻村工作队队员扎根农村，潜心工作，帮助村部整理党建资料，积极进村入户主动帮扶，为当地百姓宣讲扶贫政策，精心开好“三会”，全面落实相关项目建设。各村的环境治理、亮化工程、文化广场及通村公路扩宽等基础设施建设，得到了明显改善，在推进城乡义务教育均衡发展、优化各类教育资源布局方面成效颇丰。

（三）教育扶贫的典型案例

红安县弘学教育基金会是经县民政局批准成立，县教育局管理指导的公益性社团组织。自2017年9月8日正式成立以来得到审批机关民政局和主管机关教育局的高度重视，基金会秉承“扶贫助学，奖教奖学”的办会宗旨，广泛吸纳社会各界捐赠款物，扎实开展工作，接受社会监督，产生了良好的社会影响和社会效益，为红安教育事业持续强劲发展提供了有力支持。[①] 该基金会在 2018 年的主要工作有：

第一，在资金方面，截至 2018 年 12 月底，基金会已累计接受各类捐赠 1450 余万元，其中 2018 年新增爱心人士和企业捐赠约 678.4 万元（含惠芳基金 20 余万元，必林基金 4.5 万元），2018 年度累计捐出金额约 302.4 万元（其中扶贫助学 150 余万元，惠及师生 200 余人；奖教奖学 78 余万元，惠及师生数百人；定点捐出 92 万元）。

第二，成功组织了“惠芳扶贫助学十周年”座谈会，并举行了第十届该基金扶贫助学发放活动。

第三，整合惠芳扶贫助学基金和必林助学基金，两支基金并入弘学基金统一管理，并对两基金会进行了换届选举，产生了新一届的组成人员。

第四，组织了城乡和住房建设部门党员干部助学，伊利学生奶助学，全县优秀教育干部，模范班主任，优秀教师奖励，第三届、第四届永智基金和第四届华培基金的评审和发放仪式，以及虎门商会、北京爱尔公益基金、必林基金、济南军区善后办爱心助学、广空红安战友会、谈笑爱心基金助学湖北峰海置业公司“红安一中清北工程”奖教等十余次公益活动，有效地激励了广大师生的工作、学习热情。

第五，入户走访调查受助学生家庭近百户，涉及七里、城关、华河、二程、上新集、八里、水河、火连畈等乡、镇（场），确保资助对象的真实性、准确性，为精准扶贫工作打下良好的基础。

第六，成功与教研室联合组织开展了首届“弘学杯”教学比武（初中综合实践活动说课比赛、全县青年教师读书比赛）。

第七，根据教育局党组会议纪要〔2018〕2 号精神，弘学基金会在确保资金安全的前提下，开展保值增值业务，收到一定成效。

---

① 红安县教育局：《红安县弘学教育基金会简介》，http://www.jyj.hazf.gov.cn/10081060/10142886.html，2018 年 5 月 10 日。

第八，受虎门商会邀请，开展了红安教育与虎门商会的联谊活动，进一步增进了虎门商会与红安教育的感情，同时还走访了部分红安籍广东商界精英，扩大了红安教育在商界的影响。

第九，加强基金会的宣传推介工作，在教育局网站开辟了“弘学基金”网页，组织编印了《弘学》画册，扩大了基金会的社会影响。

2019 年，弘学基金会继续积极配合教育局做好脱贫巩固提升工作，加强对重点贫困户、贫困学生的认定和跟踪帮扶。继续认真做好惠芳基金、必林基金、永智基金、华培基金等的评审、发放工作，基金会的宣传推介工作，为基金会的发展壮大，做大做强基金盘子，为红安教育发展做出了很大贡献。[①]

四、教育扶贫的成果巩固

经过红安人民的共同努力奋斗，2018 年 8 月 7 日，湖北省政府批准红安县退出贫困县。红安县教育局将在保持脱贫攻坚现有成效的基础上，继续加大对剩余人口的帮扶力度，精准投入，集中力量继续做好脱贫成果后续巩固提升工作，为教育发展提供支撑和保障，切实阻断贫困代际传递的根源，确保教育扶贫工作持续、稳步推进。

在巩固脱贫成效方面，红安县教育局继续贯彻落实各级党委政府关于脱贫攻坚的指示精神和决策部署，继续深入做好教育扶贫相关工作，制定了《红安县脱贫攻坚巩固提升工作安排的通知》，继续加大力度、加大投入、全面覆盖、精准发力，巩固教育扶贫成果，确保做到不让一个贫困家庭子女因贫失学，确保国家教育扶贫政策继续惠及每一位红安县贫困户子女。

---

① 红安县弘学教育基金会：《2018 年工作回顾与 2019 年工作思路》。

1. 持续开展资助工作

第一，继续推进家庭经济困难学生精准资助。完善了资助对象的评定标准，建立了与民政局、残联和扶贫办联动的学生资助监管体系，做到精准识别、精准救助。建立了家庭经济困难学生的学前教育、城乡义务教育、普通高中教育资助体系，实施中等职业技术学校学生国家免学费和助学金政策，推进大学生生源地信用助学贷款工作，构建国家、地方、社会三结合的资助体系。地方政府 2018 年度整合资金 700 余万元，弥补国家资助资金的不足，保障每个学生不因家庭经济困难而失学、辍学。

第二，继续实施义务教育阶段贫困家庭子女免费乘坐校车政策。红安县结合实际，2018 年度继续实施“政府主导、属地管理、部门配合、市场运作、公司运营、财政补贴”的校车运营模式，对校车实行政策支持和财政补贴，并列入财政预算，将校车随车照管员列入公益性岗位，筹措资金 200 余万元用于建档立卡贫困子女免费乘坐校车的补贴。

第三，推进农村义务教育学生营养改善计划。建立了学生营养状况监测跟踪系统，制定了食堂物资采购制度，加快红安县农村义务教育学校食堂等生活配套设施建设，加强食品安全管理，切实提高学生的健康水平。

2. 继续完善基础设施

进一步改善办学条件，根据红安县贫困村自然环境、适龄人口分布等情况，修订完善幼儿园建设发展规划。按照“政府主导、社会参与、公办民办并举”的原则，大力支持贫困村的公办及民办普惠性幼儿园建设，建设了一批示范幼儿园，引领当地学前教育健康快速发展。统筹规划标准化学校建设，城镇义务教育扩容改造、农村义务教育薄弱学校改造计划等项目资金到位，改善了红安县义务教育学校基本办学条件，进一步缩小了义务教育校际间、城乡间差距，完成“全面改薄”任务。重点加强了红安县贫困村图书馆（室）、实验室、体育场所建设和教学仪器设备配备，完善了音体美学科教学器材的采购、管理、使用等工作，改善了红安县贫困村特殊教育学校和接受残疾学生“随班就读”学校的办学条件。

3. 依法推进控辍保学

做好做细做准义务教育阶段贫困学生不在校信息核查与劝学工作。针对学生因家庭经济困难或厌学导致的辍学和流失问题，坚持进村入户摸底，坚持一个不漏无盲区。各校对认领的贫困生不在校名单逐一核查去向，分类填表造册，做到科学查证、证据确凿，信息真实准确无偏差。

各学校在春、秋季开学之际广泛开展宣传《义务教育法》，抓好对贫困生的劝学工作，加强教育执法，依法推进控辍保学。校长为第一责任人，分管副校长为主要责任人，做到责任到位，监管到位。开发符合实际需要的地方课程、校本课程和综合实践活动，激发学生的学习兴趣，避免学生因厌学而辍学。

4. 加强教师队伍建设

深入贯彻落实《乡村教师支持计划（2015—2020 年）》，加强贫困地区教师队伍建设，努力缩小城乡师资水平差距，让每个孩子都能接受公平、有质量的教育。

实施了农村教师公费定向培养计划。面向农村学校培养具备“语数外通吃，体音美全扛”的全科素养、能承担多门学科教学任务的小学全科教师，解决了“教得好”和数量不足的问题，建立了一支数量充足、素质良好、结构合理、相对稳定的本土化乡村教师队伍。安排了城乡教师轮岗交流，加大了新机制教师培养力度，建立了农村义务教育阶段，教师到城区学校跟岗学习的机制，安排了县域内城乡教师交流结对，镇域内教师交流轮岗。

通过“国培计划”“省培计划”向贫困地区中小学校倾斜，开展了贫困地区教师校长培训，提升了贫困地区教师能力素质。加强师德教育，着力提升贫困地区教师思想政治素质和职业道德水平，增强教师教书育人的荣誉感和责任感。实施了中小学教师信息技术应用能力提升工程，重点向贫困地区倾斜。

落实了贫困地区中小学教师工资待遇政策和社会保障政策，实施了集中连片特困地区乡村教师生活补助政策，形成了“越往基层、越是艰苦、待遇越高”的激励机制。建立了乡村教师荣誉制度，按照有关规定，对在乡村学校长期从教的教师予以表彰。

5. 完善教育信息化建设

利用信息技术，实现了优质教育教学资源向农村偏远地区覆盖，推进了农村学校教育信息化进程，促进了区域内义务教育均衡发展。组织实施了以农村中心小学为主校的“网络联校”计划、教师信息技术应用能力提升工程、村级学校提质工程，以此全面促进区域内义务教育均衡发展。

6. 做好驻村结对帮扶

继续做好驻村结对帮扶跟踪推进工作，尤其对新增贫困户加强政策宣传。“治贫先治愚，扶贫先扶智”，红安县各级各类学校（含幼儿园）建立健全了教师与建档立卡等家庭经济困难学生结对帮扶工作机制，做到不让一名学生因为家庭经济困难而影响学习。学校成立了结对帮扶工作领导小组，校长带头，行政人员分组带队，组织教师深入到建档立卡贫困学生家庭摸底，了解情况，做好贫困生建档工作，确保不遗漏一个帮扶贫困学生。

7. 加大扶贫资金保障

进一步加大了教育扶贫资金保障力度。加大教育经费统筹，财力向重点贫困地区倾斜，改善了重点贫困地区学校的薄弱环节、基本办学条件，加大了贫困家庭助学补助力度。进一步完善了教育经费保障机制，加强了教育扶贫资金的使用监管，提高资金使用效益。坚决查处挤占挪用、截留和贪污教育扶贫资金行为。

第八章 驻村帮扶：万名干部包保、千名干部驻村

2015 年 11 月 29 日，《中共中央、国务院关于打赢脱贫攻坚战的决定》确立了精准扶贫、精准脱贫的基本方略，强调要“选派思想好、作风正、能力强的优秀年轻干部到贫困地区驻村，……根据贫困村的实际需求，精准选配第一书记，精准选派驻村工作队……加大驻村干部考核力度，不稳定脱贫不撤队伍”[①]，突出了精准扶贫工作中“驻村帮扶”的重要意义。截至 2015 年年底，全国各地已向贫困村派出 12.79 万个工作队，驻村干部 48 万人，基本实现驻村工作队对贫困村、贫困户的全覆盖。[②] 干部驻村帮扶是中国共产党群众工作和基层工作的优良传统，由各级政府选派干部组成工作队实施驻村帮扶，是我国精准扶贫工作取得重大实效的有力举措之一。

一、驻村帮扶的历史沿革与现实意义

如果将精准扶贫比喻为“滴灌”，驻村帮扶则是实现精准扶贫的“管道”。实质上，被称为“管道”的驻村帮扶，[③] 是我国长期扶贫工作中早已

① 《中共中央、国务院关于打赢脱贫攻坚战的决定》，《光明日报》2015 年 12 月 8 日，第 7 版。
② 《全国 48万干部驻村帮扶贫困村》，http://www.country.cnr.cn/gundong/20151026/t20151026_520280623.shtml，2015 年 10 月 26 日。
③ 彭国华、李林宝：《为精准扶贫建好管道：访国务院扶贫办党组书记、办公室主任刘永富》，《人民日报》2014 年 6 月 22 日，第 5 版。

存在的实践举措，具有重要的现实意义。

驻村帮扶是提高精准扶贫有效性和针对性的重要举措，有利于打通政策落实的“最后一公里”，把党和政府各项强农、惠农、富农政策更好地惠及贫困群众。红安县作为“中国第一将军县”有着深厚的革命传统。在革命战争年代，红安“铜锣一响，四十八万；男将打仗，女将送饭”；在新时代，继续大力发扬“朴诚勇毅、不胜不休”的红安精神，举全县之力推进脱贫攻坚。

驻村帮扶是实现内源扶贫的必要手段，有利于激发贫困群众的内生动力。红安县农村青壮年劳动力大多在外务工，“三农”人才匮乏，贫困户老弱病残居多，思想观念相对陈旧，自主发展的内生动力不足，受人力、技术、资金、思路等方面限制，自主发展产业的能力有待进一步提升。驻村帮扶工作能够化解这一困境，将扶贫与扶志、扶智并重，将“输血”与“造血”有机结合，充分调动和激发贫困户的内生动力，实现持久脱贫。

驻村帮扶是夯实基层基础、密切党群关系的有力举措，有利于增强政治信任和政治认同。驻村帮扶工作既是一项政治任务，更是一项民心工程。红安县把驻村帮扶作为夯实基层基础、实现精准脱贫的重要抓手，全面开展“万名干部包保、千名干部驻村”活动，组织党员干部包保贫困户，抽调优秀干部组建驻村工作队和督查队，做到乡有督查队、村有工作队、户有帮扶人，采取召开场子会、上门走访、共进晚餐、慰问帮扶等办法，实打实地为群众办好事、解难事，赢得了人民群众对党的爱戴和拥护。同时随着工作队工作的不断深入，村庄的党组织建设也得到加强，村民自治制度得到进一步的规范，更加增进人民群众对党的政治信任，增强政治认同感，他们在平时的工作、生活中积极配合国家的精准扶贫工作，使得精准扶贫政策更好地落实到位。

驻村帮扶是培养锻炼干部尤其是青年干部的重要途径，有利于形成求真务实、艰苦奋斗的工作作风。红安县坚持好人好马上前线，党员干部齐上阵，人人肩上有责任，树立“干部考核看扶贫、干部任用看脱贫”的导向，并多次召开扶贫干部业务专题培训会、产业扶贫推进会，提高驻村干部的帮扶能力。由此可见，基层是培养锻炼干部的大舞台，也是磨炼作风、提高素质的大考场，对于青年干部增长领导才干、积累实践经验、加快政治成熟至关重要。贫困村是驻村工作队的扶贫场域，投身驻村帮扶的干部唯有做到下得去、待得住、干得好，才能实现学得到、上得来。干部通过驻村帮扶，也能够深入了解群众需求，相应改进工作方式方法，在实践中广泛汲取群众智慧，丰富实践经验，提高从事实际工作、解决实际问题的能力，形成求真务实、艰苦奋斗的工作作风，做到荣誉面前不争功、利益面前不计较、困难面前不躲闪、责任面前不推卸，真正做出经得起实践、人民和历史检验的业绩。

二、驻村帮扶的政策安排与实践举措

（一）政策安排

2013 年 12 月 18 日，中共中央办公厅、国务院办公厅印发《关于创新机制扎实推进农村扶贫开发工作的意见》，提出把健全干部驻村帮扶机制作为六项扶贫开发工作机制创新之一，要求在各省（自治区、直辖市）现有工作的基础上，普遍建立驻村工作队（组）制度，确保每个贫困村都有驻村工作队（组），每个贫困户都有帮扶责任人。2015 年 11 月 29 日，《中共中央、国务院关于打赢脱贫攻坚战的决定》再次强调选派思想好、作风正、能力强的优秀年轻干部到贫困地区驻村，根据贫困村的实际需求，精准选配第一书记，精准选派驻村工作队。

湖北省积极贯彻落实党和国家的大政方针，随后出台一系列有关驻村帮扶的政策文件和通知办法，包括：2015 年 11 月 23 日，湖北省扶贫办印发《2015—2017 年全省贫困地区干部和扶贫干部培训规划》，指出把贫困地区干部和扶贫干部培训工作放入经济社会发展的大局，进一步增强贫困地区干部和扶贫干部的政治责任感和使命感，提高组织实施精准扶贫的综合素质和能力水平；2016 年 4 月 5 日，湖北省扶贫攻坚领导小组办公室印发《湖北省脱贫攻坚规划（2016—2020 年）》，指出创新驻村帮扶机制，打通精准扶贫滴灌管道，其中详细论述工作队要将精准扶贫与新农村建设紧密结合，突出"三帮一扶"的工作重点，落实驻村帮扶包保责任制，建立帮扶长效机制，完善驻村工作队管理办法，实现驻村帮扶规范化、制度化、长期化。

根据国家政策意见和湖北省通知办法，红安县结合县域实际情况，设计出台了切实可行的政策和行动方案，具体包括：2017 年 5 月 12 日，为贯彻落实党中央决策部署，按照省委、市委坚决打赢精准脱贫攻坚战的工作安排，红安县以电视直播的方式召开万人会议，全面启动"万名干部包保、千名干部驻村"活动（以下简称"万千活动"），掀起新一轮脱贫攻坚工作的高潮。截至 2018 年年底，共组织 9724 名党员干部包保 39426 户贫困户，抽调 1398 名优秀干部组建 399 个驻村工作队和 12 个督查队，做到乡有督查队、村有工作队、户有帮扶人。2017 年 5 月 22 日，红安县根据《关于对全省干部驻村帮扶工作存在问题进行专项整改的通知》要求，按照"坚持问题导向、坚持精准施策、确保责任落实、确保脱贫质量、确保整改到位"的原则，整改干部驻村帮扶存在的问题，切实提高干部驻村帮扶工作水平，提升群众满意度。6 月 14 日，红安县根据省、市扶贫攻坚领导小组《关于进一步激发内生动力加快精神脱贫行动方案》要求，从进一步巩固脱贫攻坚成果、率先在大别山革命老区全面建成小康社会的高度，制定印发《红安县关于进一步激发内生动力加快脱贫致富奔小康实施方案》，坚持开发式扶贫方针，按照“精准扶贫、不落一人”的总要求，充分发挥政府主导、部门联动、工作队主抓、村“两委”主动的政治优势和组织优势，走基层、访贫困户、加措施、强带动、挖潜力、激活力，把贫困群众摆脱贫困的精神撑起来、信心树起来，形成脱贫光荣的良好氛围，为打赢脱贫攻坚战奠定坚实基础。

2018 年是全面贯彻落实党的十九大精神的第一年，是扶贫领域作风建设年，也是红安县巩固脱贫成果的第一年。为了全面贯彻落实党的十九大精神，深入践行习近平新时代中国特色社会主义思想，巩固脱贫成果，提高脱贫质量，2018 年 1 月 13 日，红安县印发《红安县 2018 年巩固脱贫成果实施方案》，其中提到强化驻村帮扶，制定红安县驻村工作队管理办法和考核方案，进一步明确驻村工作队工作任务，加强日常管理，加强考核激励，充分发挥驻村工作队的帮扶引领作用，同时调整配强驻村第一书记。2018 年 12 月 13 日，红安县扶贫攻坚领导小组出台《关于打赢脱贫攻坚战三年行动方案》，提出党建促脱贫工程，实施“红色头雁”工程，派强用好第一书记和驻村工作队，坚持选派过硬的优秀干部参加驻村帮扶，加强考核和工作指导，并注重在脱贫攻坚一线考查识别干部，对在脱贫攻坚中工作出色、表现优秀的干部优先提拔重用。

2018 年 5 月 3—5 日，全国驻村帮扶工作座谈会在湖北省孝感市召开，黄冈市委常委、红安县委书记余学武在会上交流了红安县驻村帮扶工作经验，介绍红安驻村帮扶工作的突出特点和典型经验。红安县驻村帮扶工作在全国有影响、在全省当示范，走出了一条具有红安特色的精准扶贫精准脱贫工作的新路。

（二）实践举措——“万千活动”

新一轮脱贫攻坚以来，红安县认真贯彻习近平总书记关于扶贫工作的重要论述，把驻村帮扶作为夯实基层基础、实现精准脱贫的关键一招，发扬万众一心、为党为民、朴诚勇毅、不胜不休的红安精神，统筹各方资源，精锐出战，倾情帮扶，为决战决胜精准脱贫提供强力支撑，为决胜全面建成小康社会提供坚强保障。

自2015年以来，中共红安县委认真贯彻中央和省、市关于精准脱贫的决策部署，按照“六个精准”中因村派人精准的要求，根据贫困村实际，先后精准选派调整151名县乡机关干部到村任第一书记，组建399个驻村帮扶工作队，1398名驻村工作队队员驻村参与帮扶。2017年年初，红安县通过“春季攻势”调研找短板，对照考核指标找差距，组织专班赴兰考、井冈山考察学习找思路，先后召开十多次专题会议综合分析、反复研判，非常之时必用非常之法，围绕全面进步、全面过硬、全面落实、全面满意的“四全”目标，采取非常规措施，把最优秀的党员干部资源向一线集中，开展“万名干部包保、千名干部驻村”活动，集中优势兵力打攻坚战，推动干部向扶贫一线集中，资源向扶贫一线聚集。2017年5月12日，以电视直播的方式召开万人会议，统筹整合干部力量，集中时间和精力，发扬红安精神，全面开展“万千活动”，奋力掀起以精准脱贫为统领的农村各项工作新高潮，具体实践举措包括以下几个方面。

1. 抽调精兵强将，确保选得准

坚持好人好马上前线。一是统筹整合，全面覆盖。把省市县各级下派的驻村工作队、第一书记、驻村乡镇干部三支队伍统筹使用，科学组建驻村工作队，对全县399个村实行全覆盖。驻村工作队队长原则上由第一书记兼任，重点贫困村不少于四名成员，其他村不少于三名。针对部分单位人员不足的情况，采取多单位人员整合的方式，由派出单位班子成员担任队长、副队长，加派单位人员为成员，齐心协力共抓扶贫。二是因村制宜，精准选派。坚持党委部门联弱村、政法部门联乱村、经济部门联穷村、产业部门联专业村，因村选人组队。将驻村帮扶作为锻炼干部的重要平台，调优配强 187 名工作队员，补充选派 61 名科级后备干部到软弱涣散村任第一书记。三是优中选优，加强督查。为把驻村帮扶工作落到实处，组建 12 个督查队，选配党性强、作风正、熟悉农村工作的正科级干部任队长，代表县委县政府督导、检查工作队驻村帮扶情况，并指导、监督乡镇抓好政策落实。督查队深入村组农户，开展巡回督办。例如，高桥镇督查队提出“十个一”要求：一本账、一套档、一口清、一根弦、一腔情、一身责、每周一例会、一个微信工作群、一个宣传册、每月一排名。八里湾工作督查队建立临时党支部，下设 22 个党小组，要求工作队员在扶贫工作中学习在前、执纪在前、实干在前。

2. 下足“绣花”功夫，确保干得好

工作队紧扣十项帮扶任务，带着责任、带着情怀、带着问题走村入户，夏战骄阳冬战雪，用心用情用力抓扶贫，努力做到脱真贫、真脱贫。一是当好脱贫攻坚的战斗员。围绕精准识别、精准帮扶、精准退出，全程参与五轮精准识别“回头看”，全面推进产业扶贫、健康扶贫、搬迁扶贫、教育扶贫、保障扶贫，打通政策落实“最后一公里”。例如，二程镇光山岗村贫困户韩建红，在驻村工作队的帮助下，自主成立种植养殖合作社，承包油茶山林、鱼塘，养殖土鸡、黄牛和山羊，目前合作社年销售收入达 30 多万元。他通过自身努力不仅成功脱贫，还带动光山岗村及周边村组的贫困户 32 户 84 人开展合作经营，走上了脱贫致富的道路。二是当好基层党建的指导员。坚持抓党建促脱贫，协助乡镇党委健全村级班子、建好阵地、增加集体收入，让党员动起来、支部强起来、群众富起来、农村美起来。督促推进村务公开，加强扶贫项目资金监管，预防扶贫领域不正之风和腐败滋生。三是当好美丽乡村的建管员。按照“扫干净、摆整齐、拆顺畅、配设施、保常态”的原则，深入开展“扫帚行动、厕所革命、整齐工程、文明创建”四大行动，全面加强美丽乡村建设。广泛发动群众、组织群众、依靠群众，推行“2+N”模式，解决农村“晴天一身灰、雨天一身泥，晚上出行黑灯瞎火”的问题。四是当好乡风文明的宣传员。指导驻点村制定新村规民约，建立村务监督委员会、村民理事会、卫生理事会、红白理事会和铜锣联防队。建立文化广场340个、百姓舞台180个，实现农家书屋、文化活动室、村村响广播全覆盖。先后开展精准脱贫“五专”宣传（专赛、专讲、专栏、专演、专访），扎实做好“精准脱贫在行动”、“10・17扶贫日”、驻村帮扶“三会一讲”（场子会、对接会、院子会，贫困户讲脱贫故事）等活动。积极开展文艺演出，“送戏下乡”300余场次。充分利用电视媒体开展“我脱贫我光荣”主题宣讲活动，讲好“脱贫故事”，树立了100名脱贫先进典型，充分激发了贫困户脱贫致富的主体意识。五是当好矛盾纠纷的调解员。采取上门走访、共进晚餐、慰问帮扶、参加“铜锣联防”等办法，实打实地为群众办好事、解难事，用实际行动架起了联系服务群众、凝聚民心民力的连心桥。

3. 建立战时体制，确保管得严

习近平总书记强调，扶贫干部要真正沉下去，扑下身子到村里干，同群众一起干，不能蜻蜓点水，不能三天打鱼两天晒网，不能神龙见首不见尾。红安县以全面从严治党为抓手，坚持一周一督办、一月一例会、一季一小结、半年一考核，做到真蹲实驻、真帮实扶。一是专业化培训。坚持任前有集训、每月有交流、全程有帮带，先后组织15轮集中轮训，让工作队员明白下去“干什么、怎么干”。二是信息化交流。红安县扶贫工作领导小组办公室建立覆盖所有扶贫队员的微信群，各工作总队建立各自的微信群、QQ 群。仅一周时间，扶贫队员微信总群和 QQ 总群中踊跃上传工作图文 20000 余幅，晒民情日记 10000 余篇，比工作、比作风、比干劲，驻村干部通过这些平台互相鼓励，交流经验，形成一种比学赶帮超的良好氛围。同时利用手机定位功能，各工作总队以不定时点名方式对队员驻村情况进行检查，被点名的工作队员用手机拍下工作现场照片，接受监督，一旦缺勤将会被点名通报。三是制度化管理。实行“五天四夜”驻村工作制度，挂牌上岗、亮明身份、明确职责。驻村帮扶期间，工作队员不承担原单位工作，人事关系、工资和福利待遇不变，组织关系转到驻点村，参加驻点村组织生活，做到全身心专职抓扶贫。四是常态化督查。中共红安县委向每个乡镇（场）派驻一个督查队，实行全天候督查。由纪委牵头，组织五个督办专班，采取全程督办、明察暗访、定期通报、约谈问责。县电视台每周通报驻村帮扶情况，对缺岗、脱岗的队员进行通报。五是倒查式问责。对驻村帮扶工作不落实、作风漂浮的，不但追究当事人的责任，而且追究派出单位一把手的责任。三年来，共问责工作队员 84 人，通报批评 570 多人次，约谈 460 多人次，责令书面检查 250 多人次，约谈单位党组负责人 30 多人次。

4. 强化激励保障，确保待得住

习近平总书记提出，贫困地区基层干部长期风里来雨里去，工作非常辛苦，要把热情关心和严格要求结合起来，充分理解、充分信任，格外关心、格外爱护。中共红安县委县政府认真贯彻习近平总书记的指示精神，在政治上激励、生活上关心、工作上支持、待遇上保障，确保帮扶队员下得去、待得住。一是干事有动力。对考核优秀、群众认可的工作队和队员进行表彰，符合条件的，优先提拔使用。其中任县直部门正职一名，有效激发了脱贫攻坚一线干部干事创业的动力。二是工作有保障。采取县政府统筹、派驻单位发放的办法，按每人每天 90 元的标准发放生活、交通补助。派驻单位也为驻村工作队队员在村里安置住宿，购置床、被子等生活必备用品，不给村里增加负担。由县政府安排 12 台公务车，保障督查队的工作需要。三是组织有关爱。县领导不定期到各村看望慰问工作队员，派驻单位一把手定期进行谈心谈话，了解思想动态，解决实际困难。县政府统一为工作队员办理驻村期间人身意外伤害保险，并组织免费体检。

在巩固提升阶段，红安县坚决贯彻落实《中共中央、国务院关于打赢脱贫攻坚战三年行动的指导意见》和《湖北省扶贫攻坚领导小组关于打赢脱贫攻坚战三年行动的实施意见》，把打好脱贫攻坚战作为重大政治任务，严格按照摘帽不摘政策、不摘责任、不摘帮扶、不摘监管的“一摘四不摘”要求，坚决落实各级党政一把手负总责的脱贫攻坚责任制，坚持和完善脱贫攻坚指挥部组织领导体系，保持乡镇扶贫办、扶贫专干、驻村工作队和包保干部稳定不变，进一步压紧压实脱贫工作责任，确保各项责任落实落地。

三、驻村帮扶的成效

红安县驻村帮扶工作紧密结合乡村振兴战略，压实主体责任，下足“绣花”功夫，持续推进巩固提升工作，建立健全长效脱贫机制，真正做到了工作力度只增不减、资金投入只增不减、政策支持只增不减。

（一）扎实推进精准扶贫方针政策的落地生根

驻村帮扶干部对标程序科学评定，严格精准识别，扣准第一粒“扣子”。坚持实事求是、群众认可的原则，按照“两不愁三保障”标准，量化、细化贫困评价体系。驻村工作队和村“两委”入户，按照“看房、看粮、看劳动力强不强、看家中有无读书郎、看家人有无病怏怏”的“五看”评定标准，通过农户申请、入户核查、民主评议、村级初选公示、乡镇确认公示、县级复审公告等程序，对贫困对象进行科学评定，登记造册，建立户档、村档，切实提高识别精准度和公信度，真正做到“卡外无真贫”。驻村工作队和包保干部踏实沉到基层一线，与贫困户面对面交谈，讲政策、找门路、算收入、鼓干劲全身心投入，真情实意帮扶，打通精准扶贫政策落实“最后一公里”。据统计，驻村帮扶干部共引导 2.9 万户贫困户发展扶贫产业，推荐就业信息 2357 条，新增就业贫困群众 1803 人；推动建设村级光伏扶贫电站 267 个，仅此一项，可实现 96 个贫困村集体经济年平均增收 5 万元左右，17648 户贫困户年均增收 3000 元左右；推动金融扶贫累计放贷 5.38 亿元，帮助 23423 个贫困户获得贷款支持，扶贫小额贷款覆盖率为 97.51%；提前一年完成易地搬迁任务，组织 3464 户贫困户喜迁新居，完成危旧房改造 7772 户。

（二）切实解决涉及群众生产生活的实际问题

红安县各驻村工作队深入开展“扫帚行动、厕所革命、整齐工程、文明创建”四大行动，帮助建设美丽乡村，为群众创造卫生舒适的生活环境。帮助村级修塘、修路、安装路灯、建公厕等，改善了群众生产生活条件，切实解决了涉及群众生产生活的实际问题。2017 年红安县群众信访量同比下降 30% 以上。驻村工作队与群众共坐一条板凳、同吃一锅饭，用真心真情赢得群众的好评，群众们表示：当年红军的好作风又回来了。有的自发给工作队送锦旗，有的给工作队送自家种的蔬菜。红安县人大机关驻天台山周家冲工作队围绕美丽乡村、文明创建工作，硬化文化广场 800 平方米，改造排水管网 100 米，铺设内径 1.5 米的排水管道，兴建文化大舞台，清理陈年垃圾，疏通排污渠道，整修水毁路段；发出倡议书，组织引导群众参加健身、文体活动，丰富群众的精神文化生活；每晚组织10人的“铜锣联防”小组进行联防联动，保障人民群众安居乐业。

（三）有效激发群众参与脱贫攻坚的内生动力

红安县驻村工作队坚持扶贫与扶志、扶智并重，通过精神扶贫激发贫困群众内生动力，摒弃“等、靠、要”思想，营造“扶贫不扶懒”的良好社会氛围，凝聚决胜脱贫攻坚战的强大合力和精神动力，实现持久脱贫。

一是开展扶志行动。红安县通过创办脱贫攻坚“农民夜校”“讲习所”等，加强群众思想、文化、道德、法律、感恩教育，弘扬自尊、自爱、自强精神。全方位、深层次总结推广脱贫典型，宣传表彰自强不息、自力更生脱贫致富先进事迹和先进典型，着力营造凝聚人心、鼓舞干劲、奋发作为的浓厚氛围。二是开展扶智行动。广泛开展农业实用技术培训、新型职业农民培训、就业技能培训和创业培训，落实就业援助和创业扶持政策，实现就业培训和就业政策落实全覆盖。加强农村管理人才、科技人才、实用人才队伍建设，培养一批懂农业、爱农村、爱农民的“三农”工作者。三是开展文明新风行动。坚持自治、法治、德治相结合，大力开展移风易俗活动，树立一批文明村镇和星级文明户，发挥村务监督理事会、村民议事会、红白理事会、卫生理事会、铜锣联防队“四会一队”等群众组织作用，大力宣传社会主义核心价值观，教育引导群众弘扬传统美德、树立文明新风。深入推进文化扶贫工作，提升群众的公共文化服务获得感。

（四）培养锻炼扶贫干部基层工作的实践能力

红安县结合“两学一做”学习教育，把“万千活动”作为联系服务群众的“直通车”、培养锻炼干部的“大课堂”和提升能力素质的“助推器”，努力做到干部在一线锻炼、作风在一线养成、政策在一线落实、问题在一线解决、成效在一线体现。例如，县国土局工作队干部家属成为扶贫工作队的“编外人员”，县信访局女干部李建莉带着药罐扎根驻点村，县司法局局长为扶贫工作队员送驱蚊用品……还有一些工作队员自己买菜到贫困户家中共进晚餐，开“场子会”，与贫困户交心谈心，党群干部关系更加密切了。群众的认同和信任也激励扶贫干部在脱贫攻坚路上走得更稳更远。

四、驻村帮扶的典型案例

红安县太平桥镇雨淋山村下辖8个村民小组（7个自然湾），距红安县城52公里，离镇政府8公里。雨淋山村面积3平方公里，耕地面积1069亩（其中水田909亩，旱地160亩），山林面积1950亩，水面面积160亩，其他面积1321亩。全村共400户1142人。村支部共建立4个党小组，现有中共党员48名，村干部3名，村级教学点1个。目前，雨淋山村村民收入主要以农业种养殖业、闲时务工为主。雨淋山村属低丘陵地带，自然湾土地贫瘠，耕地面积较少，自然资源匮乏，由于自然条件的限制，加之村民缺少致富信息和相关技能，仅依靠传统的农业种植模式，经济发展水平低下。除此之外，长期以来存在交通不便的问题也限制了村级集体经济发展，村民的生产生活受到极大制约，村集体年收入仅3万元。当前，村集体经济收入单薄，村民致富门路不多，产业发展匮乏，增收渠道单一。

红安县发展和改革局派驻太平桥镇雨淋山村工作队围绕党中央精准扶贫精神，根据县委、县政府精准扶贫工作要求，按照“万千活动”工作安排，在镇党委、政府的指导下，结合雨淋山村扶贫工作实际，开展了一系列活动，推进了精准扶贫各项任务的落实。

（一）精准识别重落实

驻村帮扶期间，驻村工作队深入学习领会习近平总书记关于扶贫工作的重要论述，学习掌握中央和省、市、县精准扶贫各项政策，并将精准识别认真落实到扶贫工作的方方面面，贯穿精准脱贫全过程。驻村工作队协助村“两委”对嫁娶、死亡和户口迁入迁出等相关情况进行筛查核实，并利用大数据进行比对确认，对2017年104户原有贫困户进行了调整，2018年贫困人口新录入8人，死亡删除3户6人，户口迁出2人，“踩红线”硬伤户删除1户4人。调整后的全村建档立卡贫困户共100户266人。

在精准识别的基础上，驻村工作队按照“八个一”的工作要求和每周“五天四夜”的工作机制，全面落实“一达标两不愁三保障”的帮扶工作要求，进湾入户，通过对贫困户和百姓群众进行面对面的座谈交流，宣传政策，摸清底数，有针对性地制定驻村扶贫工作计划。驻村工作队对2014年以来脱贫的农户进行全面摸排，在落实免费体检、教育扶贫、免费技能培训、旧房改造和产业扶贫五项基本政策的基础上，进一步巩固和提升2014—2015年已脱贫的59户贫困户的脱贫成果。针对2016—2017年新识别和纳入的41户贫困户，工作队和村“两委”在产业对接、公益岗位、旧房改造、小额贷款、自主创业和教育扶贫等方面为贫困户提供政策服务，落实相关扶贫措施，使贫困户2018年的实际收入均高于人均可支配收入3200元的国家脱贫线，实现了“一达标两不愁三保障”的目标。2018年2月底前完成了全村100户贫困户的社会扶贫网账号注册工作，宣传和推进本村爱心人士的注册工作，目前已注册爱心人士267人，同时大力推进爱心人士对贫困户的捐助对接工作，取得了良好的工作成效和社会反响。

（二）基层党建统思想

驻村工作队夯实基层组织建设，提升服务群众能力。自驻村帮扶工作开展以来，工作队协调村“两委”完善更新党群服务中心建设。设立党务、村务和财务公开栏，每季更新一次。工作队主动参与村党支部每月的“支部主题党日”等党支部活动，全面推动和落实“两学一做”学习活动常态化、制度化以及“三会一课”制度。结合党建工作，工作队协助村“两委”大力推动和落实精准扶贫的政策宣传和普及，引导贫困户逐步摆脱思想贫困、精神贫困，通过精神扶贫激发其内生动力，提升群众对精准脱贫工作的知晓度和满意率，使得党群、干群关系更加密切融洽，乡村风气更加文明和谐。

（三）产业扶贫打基础

产业扶贫是助推贫困群众脱贫增收的长远之策，驻村工作队整合各方资源，通过培育特色品牌、开展产业扶贫招商，为贫困群众长远发展增动力、添活力。截至 2018 年年底，德青源养鸡入股分红带动雨淋山村贫困户 58 户，每户年分红 200 元；瑞森种植养殖专业合作社和种植户胡冬喜油茶基地带动 23 户，每户每年分红 1000 元；华缘农场带动 1 户年分红 4000 元；自主养鸡 1 户，补贴资金 2000 元；自主水产养殖 6 户 40 亩，每亩补贴 600—1200 元，补贴资金共 3.36 万元；光伏扶贫 24 户，年增收 3500 余元，极大提高了贫困户的“造血”能力，增强了持续发展的后劲。

（四）村级经济谋发展

驻村工作队于 2017 年 6 月协调村“两委”引入和发展了湖北红安联博农业发展有限公司的 400 亩青茶种植项目，充分发挥了与新洲凤凰镇临近的地理优势和人脉资源，吸纳和带动了贫困劳动力通过就业脱贫。同年7月，引入并发展了新洲宏博泰茶叶公司到雨淋山村种植茶叶项目，规划新建了150亩的茶业基地，为市场主体在本村发展茶业种植创造了良好的经营环境，推动村级茶业种植产业发展。利用“三乡工程”的政策契机，鼓励在外能人回乡创业，引入在外能人张应梦回乡创立了红盛达食品有限公司，从事豆制品加工生产，年产值达到30万元，带动5户贫困户从业，进一步提高农户经济收入。除此之外，驻村工作队和村“两委”大力发展特色产业和现代农业，吸纳和带动更多有劳动力的贫困户参与其中，全面提升就业贫困户的家庭收入和村集体经济收入，为2020年实现全村集体经济收入达到10万元的目标打下了坚实的物质基础。

（五）村湾环境促改善

2018年，驻村工作队协调村“两委”完成了村部老年活动中心建设，改扩党员群众活动服务中心700平方米，新修文化广场和百姓大舞台1800平方米等卫生文体公共设施，完成便民小道1760米，安装太阳能路灯50盏、节能灯100盏，修扩当家塘9口，厕所11座，极大改善了村内基础设施。大力引进社会资本及在外能人参与改造村内现有厕所和垃圾池。在严家咀、郭家田和邱家田湾当家塘的驳岸实施改建和清淤工程，推动落实郭家田至郭家秀、邱家田湾内400米和大湾至小湾1000米的通组连湾道路硬化，开展谢家井边红角冲水库扩建等农村基础设施建设工作，并向上争取更多项目资金支持。各项工作的全面落实切实改善了群众的生产生活环境，村容村貌焕然一新，为推进精准脱贫创造了良好的生态和人文环境。

五、驻村帮扶的经验启示

红安县在精准扶贫驻村帮扶工作中，坚持立足县情，实事求是，勇于改革创新，大胆探索实践，走出了一条具有红安特色的驻村帮扶新路，得到了国务院扶贫办和省扶贫办的极大肯定，并在全国驻村帮扶座谈会上作经验交流，为其他省市开展驻村帮扶工作提供了有益参考和经验积累。

（一）创新帮扶模式，确保压实帮扶责任

随着精准扶贫全面深入推进，驻村帮扶工作的重要性日益凸显，对建档立卡户复核，贫困村和贫困户帮扶规划的制定实施，脱贫攻坚工作考核，统筹整合财政涉农扶贫资金的实施，贫困村和贫困户的有序退出，巩固脱贫成果等精准扶贫、精准脱贫工作起着“探头”作用。然而千招万招，责任不落实就是空招、虚招。红安县按照工作目标化、目标项目化、项目责任化、责任成果化的思路，将脱贫攻坚巩固提升责任压实到领导、任务分解到部门、帮扶落实到工作队。扎实开展以精准脱贫、基层党建、文明创建、美丽乡村、平安乡村“五位一体”为主的“万千活动”。全面推行“五天四夜”驻村帮扶模式，工作队员每周在驻点村工作五个白天，住四个晚上，当好脱贫攻坚战斗员、基层党建指导员、美丽乡村建管员、乡风文明宣传员、矛盾纠纷调解员“五大员”，与贫困群众同吃同住同劳动。

在创新帮扶模式的基础上，红安县严格落实扶贫巩固提升工作责任制，细化工作任务，分解责任到人，压实村党支部主体责任、工作队帮扶责任、工作总队督办责任，做到情况明、数字准、责任清、作风正、工作实，带着感情、带着责任积极参与、主动作为，努力实现全面进步、全面过硬、全面落实、全面满意的“四全”工作目标，确保各项责任落实落地。

（二）转变工作作风，坚持人民主体地位

转变驻村帮扶干部的工作作风，即坚持反对形式主义和官僚主义，发扬务实重行、真抓实干的作风，多一些雪中送炭，少一些锦上添花。通过与群众“面对面”交流、“心贴心”服务、“实打实”干事，让群众从心眼儿里体会到共产党好、党的政策好，进一步提高精准扶贫群众满意度和认可度。红安县聚焦脱真贫、真脱贫，开展作风建设年活动，聚焦解决扶贫领域腐败和作风问题。建立运用“大督查”工作机制，采取明察暗访、电视曝光、约谈问责、第三方抽查等方式，组建督查专班实行全天候抽查、暗访式督办，强化监督执纪问责。

驻村工作队作为外生力量嵌入农村基层帮扶贫困村庄和贫困农户，能在短时期内集聚资源，完成国家精准扶贫任务，但精准扶贫的本质是实现农村贫困群体的真正脱贫，因此要注重扶贫同扶志、扶智相结合，处理好“外力”与“内力”的关系，积极实现结构和文化内嵌于村庄，采取适宜措施实现精准扶贫由“输血”到“造血”的转变。红安县驻村帮扶工作中坚持人民群众的主体地位，努力做好贫困群众思想革新、宣传教育和情感沟通工作，激发群众摆脱贫困的内生动力，发扬自力更生、艰苦奋斗、勤劳致富精神，增加贫困人口的自我发展能力。

（三）加强政策宣传，夯实基层组织建设

精准扶贫驻村帮扶工作是一项以扶贫带动基层治理的政治策略，驻村干部作为外部力量通过扶贫政策嵌入基层社会，在实现精准脱贫目标的同时也承担着规范基层组织的重要职责。驻村干部应明确自身的工作范围，将工作方式从统揽型向引导型转变，从主导型向协助型过渡。

自 2018 年 10 月以来，红安县按照省、市统一部署，扎实开展村（社

区）“两委”换届选举工作，严格落实村（社区）“两委”候选人部门联审机制，下深水、下苦功选任了一大批年轻优秀支部书记，推进基层党建工作全面提高、全面过硬。由此可见，驻村帮扶工作应在宣传和贯彻党中央、国务院关于脱贫攻坚各项方针政策、决策部署、工作措施的基础上，帮助加强基层组织建设，强化村“两委”的主体意识，推动落实管党治党政治责任，整顿村级软弱涣散党组织，充分发挥基层党组织在脱贫攻坚中的战斗堡垒作用。

（四）重视干部培训，切实提高帮扶能力

态度和能力是影响工作成效的两大关键因素，驻村干部工作态度和能力的差异可能会影响贫困村对扶贫政策的落实程度不同，执行效率参差不齐，影响扶贫整体政策的有效推进，因此要把强化培训作为提升驻村帮扶工作队工作能力的关键，把贫困地区干部和扶贫干部培训工作纳入经济社会发展的大局。中共红安县委组织部、县扶贫攻坚办按照三年巩固脱贫成果的要求，紧盯目标任务，突出重点，采取分层、分级、分类培训的方法，对督查工作队、驻村工作队、驻村干部和驻村第一书记进行全方位、多轮次定期和不定期培训，从思想上、行动上再紧螺丝、再加力度，形成了紧抓不放、持续用力的工作态势。

在培训内容上，以实用性、可操作性强的内容为主，包括系统学习扶贫开发方针政策、扶贫信息宣传调研方式手段、信息化技术应用、国际减贫领域的先进经验与做法等内容，同时加强驻村干部政治思想素质的培训，引导其树立正确的政绩观，坚决杜绝形式主义，切实提高驻村帮扶干部做好农村工作、扶贫工作和群众工作的能力水平，进一步增强贫困地区干部和扶贫干部的政治责任感和使命感，提高组织实施精准扶贫的综合素质和能力水平。红安县着力加强基层干部能力培训，深入实施干部素质大

提升工程，多次采取电视直播形式召开脱贫攻坚巩固提升专题培训会，传达贯彻习近平新时代中国特色社会主义思想、习近平总书记关于扶贫工作的重要论述，培训讲解精准脱贫巩固提升相关业务知识和中央脱贫攻坚专项巡视问题整改工作要求，切实提高驻村干部的工作能力。

（五）狠抓监督考核，落实干部激励保障机制

驻村工作队参与扶贫的工作过程即精准扶贫目标实现的过程，因此对驻村工作队这一重要执行主体的工作过程进行严格的监督考核，能够有效保证精准脱贫目标的如期实现。红安县建立健全各级党政班子、第一书记、工作队、包保干部的绩效考核机制，完善精准脱贫专项工作考核方案，为巩固脱贫成效提供坚强组织保障，确保脱贫退出成果得到人民认可、经得起历史考验。自 2018 年以来，红安县先后三次全覆盖式对驻村帮扶、政策落实进行督查，并进行电视通报、约谈问责。

在狠抓监督考核的基础上，红安县按照《关于加强贫困村驻村工作队选派管理工作的指导意见》的要求，建立健全驻村工作队日常管理和保障激励机制，按照分级负责、全面覆盖的要求，精准选派和管理第一书记，对不胜任的第一书记和工作队员及时调整，树立起“干部考核看扶贫、干部任用看脱贫”的导向，这一举措将监督考核与保障激励有机结合，真正做到将思想引领与纪律约束相结合、严格管理与悉心关怀相结合、依纪依规与公平公正相结合，保证了驻村帮扶工作的有序进行。

第九章 “三乡工程”：市民下乡、能人回乡、企业兴乡

党的十九大报告提出实施乡村振兴战略，开启了新时代农业农村现代化的新征程。红安县将乡村振兴战略的思想融入到脱贫攻坚中，坚持战略思维，注重政策设计的系统集成，做到全局与局部相衔接、当前与长远相结合、“输血”与“造血”相统一，物质扶贫与精神扶贫相配套。“三乡工程”正是这一理念和思维贯彻落实的重要抓手。以城带乡，以工促农，城乡融合，撬动农业农村现代化，是脱贫攻坚的加速器，是乡村振兴战略的催化剂。

一、“三乡工程”的背景和意义

“三乡工程”是贯彻落实党的十九大精神的重要举措，也是湖北省“三农”工作的突破口和重要抓手。“三乡工程”广泛利用社会和市场的力量，扎实推进乡村振兴战略的实施，打造精准扶贫新引擎。

（一）实施“三乡工程”的背景

2019 年政府工作报告强调，对标全面建成小康社会任务，扎实推进脱贫攻坚和乡村振兴。打赢脱贫攻坚战，是乡村振兴的基础，二者相辅相成、互为支撑，是统一于全面建成小康社会的伟大实践。一方面，脱贫是

实现乡村振兴的前提，农村地区如果不能摆脱贫困，就无法推进乡村振兴。打赢脱贫攻坚战，直接关系到乡村振兴战略的实施成效。另一方面，实施乡村振兴战略也是在巩固脱贫攻坚的成果。要长效稳固脱贫成果，就要做好脱贫攻坚与乡村振兴的有效衔接，推动农村从贫弱走向发展。乡村振兴与脱贫攻坚互为支撑、协调推进。2018 年颁布的《中共中央、国务院关于实施乡村振兴战略的意见》，为如何有效实施乡村振兴指明了方向。其中指出，“要把人力资本开发放在首要位置，畅通智力、技术、管理下乡通道，造就更多乡土人才，聚天下人才而用之”。乡村振兴的核心要素就在“人”，只有人兴，才有产业兴、文明兴、农村兴；如果没有人，也就失去了发展的动力。

湖北省在 2017 年 8 月提出“市民下乡、能人回乡、企业兴乡”（以下简称“三乡工程”），扎实推动乡村振兴战略实施，努力实现“产业兴旺、生态宜居、乡风文明、治理有效、生活富裕”的目标。“三乡工程”是聚英才于乡村，以人为核心协调农村“人、钱、地”三者关系，充分发挥人才的杠杆引领作用，让其成为脱贫攻坚战的攻坚队、主力军，成为助推乡村振兴战略的先行者。

（二）“三乡工程”的基本内容

红安县贯彻落实党的十九大和中央、省、市相关文件精神，把脱贫攻坚与乡村振兴战略结合起来，全面实施市民下乡、能人回乡、企业兴乡，按照政府引导、示范带动、企业参与、市场化运作要求，进一步深挖内涵人才和潜力市场，大力引进能人回乡创业，培育扶贫产业，打开市场之路，不断发展壮大集体经济，以乡村“五个振兴”为牵引，推进脱贫攻坚的巩固提升，推动农村产业发展、农民富裕、美丽乡村建设。

1. 市民下乡

城乡的不平衡发展随着农村人员的外流逐渐加速，农村生产经营价值低，农村青壮年进城务工、求学，呈现出“只出不进”的现象，人才流失严重、资源浪费严重、集体经济薄弱。随着城市的发展，人们日常生活需求层次的提高和丰富，城市居民对休闲、娱乐、养老等需要表现出追求原生态、体验式的趋势，有需求就有市场，有市场就有发展产业的希望，红安县引导城市人才去农村创新创业，探索发展满足市民下乡度假、观光、体验、养老等需要的产业。

2. 能人回乡

传统农业模式下出现的“三高一低”（高投入、高体力、高成本，低收益）现象，严重打击农民种地的积极性，使得农民外出谋求生活，这些人经过多年辛苦打拼也涌现出部分成功致富创业的乡村精英。他们根在农村，情系乡村，在政策保障下，吸引他们回乡创业，探索农业农村发展的新模式。同时，除了将在外的能人吸引回乡，还要让本土能人留得下来、用得起来。以土专家、田秀才、有一技之长的“能工巧匠”“非遗传人”等为重点，吸引种养大户、家庭农场、专业合作社、农产品加工等新型农业经营主体带头人[①]，培育了一大批新型职业农民，实现农村人旺、产业旺的新局面。

3. 企业兴乡

当前农村的资源开发利用率低下，甚至不少农村土地等资源被荒废，要稳固农村脱贫成果，实现农村振兴，就要唤醒资源、激活资源，实现绿水青山就是金山银山，这就离不开优质市场主体、龙头企业下乡投资兴业，以及发展可持续、因地制宜的产业。

---

① 王志华：《实施“三乡工程”筑牢乡村振兴基石》，《四川党的建设》2018 年第 24 期。

（三）实施“三乡工程”的意义

“三乡工程”的实施，激活了农村的资源，激发了人们脱贫致富的内生动力，对于脱贫攻坚的巩固提升具有重要意义。

1. 打造精准扶贫的新引擎，为促进农民脱贫致富提供新路径

党的十八大以来，以习近平同志为核心的党中央，把脱贫攻坚作为实现第一个百年奋斗目标的重要任务，摆在治国理政的重要位置，提出到 2020 年全面建成小康社会。产业扶贫既是精准扶贫的关键，也是能否巩固脱贫成果的关键措施。要从根本上激发贫困人口的内生动力，摆脱贫困，实现致富发展，关键还是靠产业。市场主体的缺乏成了贫困地区打赢脱贫攻坚战的决胜阶段中难啃的“硬骨头”。如果没有市场主体，特别是优质、支柱性的市场主体带动，那么产业扶贫就是纸上谈兵。打仗亲兄弟，上阵父子兵，精准扶贫离不开乡亲们的共同努力，“三乡工程”的实施吸引了一大批走出去的能人、有情怀的亲人回乡创业，增加了农民的财产性收入、务工收入和经营性收入，共同推动村出列、户脱贫，巩固脱贫成果。

2. 培育乡村振兴的新动力，为解决“三农”问题注入新活力

从乡村振兴的战略高度来看，“三乡工程”的提出和实施，是贯彻落实党的十九大精神的重大举措，是湖北省委、省政府的重要决策，是实施乡村振兴战略的具体行动。“三乡工程”的核心是盘活农村闲置资源，让市民下乡有盼头、能人回乡有劲头、企业兴乡有赚头、农民增收有奔头，只有通过推动农业全面升级、农村全面进步、农民全面发展，才能谱写新时代乡村振兴新篇章。乡村振兴的关键之处在于人才，大量引进人才投入到乡村振兴战略，就是为全面振兴乡村、解决“三农”问题注入新兴活力。

3. 推进农业供给侧改革的新抓手，为农村创新创业探索新模式

党的十九大作出实施乡村振兴战略的重大决策部署，具有划时代的里程碑意义。湖北省实施“三乡工程”是紧跟形势作出的重要部署。“三乡工程”推动了城市资金和人才流向农村，逐步打破城乡发展不平衡的壁垒。通过土地流转、下乡创业和资源开发利用等方式，进一步拓展创新创业空间，形成优化、高质、可持续发展的农业产业体系、生产体系、经营体系，加快农业现代化建设，培育新型农业经济形态，为农业供给侧结构性改革探索了新路子。

二、“三乡工程”的主要做法

湖北省根据《中共中央、国务院关于实施乡村振兴战略的意见》，以及贯彻落实中央、省级关于深化农村改革精神，以武汉市试点起步，实施市民下乡、能人回乡、企业兴乡的“三乡工程”。为进一步落实、服务“三乡工程”，湖北省整合多个部门，打出政策“组合拳”，激活城市要素参与农村发展的新动能。第一，湖北省为落实乡村振兴战略的实施，出台《湖北省“三乡工程”三年行动计划》《推进实施“三乡工程”试点的支持措施》，提出以“三乡工程”撬动乡村振兴战略，进一步打好脱贫攻坚战。第二，针对农村建设项目“零星分散”等特点，专门制定“21条政策”，主动服务，全力保障“三乡工程”用地。第三，湖北省发挥财政资金的撬动方法作用，统筹整合财政资金、涉农资金向“三乡工程”实施项目倾斜，并引导设立相关“三乡工程”惠农、支农基金的建设，鼓励和引导涉农产权交易和融资。湖北省多措并举为“三乡工程”保驾护航。

黄冈市为推进“三乡工程”政策落地生根，中共黄冈市委、市政府办公室出台了《关于引导能人回乡创业加快培育精准扶贫和乡村振兴新动力

的通知》。该通知指出，改革开放四十年来，大批黄冈人沐浴改革开放春风，秉承朴诚勇毅的老区精神，凭借敢想敢干的胆识和智慧，成为商界翘楚、行业领袖、科技精英和能工巧匠。这些新时代的能人，有着反哺家乡、回报桑梓的乡恋情结，是推动父老乡亲脱贫致富、促进黄冈乡村振兴发展的一支重要生力军。各地各部门要把鼓励、支持和引导更多在外创业有成的能人回乡创业，作为壮大新型农业经营主体、打造“五位一体”产业扶贫升级版的新举措，作为以城带乡、以工促农、城乡融合发展的新途径，作为农业领域招商引资引智、凝聚振兴乡村合力的新抓手，作为培育创业新风、重塑乡村文明的新实招，打好亲情牌、政策牌、资源牌、生态牌、文化牌、服务牌。截至 2018 年 6 月底前，黄冈吸引了 1000 名以上（每个县市区至少 100 名）有雄厚经济实力、有社会责任感的能人回乡投资兴业，提出实施能人回乡创业“千人计划”。作为“一把手”工程，出台了《黄冈市支持“三乡”工程建设的若干政策》，从用地、融资、项目、品牌等多个方面量身定制了 19 条支持政策。

红安县作为湖北省委确定的 2017 年全省首批精准扶贫迎接“国考”验收的县市，产业是红安扶贫、发展的短板，产业扶贫靠的是优质市场主体，为了补齐发展短板，实现乡村振兴，红安县委、县政府按照省委、省政府，市委、市政府文件精神，以能人回乡为抓手贯彻“三乡工程”，开展在外红安籍能人大调查，调查发现在外能人资源丰富，而且大部分有回乡创业的意愿。县委、县政府迅速出台能人回乡相关文件，同时致他们一封家信，号召红安籍在外能人带着热情、带着技术、带着资金、带着项目回到家乡创业兴业，这些以乡愁为纽带的政策，形成人才回乡、资金回流、项目回迁热潮，为红安在脱贫攻坚的巩固提升阶段提供了发展的新动能，为乡村振兴在全县的推进探索了新路径。

（一）打出政策“组合拳”

红安县结合《黄冈市支持“三乡”工程建设的若干政策》《关于加快现代农业发展的若干意见》，并参考借鉴其他地方政策，通过征求回乡创业能人的意见，相关部门反复讨论，县政府常务会议研究，制定了含金量高、惠及面广、操作性强的《〈红安县支持“三乡”工程建设十项政策〉的通知》。该政策的落地为下乡、回乡创业的能人在发展农村电商、利用空闲农房发展休闲养老、农产品加工、创建品牌、建设用地、金融创新等方面给予了新的支持。

对红安县支持“三乡工程”建设十项政策节选如下：

对“三乡工程”主体（包括新建、续建）参与精准扶贫的，同等享受县委、县政府出台的产业奖补政策（牵头单位：县攻坚办、各产业局）。对聘请专业设计团队项目进行规划编制和设计，并通过有关单位组织审议通过的“三乡工程”主体，一次性给予3万元的补助（牵头单位：县城乡规划局）。“三乡工程”主体发展农产品加工业的，对当年新认定的国家级农业产业化龙头企业一次性给予20万元奖励，当年新认定的省级农业产业化龙头企业一次性给予10万元奖励，对当年新认定的市级农业产业化龙头企业一次性给予3万元奖励（牵头单位：县农业局）。对“三乡工程”主体创办农民合作社或家庭农场的，当年新认定国家级示范农民合作社或家庭农场每个给予20万元奖励，省级示范农民合作社每个给予10万元奖励，省级示范家庭农场每个给予5万元奖励，市级示范农民合作社或家庭农场每个给予2万元奖励（牵头单位：县农财经管局）。对新获得中国驰名商标的一次性给予50万元奖励，对新获得湖北著名商标、湖北名牌产品的一次性给予10万元奖励，对新获得市知名商标的一次性给予2万元奖励（牵头单位：县工商局）。对当年完成固定资产300万元以上农业农村项目给予2%的奖补。对“三乡工程”主体发展现代农业的，流转土地面积500亩以上的，一次性给予每亩100元奖励。[①]

（二）实施“双百计划”

中共红安县委围绕黄冈市能人回乡“千人计划”，提出红安能人回乡创业“双百计划”。该计划的提出，正式开启了红安县能人回乡创业、就业、服务农村农民的火热局面。

第一，做好摸底工作，建立红安县能人信息库。红安敢拼敢闯的革命精神一直延续至今，培育了一代又一代在各个领域突破创新、立业兴业的红安人。红安县组织乡镇（场、处）党委政府、村（社区）“两委”为主体责任单位，扶贫工作总队、驻村工作队积极参与，全面开展红安籍在外能人和贤人回乡创业涉农项目摸底工作。该工作主要是针对资产在500万元以上的红安籍能人，组织专班开展调查摸底，收集整理能人事业发展、投资意向、亲缘关系、联系方式等基本信息，建立红安能人信息库，目前已经网罗能人983人。红安县还组织专班通过登记、走访慰问、召开座谈会等形式收集能人回乡创业的意向。

第二，制定“双百计划”的高远目标。在能人信息库建立之后，红安县计划在2018年6月底前吸引能人120人回乡签约，单个项目协议投资在1000万元以上，实际年投资不低于300万元，流转土地300亩以上。同时，还要巩固兴乡企业120家，要求原固定资产投资达500万元以上，流转土地300亩以上，带动贫困户30家以上，拟追加协议投资1000万元以上，年投资不低于300万元。站得高，才能看得远，从高定目标，是表明实施好“三乡工程”的决心，从长远来看，目标越高，动力

---

① 红安县人民政府办公室：《〈红安县支持“三乡”工程建设十项政策〉的通知》，http://www.hazf.gov.cn/4304800/11462851.html。

越足，成效就更为明显。

“双百计划”的提出，是红安县实施“三乡工程”的重要抓手，有效推动能人回乡创业，壮大发展农村集体经济，助力脱贫攻坚的巩固提升工作。

第三，推动能人创业项目的落地。按照2018年6月前完成项目签约的时间节点要求，红安县采取乡镇（场、处）分头签约一批，县政府集中签约一批的办法确保能人回乡项目落地落实，同时实行严格把关。对这些落实的项目，中共红安县委、县政府也进行了提前的严格筛选，做到项目要聚焦“三农”，倾向农业农村类，含现代农业科技示范园、农村电子商务、文化与旅游、美丽乡村等涉农开发项目，项目投资要在1000万元左右，体现农业投资规模效应。在保证项目顺利落地的同时还要保证其真实可靠，在程序上也进行了把关，项目应符合上级及地方产业政策，体现高质量、绿色发展要求。红安县要求所有有意向的能人回乡项目必须经村委会或乡镇政府审核，先期签订投资协议，协议书复印件交指挥部办公室备案。县农办、招商局等单位组织专班现场审核后，选择一批质量高、可持续发展的农业项目与县政府集中签约。

（三）优化政府服务

继续深化放管服改革，把服务能人回乡创业工作做实做细做深，提供优质的政府服务，吸引更多的能人回乡兴办产业，共同建设美丽新农村。

为能人回乡项目做好“一条龙”服务。政府相关工作人员在引导能人回乡签约、推进项目落地的同时，要及时宣传相关政策，要有排忧解难的诚心和精益求精的匠心，促进回乡能人从“打工者”向“创业者”转变。

提供便利、高效的服务。红安县行政服务中心、园区创业孵化基地，增设了专门的能人回乡创业服务窗口，推行网上办理、全程帮办，同时还成立了能人回乡创业“一对一”服务机制，由项目引进单位安排专人，协调相关单位提供创业指导、创业培训、工商税务咨询服务、创业项目推介以及用工用地、创业贷款等“最多跑一次”的便利服务。

落实民生工程，做好“后勤”服务工作。红安县在各个乡村推行基础设施“2+N”模式，实现户户通便民小道、湾湾有路灯，每个村庄至少有一座水冲式厕所。做好交通扶贫工作，每年整合8000万元用于农村公路建设，扩大农村客运覆盖范围，到2020年实现具备条件建制村通客车目标。持续实施农村饮水安全巩固提升工程，加大重点水利工程、塘坝除险加固项目建设力度，巩固提升乡镇、农村安全饮水质量和水量，全面落实安全饮水管护机制。加快新一轮农网改造升级，全面提升农网供电能力和供电质量。实施“气化乡镇”工程，推动农村能源清洁化、绿色化综合利用。实施数字乡村战略，推进光纤宽带向自然村延伸，加快农村宽带网络覆盖步伐。这一系列举措让回乡创业能人在家乡能更加舒心生活、放心创业、安心发展。

三、“三乡工程”的成效

自2018年以来，红安县坚持脱贫攻坚与实施乡村振兴战略相结合，发挥各地资源优势，引进能人回乡创业，培育扶贫产业，打开市场之路。红安县“三乡工程”实施以来，在短短一年的时间内，全县向创业能人发出公开信15000余份，重点走访接洽能人1100余人次，召开各种规模座谈会410余场，2450人次参与座谈，推介招商项目200余个，签约能人回乡项目201个，协议投资额121亿元，开设宣传“三乡工程”专栏100余处。在县委、县政府的高度重视，以及各级部门协同配合推动下，初步取得成效，并引起良好的社会反响。

（一）巩固脱贫攻坚的成果

精准扶贫离不开产业的发展，产业是拉动脱贫发展的引擎和动力，可持续的脱贫成果也需要在产业的带动下得以巩固提升。红安县精准扶贫工作开展以来，也摸索出了产业扶贫一整套行之有效的产业发展模式，即“政府 + 市场主体 + 金融 + 保险 + 贫困户”的“五位一体”模式，这套模式的核心就在于市场主体，特别是优质的市场主体。自“三乡工程”实施以来，这套模式迎来了“遍地开花”的局面。截至 2019 年 3 月，全县参与到脱贫攻坚中的农业市场主体达 500 多家，带动 7000 多户贫困户增收，也成为贫困村集体经济收入的主要来源之一。高桥镇严家畈村胡毅强投资 700 余万元，流转土地 2200 亩，打造紫卉牡丹田园综合体，目前牡丹种植示范区、牡丹观赏区、牡丹加工区、牡丹种苗繁育区、花生种植区、一菜两用油菜种植区、有机果蔬和元胡、贝母等中药材种植区等专业区域已成型。2018 年又发展惠依子莲种植基地，面积 560 亩，并辐射带动全镇种植子莲 1000 多亩，开辟出一条“企业带园区、园区联基地、基地促农户”的产业发展模式。2018 年胡毅强共发放土地租金、务工佣金、贫困户合作经营股金 130 余万元，极大地带动了周边群众增收。同时，促进了当地运输业、体验农业、观光农业的发展。

（二）助推乡村振兴战略的实施

乡村振兴是当前聚焦“三农”问题的总抓手，是一个大战略，一个系统工程。乡村振兴的要素投入是关键，特别是离不开制度保障和人、财、物的投入，这其中最为核心、关键的在于“人”，人口流失、人才缺失是乡村振兴战略实施过程中最突出的短板。为了推动乡村振兴战略，从解决贫困问题到实现发展，中共红安县委、县政府在党中央、国务院和地方各级党委、政府的指导下，将人才引进与产业发展密切结合，引进大量能人回乡，投入到乡村振兴战略中去。2018 年以后，红安县把能人回乡创业作为招商引资的一个主攻方向，大打亲情、乡情、感情牌，有重点、有针对性地引进能人回乡创业。截至 2018 年 6 月之前，明确目标任务，成功签订农业投资协议项目 136 个，协议投资额 57.81 亿元。杏花乡花园村在外能人熊杰回到家乡后，投入 2000 多万元，打造农业田园综合体，不仅改变了家乡面貌，而且带动了乡村旅游，促进了当地村集体和农民的增收。

（三）推动农业供给侧结构改革

一些回乡能人依托当地资源条件，发展特色规模化种植业、畜禽和水产养殖业及农副产品深加工业，形成了以回乡能人创办的企业为龙头，以一家一户为基地的产业化生产模式，带动了相关产业的发展。湖北根聚地新农业发展有限公司董事长周德顺在红安县严格按照技术标准种植 3 万亩红薯，坚信“红安苕”市场前景一片光明。周德顺深深感到“红薯事业”必须以“质”为导向，提升效益，才能最终实现帮助农民增收。2014 年，周德顺在红安流转了 3000 亩土地，实施“三步走”计划，提高种植质量和效率。2017 年，公司种植的“无毒”红薯亩产达到 3000 公斤，每公斤收购价达 2.5 元，均是过去的 2 倍，带动 240 户贫困户增收，人均收入超过 5000 元。公司还成功攻克了面点专用全粉和烘焙专用全粉技术，尝试将红薯全粉加入面包、面点中，拓宽红薯的销售渠道和使用范围，以产业发展为引领，把“红安苕”种植模式和标准向全省乃至全国推广，从而推动湖北走向红薯大省、强省[①]之路。

---

① 雷闯、黄欣然：《“红薯大王”周德顺：不信邪，定要做大湖北红薯产业》，http://www.redhongan.com/cxlol/p/84846.html，2018 年 5 月 16 日。

（四）加快美丽乡村的建设步伐

从精准扶贫提出的产业发展，到乡村振兴实施阶段的产业兴旺，特别是从“三乡工程”实施以来，红安县吸引了不少能人、企业投入到大乡村产业发展、农村建设中。红安县先后有400多位能人回乡创业，不仅带动了当地经济的发展，增加了群众收入，而且将发达地区的新思想、新观念带回了家乡，为新农村建设提供了物质基础和精神财富，同时也缓解了农村劳动力大量外出带来的社会治安、家庭和谐、子女教育、老人赡养等一系列社会问题。在红安县太平桥镇龙王山村刘家田湾，村组干部主动对接在外创业能人反哺家乡，开展生态修复，推进美丽乡村建设。该湾在外创业能人艾明山、艾友山资助家乡推进美丽乡村建设，先期共同捐款10万元，他们的善举得到村民的积极响应，纷纷筹资出劳，参与改水改厕、美化当家塘、硬化便民小道、砌岸护坡，并主动拆除自家门前屋后陈年粪坑旧厕和猪舍牛栏，共同投入到污染治理和美丽家园建设的行列之中。[①] 农村逐渐呈现出文明富裕、和谐幸福的景象。

四、“三乡工程”的典型案例

红安县在实施“三乡工程”过程中，运用工程措施和招商引资办法，县委专门召开动员会和座谈会，用好中央和省、市、县支持能人回乡创业的扶持政策，出台相关配套政策和方案，从土地、奖补资金到用工、税收等方面给予优惠。红安县一批又一批有乡愁、有情怀、有勇气的能人下乡、返乡创业，成为了助力精准脱贫、巩固脱贫攻坚成果、推动乡村振兴

① 许艳芳:《龙王山村两位创业老板资助美丽乡村建设》，http://www.redhongan.com/sxgc/p/94242.html，2018年8月8日。

的催化剂。龙潭寺村引进能人姚峰，成立瑞沣合作社，投资2000万元打造集农作物种植、特种水产养殖及农副产品加工销售、生态休闲观光旅游于一体的综合性生态农业产业。他不仅成为红安创业红人，他的成功事迹更是起到了学习、借鉴的典范作用。

（一）瑞沣合作社概况

杏花乡是红安唯一的建制乡，地处县城东郊约6公里，距武汉约90公里，距天河机场约80公里，距河南信阳约120公里，距周边各县市约60公里。瑞沣基地位于杏花乡龙潭寺村，成立于2015年，这里交通便利，山水相间、气候宜人，处于红色旅游名镇七里坪镇和县城烈士陵园等各主要景点的中心地带，是一家集红安苕种植、香菇生产加工、小龙虾养殖、中药材及果蔬花卉种植、生态观光旅游等于一体的综合性生态农业开发企业。

瑞沣合作社先后流转土地1500多亩，注册有“瑞沣农福”商标，生产的红安苕、香菇、小龙虾等农副产品已进入县城的各大超市和武汉、上海等地的市场。合作社的发展吸引了中央、省市电视、报刊等媒体的关注。2017年9月，湖北垄上行频道的记者，对基地种植红安苕作了专题报道，并于党的十九大开幕当天在中央台二套经济频道播出，引起良好的社会反响。瑞沣合作社的成功得益于产业布局合理、产品质量优良、发展理念先进。

（二）主要产业及经营情况

在“能人回乡创业”的精神感召下，姚峰及其合作社投资兴业，秉持建设生态农业、促进生态文明的理念，沐浴着农业供给侧改革的春风，推动农民致富增收，致力振兴乡村经济，建设旅游观光产业园，打造瑞沣生态农业田园综合体。

1. 农业发展，基础建设先行

在小小的山村里发展农业，基础设施和配套设施是短板，瑞沣合作社投入资金购置、引进先进的农业设备，优化农业生产，改变传统农业对人力的耗费、对资源开发利用低的弊端。姚峰先后购置挖掘机 2 台（用于池塘清理，沟路渠整理、果树种植等）、杂树粉碎机 1 台、旋耕机 2 台、播种机 1 台、运输车辆 3 台（包括冷藏车 1 台）等；在基地周边做好配套设施安装，配置 3 套高清监控物联网设备；做好基建工作，为农业生产、产品加工建设仓库与加工车间共 1600 平方米，标准化红薯地下保鲜储藏库 7 间，平面面积 600 平方米，冷库及烘烤房各 1 间，办公楼 1 栋。现代农业企业粗具规模，如火如荼的生产、发展局面就此打开。

2. 小红薯酝酿大产业

2017 年，瑞沣合作社在县农业局的帮助领导下，承担了红安地标保护产品“红安苕”的特优区创建项目，建有地下红苕贮藏库（占地面积 1000 平方米，实用面积 700 平方米，可储存种薯 600 吨）和一座红苕种苗培育高标准连栋大棚，共种植红苕 600 亩。2018 年与省农科院甘薯专家杨新笋教授签订技术指导合作协议，正式开展红安苕种薯脱毒组培项目。发展带动红苕种植区 1200 亩，辐射杏花乡、火莲畈、七里、天台山等乡镇，集中供苗。对供苗户进行信息登记，并进行种植的技术跟踪服务。目前，已发展成为“红苕脱毒种苗繁育—标准化种植示范—保鲜储藏—加工销售”的红安苕全产业链企业，全面推进红安苕田园综合体建设。红薯虽小，但现已走上有特色品牌、规模生产的大产业建设之路，成了红安脱贫产品的大功臣之一。

3.“菌棒大王”扬美名

姚峰在成为“菌棒大王”之前，就是种植生产香菇的“香菇大王”。

2016年年底，在白杨树林中新建钢架大棚，建成100亩食用菌生产基地，年产50万棒以上菌棒，并进入县城各大超市和武汉市场，省市县电视台多次报道。2018年，基地又投入200万元新建两条生产线和养菌大棚20座，可年产菌棒100万棒。“菌棒大王”的美名也就此传扬开来。一是“美”在创业精神、发展理念，他抓住市场机遇、转移创业中心，带领基地专注于发展菌棒生产，获得了广阔的前景和“钱景”；二是“美”在达则兼济乡亲，激发贫困户内生动力，带动龙潭寺村农民致富。基地在政府统一指导下，为红安县城关镇竹林社区贫困户安置点发展150亩香菇种植区，建成后可带动300户贫困户合作经营。目前已建成前期150户的生产大棚，采用“合作社+基地+贫困户”的方式，主要针对有发展能力、缺技术的贫困户，在香菇种植过程中，由合作社无偿向贫困户提供免费的技术培训和服务，优惠提供菌棒。由贫困户负责种植，合作社按不低于市场价进行集中收购，解决了产品无销路、无市场的问题，实现了贫困户与合作社结对联业、共同发展。实行了“三统一分”模式，即统一技术指导，统一提供菌棒，统一保底回收，贫困户分棚种植，实行了产销一体化，确保户均增收过万元。

4. 因地制宜谋发展

基地一直在探索做强做大农业优势特色产业。在龙潭寺村，因地制宜发展农业生产，形成了绿色水产养殖、特色农作物种植区，紧跟“红安苕”和菌棒生产的步伐。现在，瑞沣基地已建成精养小龙虾池、鱼塘600余亩，清水小龙虾直销县城及武汉等地，并在2018年带领水产养殖农户发展了稻虾共养模式。另外，还有中药材种植区300亩，年产白术等中药材100多万公斤，富硒农作物种植区200亩。合作社制订2018—2020年三年发展计划，着力打造成集生态、科技、观光为一体的生态农业田园综合体。该计划包括建设瑞沣生态农业门楼一座、“红安苕”产业园二期、“红安苕”雕塑一座、“红安苕”科技楼一座（包括组培车间、脱毒车间）及“红安苕”（农文旅相结合的）主题广场、产品展示厅一座。实施红安苕种苗脱毒与组培繁育技术，致力“脱毒苗推广”项目，围绕“红安苕”这一地理标志将产业做强做大，做成全省先进科技示范点。同时，发展农业观光旅游，种植四季花海600亩（包括白芍、牡丹等中药材），建造休闲养生别墅（防腐木）十座、休闲观光长廊三座和观光亭台五座，改造池塘、修造人工湖以及水上乐园各一座。

合作社围绕所具有的田园资源和农业特色，稳步发展创意农业，强化品牌和原产地地理标志管理，构建以“红安苕”为主体的田园综合体。结合所处地理优势，发展红色旅游和绿色农业，将现代农业和旅游业有机结合起来，打造了一个宜农宜居宜养的城市后花园。

（三）瑞沣合作社的扶贫成果

从参与精准扶贫以来，瑞沣合作社已吸纳50多户农户及贫困户加入其中，在负责人姚峰的带领下，发挥瑞沣种植养殖专业合作社党支部的战斗堡垒作用，聚民心、促发展，让党的好政策在农村落地生根，取得了脱贫攻坚的好成果，推动了农村的振兴。

1. 增加农民财产性收入

合作社根据产业发展的实际需要，按每亩300—350元的租赁费，先后流转土地1500亩，让农民依靠土地入股分红。其中，租赁112户贫困户的耕地及水面320亩，户均增收900多元。

2. 利用金融政策扶贫

合作社引导贫困户将政府扶持资金、扶贫贷款资金入股合作社，由合作社自主经营，对贫困户兑现保底分红。14户贫困户利用对接水产业金融扶贫贷款资金入股70万元，21户贫困户利用大棚果蔬种植政府扶贫资金入股21万元，每户每年保底分红3000元。

3. 发挥产业带动作用

合作社采用“包销+贫困户种养”模式，针对有发展能力、缺技术的贫困户，由合作社提供免费的技术培训和服务，由贫困户负责种养，按不低于市场价进行回收，解决了无销路、无市场的问题，带动30户贫困户从事水产养殖，60户贫困户开展红苕种植，37户贫困户开展中药材种植，户均增收3000元。带动全县300户贫困户开展香菇种植，户均增收9000元。

4. 提供用工岗位

针对有就业能力的贫困户建立务工台账，2015年安排21户贫困户到水产养殖基地就业打工；2016年、2017年安排到基地务工贫困户33人，每人每天70—80元，每年人均增收1万余元。提供固定岗位30余人，人均工资每年2.8万元，其中2017年共发放就业薪金150余万元。

5. 开展免费技术培训

合作社坚持“科技是第一生产力”的理念，聘请了相关的专业技术人员，为合作社提供技术支撑的同时，还为农户无偿提供种养专业知识和技术指导。邀请省农科院教授和县水产局、农业局技术人员到基地为农户多次开展技术培训，并分发技术资料，让农户提高种养技能增收致富。

五、“三乡工程”的经验启示

中共红安县委、县政府站在践行党的宗旨、体现社会主义制度本质属性的政治高度，以“四个意识”的强烈政治自觉，对标、调校、看齐、赶超，坚决做到“两个维护”，以“贫困不除愧对先烈”“群众不富寝食难安”的使命担当，坚决承诺落实脱贫攻坚巩固提升工作，推进乡村振兴战略实施。红安县以“三乡工程”为抓手，围绕“脱贫摘帽、巩固提升、持续发展、全面小康”总体目标，注重扶贫与发展联动，通过能人下乡、回乡，发展涉农项目产业，按照着力激发贫困人口内生动力、着力夯实贫困人口稳定脱贫基础、着力加强扶贫领域作风建设“三个着力”总体要求，以“三乡工程”为牵引，补牢产业发展基础，改善基本公共服务，提高乡村治理能力，巩固和扩大脱贫成果。

（一）“三乡工程”的经验

1. 有所作为，造福于民

红安县贯彻落实习近平总书记强调的“人民对美好生活的向往，就是我们的奋斗目标”，始终把人民放在心中最高位置，坚持全心全意为人民服务的根本宗旨，为实现好、维护好、发展好最广大人民根本利益作出不懈努力。

红安县用认真实干的作风、脚踏实地的精神，以乡村振兴为统揽，着力抓好脱贫攻坚巩固提升工作，实施产业发展提升工程，大力推进“三乡工程”的落地生根，推广“政府 + 市场主体 + 农户 + 银行 + 保险”的“五位一体”产业扶贫模式，构建以“金鸡”、光伏、特色农业产业、旅游和其他产业为主的特色产业扶贫格局，确保实现“产业扶贫 + 就业扶贫”全覆盖。继续实施“136 工程”，引导和支持优质市场主体参与产业扶贫。设立 1 亿元扶贫产业发展基金，重点支持发展红苕、老君眉茶、有机果蔬等特色产业。做强大黄蜂和佰昌两个电商产业园、培育一个以上电商小镇、十个电商特色村，做强文旅扶贫产业，建设一批设施完善、功能多样的休闲观光园区、康养基地、乡村民宿、特色小镇，让贫困群众从产业发展中长期收益、有更多收入。

在推进“三乡工程”的过程中，做好“后勤保障”工作，让能人安心回家创业、放心返乡发展。全面推进农村公路、供水、电网、物流、通信等基础设施提档升级，把有限资金用在刀刃上。从历史上来看，我国农村基础设施和公共服务普遍存在较大缺口，产业发展的基础不够牢固，乡村治理体系和治理能力依然十分薄弱，实施“三乡工程”激发脱贫攻坚新动能，推动乡村振兴战略落地，就要加强农村基础设施建设、提高乡村公共服务水平和治理能力。

2. 落实政策，引导参与

党的十九大报告提出，必须把解决好“三农”问题作为全党工作重中之重。强调要坚持农业农村优先发展，巩固和完善农村基本经营机制，深化农村土地制度改革，完善承包土地“三权分置”制度，放活土地经营权。党的十九大报告还提出，发展多种形式适度规模经营，培育新型农业经营主体。红安县坚持心系人民群众，情牵人民群众，出台关于支持“三乡工程”建设的十条政策和相关措施，做到政策落到实处、用到实处，引导人民用好政策，享受政策的红利。

在农地资源利用上，一是深化“三权分置”改革，完善农村承包地“三权分置”办法，依法维护村集体经济组织发包、监督、收回等各项权能，维护承包农户使用、流转、抵押、退出等各项权能，平等保护土地经营权。二是明确流转期限、规模和价格。现阶段，农地一律不得超过2028年，林地流转期限不得超过承包期的剩余期限，空闲农房使用权租赁期一般不得超过20年。建立流转规模分类备案制度，农地流转200亩以下在乡镇财经所备案，200—500亩在县级农村经营管理部门备案，500亩以上在市农村经营管理部门备案。三是完善流转方式和合同管理。鼓励村集体统一引导、统一组织，鼓励在农村综合产权交易平台公开流转。村集体和农民专业合作社统一流转、出租的，须经全体农户书面委托并出具身份证、承包地经营权证、林权证和宅基地使用权证复印件，召开村民大会或社员大会，代为履行洽谈、签约等服务义务。

在项目落地规范上，一是引导回乡能人专注农业、建设农村、带动农民，做到项目落地在农村、投资到农业、收益惠及农民，解决“三农”发展问题。二是建立回乡创业能人项目审核机制，加强主体资质、经营能力、土地用途和风险防范、环保措施等事项的评估和审查审核，确保符合产业布局和现代农业发展规划，坚决防止盲目签约，杜绝违规违法项目，避免造成“半拉子”工程。三是定期举行能人回乡创业投资项目集中签约活动，加快促成信息变意向、意向变协议、协议变合同、合同变投资。

在农业发展过程中，第一，强化生态环境保护理念，建立项目环评审批与规划环评、现有项目环境管理、区域环境质量联动机制，环评执行率达到100%。第二，加大自然资源保护。统筹山水林田湖草系统治理和保护，杜绝毁林开荒、毁草开荒、围湖造田、围占湿地等不合理开发建设活动。坚持最严格的耕地保护制度，严禁在基本农田保护区内从事建房、取土、建坟等破坏基本农田行为，严禁占用基本农田挖塘、栽树。严格落实自然保护区、湿地保护区、森林公园、湿地公园管理制度，严禁在天然林区开展商业性采伐和移植天然大树。第三，加强农业面污染源防治。推进投入品减量化，严格化肥、农药、兽药、鱼药、农用激素和饲料添加剂等投入品使用管理，禁止有毒有害废物用于肥料或造田。第四，保护乡村风貌。不搞大拆大建，慎砍树、禁挖山、不填湖、少拆房，注重乡土味道，体现乡土风情，留住乡村原生态。

3. 打乡情牌，强化宣传

红安县借乡村振兴战略的东风，完善“三乡工程”工作机制，把能人回乡创业工作不断推向深入，“三乡工程”工作的核心就是吸引人才返乡创业，打好乡情牌、亲情牌，强化宣传，做好能人回乡工作。

红安生态环境良好，交通区位优越，民风淳朴等优势让红安在投资竞争中更具实力，在当前形势和发展的趋势下，红安农业农村大有作为，吸引了一批对红安有情怀、对红安有乡愁、对红安有向往的人才来到红安投资创业。

（二）“三乡工程”的启示

红安的“三乡工程”实践，在短短时间内取得了明显的成效，赢得广泛的赞誉。其经验表明：首先，要始终坚持党的领导，不忘初心，砥砺前行。其次，要与时俱进，适时转变发展理念。再次，要落实保障服务，创新服务方式。最后，要坚持本土化发展道路，突出地方特色。

1. 发挥党建引领作用

习近平总书记一直强调，打赢打好脱贫攻坚战和实施乡村振兴战略，是全党工作的重中之重，做好这两项工作，关键也在党，各级党委、政府要坚持党的领导，培养可靠的党员干部和优秀党员人才，打造千千万万个坚强的农村基层党组织，培养千千万万名优秀的农村基层党组织书记，为脱贫攻坚、助力乡村振兴提供坚强有力的组织保障和人才支撑。坚守共产党人的初心，培养一批红色“领头雁”，选好配强村党组织书记，发挥党员在农村的引领作用。加强农村管理人才、科技人才、实用人才队伍建设，培养一批懂农业、爱农村、爱农民的“三农”工作者。推进基层党建，促进村党员群众服务中心提档升级，提供“一站式服务”，做到群众办事不出村，真正成为党员群众“生产离不开、生活离不开、感情离不开”的精神家园。“三乡工程”进村，离不开良性的乡村治理环境，要推动形成党建引领、村“两委”班子合力谋划、村民协商的乡村治理结构。

2. 转变发展理念

第一，依托农村生态资源优势，通过全面启动乡村文化“七个一”建设工程，深挖内涵潜力，主动迎合市民亲近大自然、回归原生态的消费需求，精心打造充满本土特色、乡土气息的美丽乡村。第二，推进集中集约发展，吸引能人回乡创业，大力实施“一镇一业”“一村一品”差异化发展策略，大力推广农民合作社、家庭农场、专业大户等农业产业化经营形式，鼓励在外创业能人返乡创业、反哺家乡。第三，按照政府引导、示范带动、企业参与、市场化运作的要求，创新建设模式、管理方式和服务手段，鼓励和引导有社会责任感、有经济实力的企业家到农村投资办厂，带动农民脱贫致富。

3. 创新服务方式

创新服务方式，发展便捷、高效、规范、全方位的政府服务。激活农业农村生产要素、增强农业农村发展活力，政府的服务范围要扩大、服务方式要创新。[①] 红安的“三乡工程”实践表明，要落实项目服务和保障工作，对如何激活农村资源要素进行合理引导，提供一站式的便捷服务。解决办事难问题，优化办事程序，落实高效的政府服务，实行网上政务服务。合理简化办事流程和手续，在对项目严格把关、规范签约的前提下，减少审批手续和审批事项，加快项目落地签约。对市场主体要进行严格的跟踪管理，防止伤害农民根本利益，建立能人和项目信息库，不仅能便于服务，还有利于规范项目。要加强在金融贷款、资金资助、信用等方面的监管，严格设定底线，规范流程。

4. 突出本土特色

中国农村的差异性较大，不同地区的农村发展水平也是参差不齐的。农村资源要素的不同，发展路径也不同。红安的“三乡工程”初步实践表明，要坚持走本土化道路，不要生搬硬套、盲目学习借鉴，要因地制宜、因村施策，从自身实际出发，利用好本地的乡村资源，在加快农业

① 梅学书、高洁、赵清强、黄璨：《实施“三乡工程”的黄陂探索》，《政策》2017 年第 12 期。

结构转型升级、推进乡村振兴中，始终坚持突出地方特色，打造具有地方文化特色、地理标志的品牌。红安的“三乡工程”实践中将红安苕、老君眉茶、红安花生、红安大布、永河皮子等具有国家地理标志性的产品推向全国，打造有地方特色的品牌，充分发挥乡愁记忆和乡村文化灵魂对市场的吸引力。同时，避免在乡村大兴土木，破坏农村生态，合法合理创新农村建设，保留农村原始风貌，在尊重文化内涵和绿色发展的前提下，规划建设有内涵、有品位、有文化、有乡土味道的美丽乡村。

第十章 红安县脱贫摘帽的成效、经验与展望

郡县治，天下安。以县为基本单位的扶贫开发，在中国国家贫困治理体系中占据重要位置。一方面，实现贫困县脱贫摘帽是打赢脱贫攻坚战的总体目标，补齐县域发展的各项短板是全面建成小康社会以及促进乡村振兴的重要效标；另一方面，在“中央统筹、省负总责、市县抓落实”的扶贫开发管理体系中，县一级处于行政体系末梢，是国家决策贯彻落实的具体执行者，直接面对贫困村和贫困户。因此，县域贫困治理作为一个切入点，是观察国家层面决策部署地方落实的过程，以及观察中国贫困治理体系运行的重要对象。贫困县脱贫摘帽的经验包含了减贫的诸多一般性规律，总结脱贫摘帽县的典型经验有助于为全国脱贫攻坚提供可信可行、可学可用、可复制可推广的脱贫样板。此外，县域摘帽经验也可为推进地方治理、完善国家贫困治理体系乃至国际减贫实践提供重要参考。

红安县是集革命老区、资源匮乏区、贫困地区、优抚集中区“四区一体”的国定贫困县，其脱贫摘帽的经验更具典型性。早在2010年，习近平同志在红安视察期间就作出了“革命先辈们的丰功伟绩，革命老区人民作出的重大贡献，任何时候都不能忘记”的重要指示。此后，湖北省委、黄冈市委将红安作为“两级”书记抓脱贫攻坚的联系点，要求红安“要带好头、走在前列”。因此，红安县始终坚持以高度政治站位、强烈的政治自觉，投入到脱贫攻坚的伟大实践中去。革命精神和红色特质

促使红安在脱贫攻坚中大胆探索，先行先试，不仅取得实出成效，成为精准扶贫后首批脱贫摘帽县，也为新时期的贫困治理与乡村振兴贡献了红安经验。

一、红安县脱贫摘帽的成效

由于历史原因、自然条件和资源禀赋等原因，红安县贫困人口多、贫困程度深、脱贫难度大。2014年，全县农村人口53.95万人，占全县总人口的81.12%；建档立卡贫困户43937户112849人，占全县农村人口的21%；农村人均可支配收入8057元，比全省平均水平低26%。红安脱贫攻坚难度不小。

党的十八大以来，红安县认真学习贯彻习近平总书记关于扶贫工作的重要论述，全面落实党中央和省、市决策部署，把脱贫攻坚作为最大的政治任务、第一民生工程，发扬“朴诚勇毅、不胜不休”的红安精神，举全县之力聚力脱贫攻坚工作：严格按“两不愁三保障”“三率一度”考核标准，量化、细化贫困评价体系；全面统筹整合各类财政资金，切实强化扶贫基础性投入保障；建立运用“大督查”工作机制，组建工作专班实行全天候督办抽查“五天四夜”执行情况；结合美丽乡村建设等工作，加大农村公共基础设施建设，积极发动社会力量参与，扎扎实实打基础，让群众享受到看得见、摸得着、用得上的公共服务，提升群众满意度。

量化数据最直观地展现了红安脱贫攻坚的成效。[①]党的十八大以来，

---

① 数据来源：红安县扶贫办。

经过脱贫攻坚和多轮精准识别“回头看”，全县贫困人口由2014年的112849人减至2017年年底的323人，贫困发生率由2014年的21%降至2017年年底的0.06%。2018年年初，按照国家和湖北省制定的贫困县退出标准，经县级申请、市级初审、省级核查和湖北省扶贫攻坚领导小组同意，红安县符合贫困县退出标准，拟退出贫困县序列。2018年6月份开展国家第三方考核，综合贫困发生率为0.11%（国家标准不高于2%），漏评率为0.07%（国家标准不高于2%），错退率为0（国家标准不高于2%），认可度为95.94%（国家标准不低于90%），所有指标均达到贫困县退出的国家标准，2018年8月7日，省政府宣布红安退出贫困县。

红安脱贫摘帽的成效是系统性、全局性的。在党中央、国务院及省委、市委的坚强领导和各方支持下，红安积极学习贯彻习近平总书记关于扶贫工作的重要论述，坚持以精准脱贫统揽全县经济社会发展全局，贯穿经济、政治、文化、社会、生态文明“五位一体”建设各个方面，通过建立稳定脱贫长效机制、激发县域发展内生动力，促使脱贫攻坚与乡村振兴有效衔接。

（一）推动贫困村全面发展

1. 完善村级基础设施

基础设施落后、民生领域欠账是农村发展滞后的关键因素。党的十八大以来，红安县不断加大对贫困村基础设施改造提升的投入，补齐农村基础设施、基本公共服务、人居环境短板。一是加强农村基础设施建设。通过改造提升农村水、电、路、网、房等基础设施建设，优化了乡居环境。二是加强农村文化设施建设。通过持续推广村级文化“七个一”（一个文化广场、一个简易戏台、一个多功能活动室、一支文艺队伍、一套体育器材、一套村村响广播、一组宣传文化墙等），拓展了村落的公共文化空间，丰富了群众精神文化生活。三是改善乡村人居环境。通过推动厕所革命、精准灭荒、污水及垃圾治理，创建美丽乡村人居环境。四是强化卫生服务体系建设。推动城乡社保体制一体化及医养结合，开展爱国卫生运动，提高了群众卫生素养和健康素养。2017 年起，红安县总结经验，提出基础设施建设“2+N”模式，推动乡村在硬性指标和灵活操作的空间下因地制宜完善基础设施。“2+N”模式累计整合了 1 亿元专项资金，撬动社会资本、群众投劳 1.3 亿多元，建成便民小道 180 万米，安装村组路灯 3 万多盏，打通了村民便利出行的“最后一米”，惠及 30 多万群众。

2. 激活村级经济活力

产业发展是除穷根、开富源的治本之策。红安始终将产业扶贫作为根本举措，让 94.5% 的贫困人口从产业扶贫中受益。红安通过实施“兴镇强村富民”工程，将金融支持、项目用地支持、招商项目税收返还、光伏扶贫等一系列举措结合，制定了包括工业、农业、光伏、金融等在内的综合性产业扶贫政策，鼓励市场主体以土地流转分红、入股分红、社会帮扶、带动就业等多种方式推动贫困户脱贫致富。此外，红安县也通过技能培训提能、针对企业用工需求培训就业、金融支持自主创业、鼓励规模发展合作经济的方式，活跃村级集体经济。其中，家庭农场、农民专业合作社等新型农业经营主体由 50 多家发展到 1800 多家，“三品一标”农产品由 12 个发展到 55 个。通过产业扶贫，红安实现了除“五保户”和无劳动能力低保户外，94.5% 贫困人口中每两户以上从事脱贫增收产业。产业扶贫举措兑现奖补资金 1.4 亿元，支持 1.8 万户贫困户发展种养业。2018—2020 年，红安继续每年安排 1800 万元支持 60 个村发展特色产业，壮大集体经济，确保全县所有村级组织集体经济收入全部达到 5 万元以上，持续推广“政府 + 市场主体 + 农户 + 银行 + 保险”的“五位一体”产业扶贫模式，进一步完善贫困户、村集体、市场主体利益联结机制。

3. 强化村级社会治理

农村基层治理资源的流失、村落公共性的削减是制约乡村发展的重要因素。红安县主要从三个方面推动了乡村基层社会治理水平的提高。一是选派工作队，开展“万千”驻村活动。红安把驻村帮扶作为夯实基层基础、实现精准脱贫的重要抓手，深入开展“万千”驻村（万名干部包保、千名干部驻村）帮扶活动，做到了乡有督查队、村有工作队、户有帮扶人。在驻村干部的培训管理上，红安县强调对驻村干部实行专业化培训、制度化管理、常态化督查、人性化关爱。通过全面落实驻村“五天四夜”（工作队员每周在驻点村工作五个白天，住四个晚上）工作制度，驻村干部在基层农村发挥了脱贫攻坚战斗员、基层党建指导员、美丽乡村建管员、乡风文明宣传员、矛盾纠纷调解员的作用。驻村工作队通过召开场子会、上门走访、共进晚餐、慰问帮扶等办法，实打实地为群众办好事、解难事。二是挖掘乡村内在的社会治理能力。红安坚持自治、法治、德治相结合，创新乡村基层管理体制机制，充分发挥村党组织领导核心作用，推动现代乡村社会治理体系的完善。三是坚持党建统领。红安按照基层党建“整县推进、整镇提升、整村夯实”的部署，落实“全面进步、全面过硬”要求，加大了基层党组织建设力度。其中一个重要举措是选优配强村级带头人，大力推进“红色头雁”工程，在选好配强村“两委”班子的基础上，每年安排100万元用于村党组织书记培训和考核奖励。连续三年每年择优引进约100名大学生到村任职，储备一批村级后备干部，打造一支“不走的工作队”。另一个重要举措是建好用好党群服务中心。采取“新建一批、改扩建一批、特色示范一批”，采取以奖代补的办法，对村级党员群众服务中心进行提档升级，确保个个都达标，坚持建管并重，完善管理制度，优化服务功能，方便党员群众办事，使其成为坚强的执政阵地、便捷的服务平台和温馨的精神家园。

（二）推动贫困户脱贫致富

1. 生活改善促发展

红安通过促进生活设施改善，解决住房、饮水等生活问题，有效改善了贫困人口的生活条件，从而为扶持对象生计发展、抗风险能力创造了条件。红安坚持“挪穷窝”与“换穷业”并举、安居与乐业并重、搬迁与脱贫同步。“十三五”期间，红安累计投入5.6亿元资金，易地搬迁3464户、危房改造7772户。红安易地扶贫搬迁工作在尊重群众意愿的前提下，实现了安置点通水、通电、道路硬化、环境绿化等基础设施全部配套到位，室内简易装修，厨房、卫生间生活设施一应俱全。在人数较多的安置点还配套建设了幼儿园、卫生服务站、警务服务中心、简易休闲娱乐设施等，满足贫困户日常生活需要，真正实现贫困户拎包入住。脱贫摘帽后，红安进一步加强易迁点管理，明确了村级安置点的管理职责，出台物业管理优惠政策，引进物业管理公司对大型安置点进行管理，配备安置点管理人员和服务人员。全县每个村级安置点都有负责人，每天都有村干部值班；大型安置点都有一名乡镇干部负责，并配有公益性岗位人员负责卫生等工作；竹林社区安置点还配套建设了幼儿园、小学、卫生室、警务服务中心等设施。同时，推进旧房改造工作，2018年共改造旧房230户，进一步改善了贫困户生活条件。

2. 健康扶贫拔穷根

红安县因病致贫的贫困户户数占比大，人数占比重。自2015年以来，红安县委、县政府高度重视健康扶贫，针对因病致贫、返贫人口占全县贫困人口61%的突出问题，确定了“精准脱贫、健康先行”，拔“病根”除“穷根”的扶贫思路，率先探索医疗救助“4321”模式。经过几年不断的探索和完善，健康扶贫成为红安县贫困群众最受欢迎、最需要、最实惠的扶贫项目。贫困人口医疗费用负担明显下降，人均住院医疗自付费用从政策实施前 2704.58 元下降到 2018 年年底的 455.38 元，降幅为 83.2%，住院实际补偿率由 49.86% 提高到 91.67%。2018 年，县政府及各部门为所有建档立卡内 109970 名贫困人口，资助其参加城乡居民医保个人费用共 1979.46 万元。建立了“基本保险 + 大病保险 + 健康扶贫医疗救助 + 民政救助”四位一体的医疗保障体系，投入 800 万元建立门诊救助制度。通过健康扶贫，红安逐步实现了让贫困对象“看得起病、少生病、看得好病”和“方便看病”。红安健康扶贫的突出成效引起国家与社会广泛重视，“4321”模式被评为全国基层改革创新 50 个优秀案例之一并在全国全省推广。红安健康扶贫受到联合国人权组织认可，并吸引了国际社会关注。

3. 扶贫扶志与扶智生动力

扶贫要扶志、扶智，通过精神脱贫激发贫困群众内生动力，摒弃“等、靠、要”思想，变“要我脱贫”为“我要脱贫”，才能实现持久脱贫。红安县在扶志扶智上，注重加强宣传教育，激发贫困户主体意识。广泛开展农业实用技术培训、新型职业农民培训、就业技能培训、电子商务培训和创业培训。2018 年，贫困家庭“两后生”参加职业教育技能培训比率达到 100%，532 户贫困户在 45 家工业市场主体打工得薪金并获得技能培训，户均年增收 2 万元以上，开展电商业务培训班 11 场次，其中贫困户 82 人，电商带动贫困户就业 25 人。丰富文化精神生活，红安积极开展文艺演出“送戏下乡”，仅 2018 年间就开展送戏下乡活动 500 余场次。同时，红安也积极讲好“脱贫故事”，树立 100 名脱贫先进典型，并将脱贫典型转化为歌舞剧等文化产品进行宣传，以发挥精神引领的作用，极大激发了贫困户主体意识。

二、红安县脱贫摘帽的经验

红安县率先实现脱贫摘帽，并成为湖北省脱贫攻坚的县级典型。其脱贫摘帽的重要经验在于坚持以扶贫开发工作统揽经济社会发展全局，注重创新发展并发挥地方自主性，探索出了一条因地制宜，将经济发展与社会发展、生态保护相结合，县域发展与精准扶贫相结合的发展道路，从而使人民更多地分享到发展的红利。

（一）以扶贫开发工作统领经济社会发展全局

打赢脱贫攻坚战是全面建成小康社会的底线目标，是第一位的民生工程。红安县将打赢脱贫攻坚战作为重要的政治任务、头等大事，始终以扶贫开发工作统揽经济社会发展全局。将扶贫开发作为“第一民生工程”，不仅体现在红安县统筹协调、凝聚力量的决心层面，更体现在对经济社会发展各项工作的统筹部署层面。具体而言，红安县以扶贫开发工作统揽经济社会发展全局的重要经验在于以扶贫开发为抓手，突破科层制“条条”“块块”的分割，有效实现了资金、项目的打通整合，从而集中力量统领经济社会发展。在资金使用上，红安县坚持“渠道不乱、用途不变、捆绑使用”的原则，明确整合资金范围，实施“源头”整合，打破部门、行业界限，统筹上级和本级、涉农和非涉农、结转和增量等一切可用财政性资金，做实做大了资金盘子。在政策整合上，根据年度脱贫任务及巩固脱贫成效需要，用好用足整合试点政策，实事求是确定年度计划整合资金规模，在“因需而整”的前提下，做到“应整尽整”，同时，坚守“整合的中央财政资金不得突破《关于支持贫困县开展统筹整合使用财政涉农资金试点的意见》规定的20大项资金范围”和“五个不得”“五个防止”的负面清单红线，防止面面俱到和整合“乱作为”。在项目整合上，建立扶贫项目信息库。以项目为载体，制订年度项目建设总体规划和扶贫资金整合方案，将资金统筹整合任务分解到各个相关单位。

（二）创新体制，完善贫困治理体系

新时期扶贫开发工作面临新形势，复杂的致贫原因、差异化的需求，要求精准扶贫不断创新体制机制，用新做法、新经验回应差异化的减贫实际。红安县传承革命老区敢为人先的精神，大胆探索，推动了贯穿精准扶贫全过程、各环节的创新。从扶贫开发路径到扶贫资源使用，从扶贫开发模式到资源调动配合，从党政抓手到扶贫考评体系，扶贫实践始终彰显着地方治理的智慧和探索。总体而言，红安创新体制机制主要体现在如下几个方面：一是为保证扶贫开发政策与实际需求的有效对接，红安创新了扶贫资金分配、使用、监管方式，实现精准识别、精准帮扶以及精准管理。二是创新了驻村工作及基层党建，创新性提出“万千帮扶”“五天四夜”“红色头雁”等先进做法。三是创新了基层社会治理，建立健全了村务监督理事会、村民议事会、红白理事会、卫生理事会、铜锣联防队构成的“四会一队”的乡村基层治理力量。四是根据地方实际，创新提出健康扶贫、产业扶贫新举措，并形成包括产业扶贫、健康扶贫、金融扶贫、文化扶贫等在内的系统性扶贫体系。

（三）协调共进，完善县域治理体系

协调发展的重要理念是在经济新常态下，党和国家对社会发展规律认识上的进一步深化。红安县在脱贫摘帽的过程中，自觉将协调发展融贯到扶贫开发的地方实践中，稳步推动产业协调发展、城乡协调发展、经济社会及生态协调发展，转变传统发展方式，形成创新型发展模式。具体而

言，一是统筹协调基础设施建设、产业扶贫、健康扶贫、易地扶贫搬迁、党建扶贫、生态扶贫、文化与精神扶贫、兜底扶贫等多项措施，稳步推进红安县全方位的脱贫与发展。二是协调产业布局与发展方式，坚持长短结合、标本兼治，制定工业、农业、光伏、金融等综合性产业扶贫政策。三是帮扶与发展结合，政策帮扶与激发内生动力相协调，标本兼治。四是协调扶贫力量，以政府为主导，广泛动员市场主体、社会资源与社会力量参与，通过市场主体带动就业和分红、社会力量帮扶形成专项扶贫、行业扶贫、社会扶贫合力攻坚的大扶贫格局。

（四）绿色生态，促进县域永续发展

绿色发展是实现永续发展的固本之道，生态脱贫则是实现绿色发展的必要条件。红安始终坚定绿水青山就是金山银山的发展理念，致力将生态优势转为发展优势：一方面大力发展红色旅游、乡村生态旅游，深入推进旅游扶贫。红安推行生态建设和保护以工代赈的做法，为贫困群众提供更多生态公益性岗位，创建了一批特色生态旅游示范村镇和精品线路，打造绿色生态环保的乡村生态旅游产业链；另一方面着力改善村落、乡居环境，建设美丽乡村。红安统筹推进厕所革命、精准灭荒、乡镇生活污水治理和城乡生活垃圾无害化处理“四个三”重大生态工程建设。在治山治水方面，红安深入推行森林抚育、河库长制等工作，加强山水林田河的保护与修复。

（五）开放共享，推进县域共同小康

开放是贫困地区脱贫致富的必由之路，共享发展是社会主义本质要求。开放发展理念要求对外部保持开放与交流、对新经验新做法保持开放态度。共享理念一方面要求分享红利，由人民共享发展成果；另一方面也

意味着让人民在共建共享发展中有更多参与感与获得感。红安在开放共享成功脱贫致富方面的重要经验在于：其一，保持扶贫开发的开放姿态。红安县对新形势新经验持开放态度，敢于先行先试，充分调动了县域内外两种力量，体制内外两种要素，政府与市场、社会三种力量参与脱贫攻坚。红安对新经验、新形势持开放态度，通过包括健康扶贫、光伏扶贫在内的一系列先行先试的创新举措，抢抓大别山试验区建设，取得了突出成效。其二，精准识别、精准帮扶，切实保证贫困户享受发展红利。解决精准识别的瞄准问题，是切实保证贫困群众在扶贫开发中分享发展红利的重要前提。红安在精准识别上也摸索出了一套做法，一方面，结合红安县因病致贫的特点发展出“五看”识别法，进一步对照“负面清单”、利用大数据比对开展多轮“回头看”及动态管理，努力做到“卡内无硬伤、卡外无真贫”。另一方面，红安在产业扶贫中积极引导市场主体以分红、入股、提供公益性就业及带动就业的方式，充实贫困村集体经济，帮助贫困户实现增收，切实保证困难群众分享到发展红利。

三、展望后减贫时代与乡村振兴

到2020年，在现有扶贫标准下贫困人口的全部脱贫，并不意味着农村贫困的终结。农村贫困人口生计的脆弱性、兜底保障的有限覆盖率以及贫困线的变动性决定了农村贫困将会进入一个以转型性的次生贫困和相对贫困为特点的新阶段。2020年后减贫时代，农村减贫战略需要由“扶贫”走向“防贫”，要努力建立长效机制，巩固脱贫成果。[①] 党的十九大报告指出，实施乡村振兴战略，要坚决打赢脱贫攻坚战。实施乡村振兴战略是新

① 李小云、许汉泽：《2020年后扶贫工作的若干思考》，《国家行政学院学报》2018年第1期。

时代“三农”工作的总抓手，打赢脱贫攻坚战是全面建成小康社会的标志性战役，是实施乡村振兴战略的重大阶段性任务。党的十九大报告明确指出了脱贫攻坚与乡村振兴间的衔接关系。“小康不小康，关键看老乡”，摆脱贫困是乡村振兴的前提，没有农村地区的脱贫，就没有乡村振兴。而乡村振兴是脱贫攻坚的发展，没有乡村振兴，脱贫攻坚的成效永远无法巩固提升。

事实上，脱贫攻坚作为乡村振兴战略的重点工作和任务，从整体上来看，是点与面的关系；从推进上来看，是阶段性重点与长远发展的关系；从实施上来看，是抓重点与抓全局的关系，其出发点和落脚点都高度一致，都在于发展“三农”，都在于致力于农民的发展和提升。由此，我们不难看出，脱贫攻坚与乡村振兴是解决“三农”问题的矛盾的两个方面，相互关联，相互支撑，相辅相成，共同促进。只有通过乡村振兴顶层设计与精准扶贫微观施策的相辅相成，才能确保到2020年我国现行标准下农村贫困人口实现脱贫，贫困县全部摘帽，从而解决区域性整体贫困，做到脱真贫、真脱贫；只有通过走中国特色社会主义乡村振兴道路，才能让农业成为有奔头的产业，让农民成为有吸引力的职业，让农村成为安居乐业的美丽家园；只有通过推动农业全面升级、农村全面进步、农民全面发展，才能谱写新时代乡村全面振兴新篇章。从根本上讲，二者均体现了以人民为中心的发展思想，体现了习近平新时代中国特色社会主义思想的人民立场，是马克思主义中国化的又一次伟大创造。

展望后减贫时代，红安着眼长远，积极谋划，在脱贫摘帽后积极应对减贫时代新形势和新挑战，围绕“产业兴旺、生态宜居、乡风文明、治理有效、生活富裕”的乡村振兴总要求，着力统筹推进农村经济建设、政治建设、文化建设、社会建设、生态文明建设和党的建设，为有效衔接脱贫攻坚与乡村振兴提供了成功经验与发展思考。

（一）红安县脱贫摘帽的成效：激活县域发展动力

实施乡村振兴战略和坚决打赢脱贫攻坚战是确保我国如期实现全面建成小康社会奋斗目标的重要战略支撑，反映了我国“三农”工作面临的新形势和扶贫工作面临的新任务，具有重要战略意义。两者相辅相成，相互促进，相互支撑，统一于全面建成小康社会的伟大实践。在实现脱贫摘帽后，红安仍坚持认真学习贯彻党中央、国务院关于打赢脱贫攻坚战三年行动电视电话会议精神，紧紧围绕“三个着力”和“一摘四不摘”的总体要求，按照贫困地区“一高于、一接近”的任务目标，紧密结合乡村振兴战略，压实主体责任，下足“绣花”功夫，持续推进巩固提升工作，建立健全长效脱贫机制，真正做到了工作力度只增不减、资金投入只增不减、政策支持只增不减，县域经济社会稳步发展。红安脱贫摘帽的经验显示，后减贫时代的减贫形势和挑战不容小觑，有效衔接脱贫攻坚与乡村振兴是巩固脱贫成果、推动可持续发展的根本道路。红安脱贫攻坚的成效表明，巩固脱贫成果、促进乡村振兴必须在五个层面做好衔接工作。

1. 理论思想有效衔接

精准扶贫与乡村振兴战略的衔接，先要做到理论上与思想上的有效衔接。一是要坚持理论指导的连续性，深刻领会并贯通把握习近平总书记关于扶贫工作的重要论述和乡村振兴战略思想精神实质，将理论武装贯穿到实施乡村振兴战略的始终。二是将精准理念延续到乡村振兴，坚持分类有序推进乡村振兴，做到项目安排精准、资金使用精准、措施落实精准、成果成效精准。三是站在实现“两个一百年”奋斗目标的战略高度认识乡村振兴的重大意义，真正把推进乡村振兴摆在更加突出的优先位置。

2. 战略规划有效衔接

脱贫攻坚是立足于实现第一个百年奋斗目标而确定的重大战略部署，

乡村振兴是着眼于第二个百年奋斗目标而确定的重大战略部署，两者都是为了一个共同的目标，相辅相成、相互支撑、相互促进。2018 年，中央农村工作会议明确提出“走中国特色社会主义乡村振兴道路，必须打好精准脱贫攻坚战”。2018 年 2 月 4 日发布的《中共中央、国务院关于实施乡村振兴战略的意见》中第八部分是打好精准脱贫攻坚战，从“贫困人口精准帮扶”“贫困地区集中发力”“激发贫困人口内生动力”“强化脱贫攻坚责任和监督”四个方面对精准扶贫、精准脱贫进行再部署，不仅明确了今后一段时期脱贫攻坚的目标和要求，更凸显了脱贫攻坚在乡村振兴战略中的重要地位和作用。对贫困地区来讲，2020 年之前，乡村振兴的核心任务就是打好精准脱贫攻坚战。脱贫攻坚，不仅是党的十九大部署的三大攻坚战任务之一，也关系乡村振兴战略的实施成效。中央层面的精准扶贫与乡村振兴战略规划实现了有效对接，县域扶贫开发实践中也应根据地方实情，细化完善精准扶贫与乡村振兴衔接的战略规划和专项方案，确保二者相辅相成、同频共振。

3. 体制机制有效衔接

2020 年实现全面脱贫，消除绝对贫困之后，应继续利用已建立的有效体制机制，助力乡村振兴。比如，继续完善“中央统筹、省负总责、市县乡抓落实”工作机制、强化“五级书记”抓乡村振兴的制度保障，进一步将精准扶贫期间有关责任落实、工作推进、督查考核的体制机制转向为乡村振兴服务。此外，各地在精准扶贫过程中积累的工作力量也应继续投入乡村振兴，如红安在驻村工作队方面创新性提出“万千帮扶”“五天四夜”制度，培养了一批熟悉农村工作、深入农村基层治理的工作力量。继续有效利用这批力量有助于进一步实现政府与基层的直连，强化干群关系，推动乡村基层社会治理，为乡村振兴提供延伸向基层的有效抓手。

4. 政策体系有效衔接

保持政策体系的连续性，也是巩固脱贫成果、持续惠民、有效促进乡村振兴的重要保障。贫困地区应始终以稳定脱贫、巩固提升为中心配置资源，做好政策衔接、机制整合、工作统筹，集中政策、财力、人才等优势资源，集中统筹公共资源，广泛动员社会资源与力量参与。进一步完善政策体系。红安在政策体系的延续性上也有独到的经验：红安脱贫摘帽后，仍继续严格遵循“两不愁三保障”的综合标准，既不降低标准，又不吊高胃口，坚持和完善精准扶贫精准脱贫政策体系，保证现行标准下的脱贫质量，确保产业、医疗、教育、住房、饮水、社会保障等既定政策的延续性和稳定性，建立稳定脱贫长效机制，政策上切实做到了“扶上马、送一程”。

5. 工作成果有效衔接

脱贫攻坚与乡村振兴的有效衔接，有赖于在既有成果的基础上深化发展。各贫困地区应在脱贫攻坚的成果基础之上，按照推进乡村振兴的目标要求，完善、强化、接续已取得成就的各个工作领域。脱贫摘帽后，贫困区县应进一步深化既有工作成果。一是在脱贫摘帽后，要在一定时间内保持资源和政策的配套支持和持续倾斜，确保贫困群众不返贫。二是要注重总结梳理脱贫攻坚中成熟的理论成果、实践经验，用于完善乡村振兴政策体系、制度框架。三是进一步加强乡村振兴统筹指导，既统一要求目标，又突出地方特色。四是重点完善产业支撑体系，产业是兴村富民之本，要巩固脱贫攻坚期间产业发展成果，解决“人走戏散”之忧。以红安为例，红安应在产业扶贫的基础上，进一步施行产业振兴，加大对贫困地区产业发展的扶持力度，重点强化对产业发展加工、销售环节及其对农户利益联结的补助力度，支持贫困区县逐步补齐“产业发展这一最大短板”。在健康扶贫、文化扶贫的基础上，进一步提升贫困群众的体质及综合素养，培养新型农民和职业技术人才。在金融扶贫、社会力量扶贫的基础上，进一步鼓励金融资本、社会资本参加乡村振兴，在坚持政府主导的前提下，各地方应积极研究出台市场化、社会化方式推进乡村振兴的指导意见。在社会治理上，进一步加强驻村工作队的帮扶力量，同时进一步培育"四会一队"（村务监督理事会、村民议事会、红白理事会、卫生理事会、铜锣联防队）的乡村基层治理力量，发挥群众组织力量、推动乡村社会自治。在农村重点改革的基础上，进一步加快推进农村土地制度、集体产权制度改革和深化农村"三变"改革，有效破除体制机制弊端，盘活农村资源、资产，激发农村发展活力。

（二）红安县脱贫摘帽的经验：统筹协调、创新治理、生态发展

红安县深入学习贯彻习近平新时代中国特色社会主义思想，坚持稳中求进工作总基调，贯彻新发展理念。面对脱贫攻坚向乡村振兴战略转型衔接时的新形势、新任务和新要求，红安县精准脱贫工作也存在一些具体问题：一是少数贫困户内生动力不足。目前还有少数贫困户观念陈旧，缺乏进取心，自我脱贫意识淡薄，有的存在"福利依赖"，有的脱贫了但不愿退出。二是部分产业抗风险能力不强。少数市场主体发展处在创业起步阶段，带动能力较弱，市场瞬息万变，抗风险能力不强。三是农村基础设施仍然比较薄弱。多年来红安不断加大对农村基础设施建设投入，但由于历史原因，欠账仍然较多，与新时代农民群众对美好生活的向往还有较大差距。四是政策、战略转型的过渡给巩固脱贫成效带来一定风险。由脱贫攻坚向乡村振兴战略的转型，在政策配套和资源倾斜上难免出现衔接问题。如果政策和资源的连续性受到影响，出现部分重要资源撤出情况的话，对于巩固脱贫成效而言是不利的。

（三）展望后减贫时代与乡村振兴：系统思维，有序衔接；五个振兴，巩固提升

后减贫时代，在巩固脱贫攻坚成效、实施乡村振兴战略的过程中，关键是构建脱贫长效机制，赋予脱贫攻坚新动能，防止脱贫后的返贫，推动乡村社会经济稳步发展。总体而言，不管是以红安县为代表的第一批脱贫摘帽县还是将在 2020 年脱贫的其他贫困地区，要打赢脱贫攻坚战、推动乡村振兴，关键就是推动“人”“地”“钱”或者说人才、技术、资本等关键要素加快流向农村。要实现乡村振兴，就应系统性地激发贫困农民、贫困乡村脱贫致富的内生动力、外在活力，协调推动乡村的经济发展、社会进步、生态文明。

红安经验表明，后减贫时代贫困地区要巩固脱贫攻坚、实现乡村振兴与脱贫攻坚的有效衔接，需要从四个方面协调发力：一是坚持和运用系统思维，更加注重脱贫攻坚整体布局、系统集成。二是坚持以“五个振兴”为统领，统筹推进脱贫攻坚巩固提升。三是坚持和践行绿色发展理念，确保乡村振兴战略与脱贫攻坚的可持续性。四是坚持人才是第一资源，聚合乡村发展的智力和资源。

1. 以系统思维巩固脱贫攻坚

党的十九大在提出实施乡村振兴战略的同时，阐释了乡村振兴战略的思想内涵，它是坚持农业农村优先发展，按照产业兴旺、生态宜居、乡风文明、治理有效、生活富裕的总要求，建立健全城乡融合发展的体制机制和政策体系，加快推进农业农村现代化。运用系统思维巩固脱贫攻坚，衔接乡村振兴，就是要将乡村振兴战略的思想和原则融入脱贫攻坚中，坚持系统思维，不能头痛医头、脚痛医脚，要更加注重政策设计的系统集成，做到全局和局部相衔接、当前与长远相结合、“输血”与

“造血”相统一、物质扶贫和精神扶贫相配套，使各项工作环环相扣、协同并进，相得益彰。

2. 以“五个振兴”巩固脱贫攻坚

一是要通过产业振兴夯实产业扶贫的坚实基础。坚持培养乡村发展新动能，推进农业绿色化、优质化、特色化、品牌化，构建农村一、二、三产业融合发展体系，提升农业发展水平，促进劳动力就业和农民增收，就地打造配套产业链，以产业振兴拖住脱贫攻坚的底盘，以产业发展稳固产业扶贫的基础，使村集体和群众能够持续增收，让乡村振兴有一个良好的稳定的发展基础，促使脱贫攻坚的成效得到不断的巩固提升。

二是要通过人才振兴构建扶贫的攻坚队伍。脱贫攻坚、乡村振兴，唯在人才。要大力培养新型职业农民，加强农村专业人才队伍建设，建立县域专业人才统筹使用制度，提高农村专业人才服务保障能力。要创新乡村人才培育引进使用机制，培育脱贫攻坚的实践者、领军人物。要以“市民下乡、能人回乡、企业兴乡”为抓手，扎实推动乡村振兴战略实施，充分发挥“三乡工程”的杠杆引领作用。要鼓励企业家将产业链、价值链向农村延伸，支持企业大力培育、吸收、帮扶贫困群众，不断拓宽贫困群众增收渠道。吸引社会人士到农村开展农村示范、试验，运用现代技术在农村发展农业“互联网+”，更好地运用信息化技术助推脱贫攻坚。

三是要通过文化振兴营造“我要脱贫”的浓厚氛围。充分挖掘和运用农村艰苦奋斗、自强不息精神和孝道文化，激活农村乡土文化力量，把文化振兴与扶志扶智相结合，激发贫困群众内生动力，引导他们克服“等、靠、要”思想，逐步消除精神贫困，变“要我脱贫”为“我要脱贫”，促进其形成自强自立、争先脱贫的精神风貌。应继续大力宣传“勤劳致富”典型，营造“我勤劳、我致富，我脱贫、我光荣”的浓厚氛围。

四是要以生态振兴坚定绿水青山的发展理念。营造良好的生态环境是打好脱贫攻坚战的关键任务，生态振兴秉持“绿水青山就是金山银山”的发展理念。要正确处理开发与保护的关系，将乡村生态优势转化为发展生态优势，促进生态和经济发展的良性循环，将生态环保与脱贫攻坚紧密地相结合，打造人与自然和谐共生发展的新格局。加强农业农村污染防治，开展美丽乡村、洁净乡村发展行动。推行生态建设和保护以工代赈的做法，为贫困群众提供更多生态公益性岗位。创建一批特色生态旅游示范村镇和精品线路，打造绿色生态环保的乡村生态旅游产业链，深入推进旅游扶贫项目的实施。

五是要通过组织振兴建强基层组织的战斗堡垒。上面“千根线万条线”，村级班子是关键。实施乡村振兴战略、打好脱贫攻坚战必须要有好的带头人，需要建强村级领导班子，着力加强农村基层组织建设，努力提高村级班子的整体素质水平。深入推进抓党建促脱贫攻坚，促乡村振兴，要继续强化农村基层党组织领导核心地位，持续整顿软弱涣散村党组织，着力引导农村党员发挥先锋模范作用。要建立选派第一书记工作长效机制，全面向重点贫困村、软弱涣散村和集体经济薄弱村党组织派出第一书记。要实施农村带头人队伍整体优化提升行动，选优配强村党组织书记，注重从退伍军人、大学生村官、致富能手中选拔人才到重点贫困村担任党组织书记。

3. 以绿色发展巩固脱贫攻坚

习近平总书记指出，良好的生态环境是农村最大优势和宝贵财富。并作出了“绿水青山就是金山银山”的重要论断。他强调，实施乡村振兴战略，一个重要任务就是推行绿色发展方式和生活方式，让生态美起来，环境靓起来，再现山清水秀、天蓝地绿、村美人和的美丽画卷。乡村振兴将生态振兴作为一个新的重要内容，旨在推进乡村绿色发展，打造人与自然和谐共生发展新格局。推进农业绿色发展是农业发展观的一场深刻革命。

农业发展不仅要杜绝生态环境欠新账，而且要逐步还旧账。在推进脱贫攻坚工作中，树立正确发展思路，因地制宜选择好发展产业，切实做到经济效益、社会效益、生态效益同步提升，尊重自然、顺应自然、保护自然，推动乡村自然资本加快增值，实现百姓富、生态美的统一。

4. 以人才发展巩固脱贫攻坚

无论是乡村振兴，还是脱贫攻坚巩固提升，最终要靠人才、靠资源。乡村振兴战略和脱贫攻坚工作有着相同的需求、共同的抓手，那就是“人才”。如果乡村人才、土地、资源等要素一味流向城市，乡村将长期处于“失血”状态，振兴就是一句空话，脱贫攻坚也难以巩固。乡村振兴必须要依靠有效的手段，鼓励各类人才资源向农村流动，精准脱贫同样要引导干事创业的人才到农村广阔的天地大展拳脚，而教育脱贫也是精准脱贫的重要选择。要更加重视农村人才队伍建设，打通人才向农村、向基层一线流动的通道，着力抓好招才引智，促进各路人才“上山下乡”投身振兴乡村中，聚合乡村发展的智力和资源，从而为脱贫攻坚和乡村振兴提供源源不绝的内生动力。

附录：红安县扶贫政策摘编

红安县工业扶贫实施办法

（2015 年 8 月）

一、目标任务

根据工业企业岗位需求，负责安排 3000 名贫困人口在家门口企业就业，切实增加贫困户家庭经济收入。

二、帮扶对象

精准识别后的重点贫困户家庭成员。

三、帮扶举措

（一）凡工业企业吸纳县政府认定扶贫对象就业的，由人社局负责免费提供岗前培训。

（二）凡工业企业吸纳县政府认定扶贫对象中残疾人员就业的，企业享受国家认定的相关纳税优惠减免政策。

（三）凡工业企业吸纳县政府认定的扶贫对象的，工作期满 1 年以上的，每天报酬 80 元以上，每安排一人年终给予企业 2000 元奖励。

（四）对安排贫困户家庭成员就业10人以上的工业企业，经相关职能部门认定工作满1年的，县政府给予100万元县域经济发展调度资金支持或100万元贴息5%贷款支持，每增加1人增加5万元县域经济发展调度资金或增加贴息5%贷款，最高支持额度不超过300万元。

（五）对安排全县建档立卡中的一般贫困户人口就业10人以上的工业企业，经相关职能部门认定工作满1年的，符合国家产业政策支持方向的项目，县经信局向国家、省级主管部门申报项目支持；对符合工业节能与绿色环保的发展项目，优先向国家、省级主管部门推荐，争取以项目资本金投入方式的产业专项发展基金。

（六）组织贫困户家庭成员中有一定知识、年龄在18—30岁阶段的年轻人参加青年电商创业培训，通过学习“互联网+”思维，拓展视野，培育致富技能。培训工作由人社局免费提供，每安排一个贫困户家庭成员参与电商就业半年以上，每天报酬不低于60元，对市场主体给予5万元贴息5%贷款。贫困人口自主创业给予5万元全额贴息贷款。

（七）依托电子商务进农村综合示范县创建项目，在10个重点扶贫村高标准建设电商服务网点的，一次性奖励1万元；对贫困户参加电商业务培训，挑选具有一定知识水平的人员经营服务网点；按照红安县电子商务奖励扶持办法规定，对从事电商经营的贫困人员享受高于政策20%的奖励。

（八）市场经营主体每带动一个贫困户脱贫奖励1000元。

（九）政策扶持贷款期限不超过两年。（除旅游业、农业服务业之外的第三产业同比政策执行）

四、方法步骤

（一）乡镇按工业园指挥部提供就业岗位统一申报就业对象。

（二）园区按岗位需求，与乡镇对接就业。

（三）工业产业扶贫指挥部负责考核工作，根据考核结果按奖补资金拨付程序执行，并将考核结果报资金整合办兑付。

（四）组织实施，由新型工业化扶贫指挥部制定实施细则，所有奖补政策严格按实施细则执行。

红安县农业扶贫实施办法

（2015 年 8 月）

一、目标任务

大力发展优势特色种植、养殖产业，帮助 1000 户贫困户 2500 名贫困人口脱贫。2015 年通过产业扶贫力争为贫困户人均增收 1000 元；2016 年力争为贫困户人均增收 2000 元；2017 年力争为贫困户人均增收 3000 元。

二、帮扶对象

全县有一定生产能力和有意愿通过发展农业产业脱贫的精准识别后的重点贫困户。

三、帮扶政策

（一）贫困户自主发展产业相关政策

1. 种植业：由贫困户承包，集中连片 50 亩以上的青茶和油茶基地作为扶贫产业基地，村负责土地流转并申报项目，林业局负责基地规划和组织实施，政府按青茶亩均2000元、油茶亩均600元的标准拨付资金给基地建设单位，不足部分由林业项目资金给予补贴；对发展钢架大棚种植果蔬1亩以上，一次性补助5000元/亩，同时给予5000元/亩的贴息贷款，补助2亩封顶；对种植中药材一次性补助500元/亩，补助10亩封顶；发展速生丰产林连片20亩以上，一次性补助350元/亩，补助50亩封顶；发展银杏，由政府免费提供种苗，每户贫困户栽植银杏不超过10株。

2.畜牧业：对养殖肉牛2头以上，一次性补助2000元/头，同时给予2000元/头的贴息贷款，每户补助5头牛封顶；对养殖山羊5头以上，一次性补助300元/头，每户补助50头山羊封顶，养牛、养羊只能以村为单位集中建牛舍、羊舍，不能散养，重点贫困村的牛舍、羊舍建设资金在整村推进资金中解决，非重点贫困村从村集体收入和村级组织社会捐款资金中解决；对养殖鸡鸭年出栏300只以上的一次性补助2000元/户；对养兔100只以上的一次性补助3000元/户；对养蜂20箱以上的一次性补助300元/箱，同时给予1000元/箱的贴息贷款，对纳入保险公司保险品种的畜牧业由政府购买保险。

3.水产业：发展稻田综合种养2亩以上，一次性补助1000元/亩；对承包原有鱼池2亩以上，一次性补助600元/亩，对新建的精养鱼池一次性补助1200元/亩。鼓励集中连片，由村集中流转土地，贫困户主动申请，水产局负责规划指导。

（二）市场主体带动贫困户发展产业相关政策

1.安排就业：吸纳贫困户到企业务工，帮扶5户以上（每户每年在企业务工领取报酬不低于6个月，每天工资不少于60元），一次性对经营主体给予15万元贴息5%的贷款扶持，贷款以5户为底数，每增加一户增加10万元贴息5%的贷款，同时，脱贫1户，每户奖励1000元。贷款不超过100万元。

2. 合作发展：通过合作发展，脱贫1户，给予10万元/户的贴息贷款，给予1000元/户的奖励。

3. 规模化脱贫：市场主体带动贫困户脱贫30户以上或50户以上，除享受上述政策外，另给予50万元或100万元的项目支持。

四、方法步骤

1. 调查摸底。对有产业发展需求的贫困户以及能够承担结对帮扶的新型农业经营主体进行调查摸底，登记造册。

2. 审核确认。对登记造册的有产业发展需求的贫困户和有帮扶能力的市场主体提交现代农业扶贫指挥部确认。

3. 组织实施。由现代农业扶贫指挥部制定实施细则，贷款资金按贷款申报程序执行，奖补资金按资金拨付程序执行。

红安县旅游扶贫实施办法

（2015年8月）

一、目标任务

全县发展30个旅游重点村；带动1000户贫困户从事旅游业的创业；带动5000名贫困人口在旅游业就业。

二、扶持对象

（一）旅游扶贫重点村。

（二）精准识别后的重点贫困户。

（三）帮扶贫困户的旅游业市场主体。

三、扶持政策

（一）旅游扶贫重点村每村给予 20 万元的项目支持。

（二）贫困户依托旅游自主创业的给予 5 万元 / 户全额贴息贷款；贫困户在景区或旅游扶贫重点村开办小型宾馆或农家乐的（宾馆达到 10 个床位以上，农家乐一次性能接待 50 人以上），每户给予 10000 元 / 年的奖励；贫困户在景区或旅游扶贫重点村办超市的，根据规模大小给予 1000—5000 元 / 年的奖励。

（三）旅游业市场主体带动贫困户脱贫的扶持政策。旅游业市场主体安置贫困户打工就业或参与入股分红，脱贫一个贫困户奖励市场主体或旅游业主 1000 元，另外，给予 5 万元贴息 5% 的贷款扶持。

（四）所有政策扶持贷款期限不超过 2 年。

四、方法步骤

（一）制定规划。对全县 398 个村进行摸底，确定 30 个村为重点村，自下而上进行申报，编制旅游村的发展规划。对全县有意向参与旅游自主创业和就业的贫困户以及参与扶贫工作的旅游市场主体进行统计造册。

（二）审核确认。由旅游扶贫指挥部审核确认申报旅游扶贫重点村和有意向参与扶贫工作的旅游业市场主体以及在旅游业自主创业和就业的贫困户。

（三）组织实施。由旅游扶贫指挥部制定实施细则，贷款资金按贷款申报程序执行，奖补资金按资金拨付程序执行。

红安县光伏发电扶贫试点项目实施办法

（2015年8月）

一、目标任务

为贫困户和贫困村建立持久增收项目，帮助贫困户家庭新建1个3kW功率户用分布式光伏发电站，产权及收益归贫困户所有，实现年均增收3000元以上。贫困村新建一个50kW功率光伏发电站，产权及收益归村所有，实现年均增收5万元以上。

二、实施对象

全县所有行政村和重点贫困户。

三、建设标准

（一）行政村安装50kW功率发电设备，年发电60000度左右，有效使用年限20年以上，需场地800m^2，投资40万元左右，年收益可达到5.5万元以上。

（二）贫困户安装3kW功率发电设备，年发电3500度左右，年收益4000元以上，面积30m^2，投资2.4万元左右。

四、政策标准

（一）重点贫困村所需资金从整村推进产业项目资金中安排；中标施工单位适当减免相关费用。

（二）非重点贫困村，以村为主体，从集体经济收入中解决，不足部分政府贴息贷款，分年度还款；中标施工单位适当减免相关费用。

（三）贫困户所需资金分三部分：政府出资三分之一，中标施工单位出资三分之一，贫困户自筹三分之一。贫困户无资金的，个人贷款，政府贴息，收益还款。

五、选址要求

（一）行政村：选择荒山荒坡、河滩等，尽量避开基本农田、林地。具体选址由国土、林业、规划、电力等相关部门共同商定。

（二）贫困户：有条件的选择个人屋顶，不具备条件的尽量以乡镇或村为单位集中选址。

六、程序

（一）申请：有意愿的行政村或贫困户由乡镇集中向光伏发电产业扶贫办公室申请。

（二）审核：光伏发电产业扶贫办公室组织专班根据行政村或贫困户申请情况进行实地考核，优先重点贫困村和有条件的贫困户。

（三）立项：乡镇组织行政村项目申报，县供电公司负责并网，县发改局负责立项。

（四）招标：县发改局负责全县工程招投标。

（五）建设：中标企业负责施工建设。

红安县精准扶贫精准脱贫“136”工程实施方案（试行）

（2016年10月15日）

为深入贯彻落实中央扶贫开发工作会议精神，推动我县精准扶贫精准脱贫，加快全面建成小康社会进程，结合我县实际，特制定本实施方案。

一、指导思想

以习近平总书记关于扶贫工作的重要论述为指导，全面贯彻落实《中国农村扶贫开发纲要（2011—2020年）》和《中共中央、国务院关于打赢脱贫攻坚战的决定》文件精神，全面落实《中共湖北省委、湖北省人民政府关于全力推进精准扶贫精准脱贫的决定》（鄂发〔2015〕19号）等文件精神，坚持产业发展与精准脱贫相结合，创新思路方法，加大扶持力度，注重精准发力，加快我县精准脱贫致富奔小康的步伐。

二、目标任务

（一）把发展产业增加贫困户收入作为我县精准扶贫精准脱贫的首要任务，进一步加强产业扶贫的精准性、有效性，把提高贫困户自我发展能力摆在重要位置，进一步提高我县贫困户自主创业思维、自我发展能力。

（二）从全县已参与带动贫困户脱贫的市场主体中精选10家红旗市场主体、30家骨干市场主体、60家优质市场主体，带动贫困村出列、贫困户脱贫致富。通过该项工程实施吸引全县更多市场主体积极参与，特别是通过特殊措施和优惠政策引导全县大型国有企业和私营企业积极参与到精准扶贫精准脱贫中来，力争到2019年实现特色优势产业对贫困村、贫困户全覆盖。

（三）通过奖励政策的叠加，促使100家市场主体发展壮大。

（四）促进我县“全国争一流，全省当标杆，镇镇有特色，村村有亮点”的精准扶贫精准脱贫工作目标的实现。

三、项目对象

（一）通过精准识别的“三有三得”（“三有”即有爱心、有产业、有能力；“三得”即企业得到发展、政策得到落实、贫困户得到实惠）的市场主体，且是“三真三实”（真心实意、真金实货、真抓实干）地参与带动贫困户的企业。

（二）入选条件

1. 红旗市场主体条件：

（1）已验收兑现奖补的优质市场主体；

（2）带动贫困户达100户以上；

（3）以务工或合作经营模式帮扶贫困户30户以上。

2. 骨干市场主体条件：

（1）已验收兑现奖补的优质市场主体；

（2）带动贫困户达50户以上；

（3）以务工或合作经营模式帮扶贫困户20户以上。

3. 优质市场主体条件：

（1）已验收兑现奖补的优质市场主体；

（2）带动贫困户达30户以上；

（3）以务工或合作经营模式帮扶贫困户10户以上。

四、市场主体职责

（一）帮助有劳动能力的贫困户发展一项增收致富的主导产业。

（二）帮助有劳动能力的贫困户掌握一门就业、创业技能。

（三）与贫困户有较好的长效利益联结机制，并保证所带动的贫困户人均可支配收入高于全县当年农村居民人均可支配收入。

（四）所带动的贫困户不仅能如期脱贫，而且能够致富奔小康。

五、日常管理和退出机制

（一）入选的市场主体日常监督管理由其主管产业局按照《关于产业局对市场主体督查的意见》进行管理。

（二）入选的市场主体在日常管理督查过程中有弄虚作假、假帮扶的，实行退出机制，退出“136”工程。

六、项目奖励政策

（一）凡是被认定为红旗市场主体的企业，企业享受50万元以上项目补助奖励；凡是被认定为骨干市场主体的企业，企业享受30万元以上项目补助奖励；凡是被认定为优质市场主体的企业，企业享受20万元以上项目补助奖励。

（二）凡是被认定为红旗市场主体和骨干市场主体，将由副县级领导挂牌服务。

七、方法步骤

（一）申报条件

1. 必须是已经参与带动贫困户的市场主体；

2. 财务制度健全；

3. 有帮扶贫困户工作台账。

（二）申报程序

参与带动贫困户的市场主体填表申报→所在乡镇（主管局）初审并签字盖章→县扶贫办审核并签字盖章→分管县长审核并签字→分管财务县长审核并签字。

（三）申报应提供材料

1. 企业三（五）证合一营业执照；

2. 法人身份证复印件；

3. 开户许可证；

4. 所带动贫困户公示栏图片；

5. 与所带动贫困户签订的"两书两清单"；

6. 所带动贫困户模式汇总表（必须注明贫困户姓名、所在村组、贫困户属性、帮扶模式、支付金额、贫困户电话号码）及原始付款凭证复印件。

（四）审核确认

申报材料经各级各部门及分管县长审核无误后，由财政按资金拨付程序执行。

八、项目实施及监督管理

（一）市场主体必须保证所帮扶的贫困户增收，并确保其如期脱贫。

（二）各乡镇政府要加强对本镇内申报的市场主体参与带动贫困户的真实性进行审核并承担相应责任。

（三）市场主体的主管部门应及时审核并出具意见，日常必须对市场主体进行技术指导和监督管理，并搞好"回头看"。

（四）"136"工程资金，由县政府组织审计、监察、财政等单位进行专项审计，及时发现和纠正项目实施中存在的问题。对违法违纪行为，严格依法依规追究责任；涉嫌犯罪的，移送司法机关依法处理。

附件：红安县精准扶贫精准脱贫“136”工程申报表

<table>
<tr><td>申请企业名称</td><td colspan="2"></td><td>法人
代表</td><td></td><td colspan="2">营业执照
注册时间</td><td></td></tr>
<tr><td>企业所在地</td><td colspan="5"></td><td colspan="2">带动贫困户数</td></tr>
<tr><td>带动贫困户模式</td><td colspan="7">打工就业户□　入股分红户□　土地流转户□
合作经营户□　结对帮扶户□　技能培训户□
提供经营场地户□　小额贷分红户□　其他户□</td></tr>
<tr><td>申请奖补市场主体</td><td colspan="7">红旗市场主体□　骨干市场主体□　优质市场主体□</td></tr>
<tr><td>申请奖励项目资金</td><td colspan="3">￥：
大写：</td><td>开户银
行账号</td><td colspan="3"></td></tr>
<tr><td colspan="2">企业法人代表
签字
（企业盖章）

年　月　日</td><td colspan="3">所在乡镇（场、处）
意见
（单位盖章）

年　月　日</td><td colspan="3">企业主管局
意见
（单位盖章）

年　月　日</td></tr>
<tr><td colspan="2">县扶贫攻坚指挥部
办公室意见
（单位盖章）

年　月　日</td><td colspan="3">县政府分管副县长
意见

年　月　日</td><td colspan="3">县政府常务副县长
意见

年　月　日</td></tr>
</table>

红安县特色农业产业精准扶贫实施方案（试行一年）

（2017 年 3 月 6 日）

为做好特色农业产业助推精准扶贫工作，探索建立市场与贫困户利益联结机制，如期实现脱贫攻坚目标，根据《红安县精准扶贫政策扶持实施意见（试行）》（红发〔2015〕7 号）文件精神，特制定本实施方案。

一、指导思想

按照中央、省、市脱贫攻坚总体部署，以贫困户为帮扶对象，以红苕、红宝萝卜、有机茶、蜂蜜等产业为重点，促进贫困户稳定增收，为我县率先在大别山地区全面建成小康社会做出贡献。

二、目标任务

红苕产业：种植面积 5000 亩，带动 500 户贫困户增收，其中 2017 年带动 250 户，2018 年带动 250 户，每户与市场主体合作种植红苕 10 亩，户均增收 4000 元。

红宝萝卜产业：种植面积 1000 亩，带动 200 户贫困户增收，每户与市场主体合作种植红宝萝卜 5 亩，户均增收 3000 元。

有机茶产业：2017 年计划组织 15 个市场主体，新建 2000 亩基地，带动 500 户贫困户增收，其中，林业局组织老君眉茶场代建或合作建设基地 350 亩，带动 100 户贫困户增收；其他市场主体合作共建基地 1650 亩，带动 400 户贫困户增收。

蜂蜜产业：带动 500 户贫困户，其中 2017 年发展 300 户，2018 年发展200户，每户种植2亩蜜源，养10箱蜂，实现年收入过万元。

三、基本原则

（一）政府主导、市场导向。重点遴选一批基础好、产业链长、与贫困户联系紧、扶贫积极性高的市场主体为合作对象，通过政府、市场和社会协同推进，实现产业兴、户脱贫的目标。

（二）企业带动、合作发展。构建“公司+合作社+贫困户”的经营模式，带动贫困户共同发展。

（三）做强基地、融合发展。结合贫困村的资源优势，充分发挥农业产业特色，做强产业基地，推进一、二、三产业融合发展。

四、扶持对象

全县建档立卡的贫困户。

五、扶持模式

（一）红苕产业：以湖北根聚地新农业发展有限公司为龙头，推行“公司+合作社+贫困户”模式。实行统一种苗供应、统一标准种植、统一技术指导、统一质量标准、统一收购销售。公司与合作社签订种植产销协议，合作社与贫困户签订帮扶协议。

（二）红宝萝卜产业：采用“合作社+基地+贫困户”模式，由红安县胡家河众鑫蔬菜种植专业合作社和红安县李家畈绿色蔬菜种植专业合作社实行统一种苗供应、统一标准种植、统一技术指导、统一质量标准、两合作社自主种植销售。两合作社与贫困户签订合作协议。

（三）有机茶产业：一是代建基地。由老君眉茶场与村委会签订代建协议，村委会与贫困户签订基地承包或者用工协议，带动贫困户增收。二是共建基地（仅限2017年3月底前已完成的基地）。由村委会与市场主体签订委托协议书，市场主体与贫困户签订帮扶协议，贫困户通过分红和用工增收。

（四）蜂蜜产业：推行“公司+合作社+贫困户”自养模式。

六、扶持政策

（一）红苕产业

1. 红苕种苗费每亩500元。由湖北根聚地新农业发展有限公司向市场主体免费提供种苗，种苗品种为“板栗心香”，县政府每亩奖补200元。公司按当年红苕收购总量，每斤提取1分钱的扶贫基金。湖北根聚地新农业发展有限公司通过贫困户办理50000元/户的富民信用贷款，解决红苕生产投资和收购资金问题，按贷款总额的8%〔4000元/（户·年）〕分红给贫困户。

2. 对合作种植红苕的市场主体，县政府按每亩300元的标准补助绿色生产资料成本和技术推广，市场主体按每10亩带动一个贫困户，保证在2017年年底前给予贫困户不少于4000元/（户·年）的保底分红。贫困户名单由所在乡镇（场、处）人民政府统一提供，县扶贫攻坚办统筹。

3. 合作种植红苕的市场主体，按每10亩安排两个贫困户在基地打工，贫困户通过参与红苕种植、加工等生产环节取得劳动报酬，每个贫困户每年不少于20个工作日，每天劳动报酬不低于60元。

（二）红宝萝卜产业

1. 县政府给予贫困户600元/亩的扶持资金（每户5亩），用于贫困户入股合作社开展红宝萝卜生产和经营，合作社给予贫困户每年分红不少于3000元，分红期限不少于两年。合作期满后，双方可协商继续合作；如果不再合作，由合作社退还贫困户股金3000元。贫困户名单由所在乡镇（场、处）人民政府统一提供，县扶贫攻坚办统筹。

2. 红安县胡家河众鑫蔬菜种植专业合作社和红安县李家畈绿色蔬菜种植专业合作社可以通过贫困户办理 50000 元 / 户的富民信用贷款，解决红宝萝卜产业链技术创新和扩大规模生产投资问题，但要按贷款总额的 8%〔4000 元 /（户 · 年）〕分红给贫困户。

3. 合作种植红宝萝卜的合作社，按每 5 亩安排一个贫困户在基地打工，贫困户通过参与红宝萝卜种植、加工、销售等环节取得劳动报酬，每个贫困户每年不少于 20 个工作日，每天劳动报酬不低于 60 元。

（三）有机茶产业

1. 老君眉茶场代建基地：基地建成后，集中连片在 20 亩以上，政府按亩均 2000 元的标准奖补给老君眉茶场。基地受益前，老君眉茶场通过劳动用工、市场营销等方式，让有一定劳动和销售能力的贫困户每年收入不低于 2000 元（是否有劳动能力在合同中注明）。基地受益后，有劳动能力的贫困户每年劳动用工收入不低于 2000 元，分红收入不低于 2000 元。高产稳产后贫困户户均分红稳定年增收 3000 元以上。

2. 市场主体合作共建基地：基地建成后，集中连片在 50 亩以上，政府按亩均 2000 元的标准奖补给市场主体对接的贫困户，贫困户根据协议将奖补资金投入到基地建设和管理中作为贫困户合作经营的股金，参与共建基地受益分红。受益前，有一定劳动能力和意愿的贫困户通过劳动用工，每年打工收入不低于 2000 元。受益后，分红收入不低于 2000 元。高产稳产后贫困户户均分红稳定增收 3000 元以上。贫困户名单由所在村委会、乡镇（场、处）人民政府统一提供，县扶贫攻坚办统筹。

（四）蜂蜜产业

1. 按 5 箱保底 20 箱封顶的原则进行奖补，政府按成本价补助养蜂用具及种源，中蜂每箱带种补助 800 元，意蜂每箱不少于 5 匹蜂种补助 800 元，每户补配套用具500元，合作社技术指导费每箱50元。

2. 在审核合格后，政府先预拨80%的资金，年终检查验收合格后再拨付余额。

七、保障措施

（一）加强组织领导。成立农业产业精准扶贫领导小组，办公室设在县农办，由农业局、林业局、畜牧兽医局分别成立三个产业扶贫工作专班。

（二）明确相关责任。对红茗产业要强化责任分解，落实任务到人，做到宣传发动、安排部署、精准服务和督促检查“四到位”。对有机茶产业县发改局要结合“十三五”规划和大别山振兴规划，将茶叶产业发展优先立项。县扶贫办、县财政局等相关部门要整合项目资金，重点支持茶产业发展。对蜂蜜产业要实行统一蜂源、统一箱具、统一用药、统一技术指导和培训、统一质量标准、统一销售。养蜂专业合作社要做好培训和服务工作。

（三）严格督办考核。加强对各部门、各乡镇（场、处）的督促考核，将特色农业产业扶贫纳入精准扶贫年终考核的重要内容，对履职尽责成绩突出的乡镇（场、处）和市场主体给予表彰，对不作为、乱作为、慢作为的严肃问责。

红安县关于落实“136”工程实施方案

（2017年3月6日）

为了进一步推进《红安县精准扶贫精准脱贫“136”工程实施方案（试行）》的落实，充分发挥“136”工程在我县精准扶贫精准脱贫工作中的重要作用，结合实际，提出如下工作意见，望认真参照执行。

一、市场主体入选条件

（一）市场主体入选基本条件

1.依法注册登记、合法经营的市场主体；

2.有一定的经营规模、有良好的社会信誉、有较强的帮扶实力、有参与扶贫的自觉意愿的市场主体；

3.有乡镇政府的推荐、有与乡镇签订的委托扶贫协议书，帮扶时间必须签订协议两年以上，有与贫困户签订的“两书两清单”的市场主体；

4.是已验收兑现奖补的市场主体；

5.市场主体带动或帮扶的所有贫困户人均可支配收入必须达到当年县级脱贫验收标准；

6.市场主体必须具有良好的发展前景；

7.财务制度健全。

（二）入选的市场主体分类条件

1.红旗市场主体入选条件

①注册资金或投资规模必须在500万元以上（包括500万元）；

②带动贫困户必须在100户以上（包括100户）；

③市场主体当年税收必须在 10 万元以上或经营收益在 50 万元以上；

④农业市场主体必须具备每年给予贫困户每户帮扶资金在 3000 元以上（包括 3000 元）或贫困户务工年收入在 10000 元以上（包括 10000 元）共 50 户以上（包括 50 户）；

⑤工业（含第三产业）市场主体帮扶贫困户在 20 户以上（包括 20 户），且每户年务工收入在 15000 元以上（包括 15000 元）。

2. 骨干市场主体入选条件

①注册资金或投资规模必须在 300 万元以上（包括 300 万元）；

②带动贫困户必须在 50 户以上（包括 50 户）；

③市场主体当年税收必须在 5 万元以上或经营收益在 30 万元以上；

④农业市场主体必须具备每年给予贫困户每户帮扶资金在 3000 元以上（包括 3000 元）或贫困户务工年收入在 10000 元以上（包括 10000 元）共 30 户以上（包括 30 户）；

⑤工业（含第三产业）市场主体帮扶贫困户在 10 户以上（包括 10 户），且每户年务工收入在 15000 元以上（包括 15000 元）。

3. 优质市场主体入选条件

①注册资金或投资规模必须在 200 万元以上（包括 200 万元）；

②带动贫困户必须在 30 户以上（包括 30 户）；

③市场主体当年税收必须在 3 万元以上或经营性收益在 20 万元以上；

④农业市场主体必须具备每年给予贫困户每户帮扶资金在 3000 元以上（包括 3000 元）或贫困户务工年收入在 10000 元以上（包括 10000 元）共 20 户以上（包括 20 户）；

⑤工业（含第三产业）市场主体帮扶贫困户在 6 户以上（包括 6 户），且每户年务工收入在 15000 元以上（包括 15000 元）。

二、申报、审核、监管办法

（一）申报流程

符合入选条件的市场主体填好申报表，备全所需资料到乡镇扶贫办公室申报→乡镇扶贫办公室会同产业局根据市场主体所提供的资料到市场主体所在地进行实地核查确认，写出核查意见并签字盖章→县扶贫攻坚办公室组织专班依据市场主体的申报资料和乡镇、产业局初审的意见再次到市场主体所在地逐项审核→县扶贫攻坚领导小组办公室审核批准。

（二）申报应提供的资料

1. 市场主体营业执照；

2. 法人身份证复印件；

3. 开户许可证；

4. 带动贫困户公示栏图片；

5. 与贫困户签订的“两书两清单”；

6. 带动贫困户汇总表（包括贫困户姓名、所在村组、贫困户属性、帮扶模式、支付金额、贫困户电话号码）；

7. 产业局提供的注册资金、投资规模、经营收益、税收等证明；

8. 与乡镇签订的委托扶贫协议书；

9. “136”工程申报表；

10. “136”工程奖补项目申报表。

（三）监管办法

1. 乡镇对市场主体与贫困户的联结关系负责，确保其真实有效并协调好关系。

2. 产业局对市场主体奖补项目实施监管和技术指导，确保项目实施到位负责并验收和“回头看”。

3. 审计、监察、财政等部门对奖补资金进行专项审计。

4. 严肃纪律、及时纠正错误，对违纪违法行为，严格依规依法追究责任。

三、奖励办法

1. 奖励名额的确定：红旗市场主体奖励 10 名，若符合条件的市场主体超过 10 个，则以带动贫困户少者入选骨干市场主体。骨干市场主体奖励 30 名，若符合条件的市场主体超过 30 个，则以带动贫困户少者入选优质市场主体。优质市场主体奖励 60 名，若符合条件的市场主体超过 60 个，以实际符合条件的市场主体为准。

2. 奖励标准：被认定为红旗市场主体的，给予 50 万元的项目奖补；被认定为骨干市场主体的，给予 30 万元的项目奖补；被认定为优质市场主体的，给予 20 万元的项目奖补。

3. 项目奖补资金拨付程序：市场主体申报→乡镇审核→产业局审核→县扶贫攻坚指挥部办公室复核→分管副县长审批→常务副县长审批。

附件：红安县精准扶贫精准脱贫“136”工程奖补项目申报表

<table>
<tr><td>企业名称</td><td></td><td>法人
代表</td><td></td><td>企业
所在地</td><td></td></tr>
<tr><td>申请奖补
项目</td><td></td><td>地址</td><td></td><td>带动贫困
户数</td><td></td></tr>
<tr><td rowspan="2">带动方式
及效益</td><td>贫困户
姓名</td><td>类别</td><td>内容
及方式</td><td colspan="2">年收益</td></tr>
<tr><td></td><td></td><td></td><td colspan="2"></td></tr>
<tr><td colspan="2">法人代表
签字

（企业盖章）
年　月　日</td><td colspan="2">所在乡镇（场、处）
签字

（单位盖章）
年　月　日</td><td colspan="2">相关产业主管局
签字

（单位盖章）
年　月　日</td></tr>
<tr><td colspan="2">县扶贫攻坚指挥部办公室意见

（单位盖章）
年　月　日</td><td colspan="4">（县领导签批）</td></tr>
</table>

红安大布、永河皮子精准扶贫实施方案（试行）

（2018 年 1 月 30 日）

为了做强以红安大布、永河皮子等地标产品为主的特色产业，助推精准扶贫工作，探索建立市场与贫困户利益联结机制，进一步巩固脱贫成果，根据《红安县精准扶贫政策扶持实施意见（试行）》（红发〔2015〕7号）文件精神，特制定本实施方案。

一、指导思想

按照省、市、县脱贫攻坚总体部署，以贫困户为帮扶对象，以发展红安大布、永河皮子特色产业为重点，促进贫困户稳定增收，为我县率先在大别山地区全面建成小康社会做出贡献。

二、基本原则

（一）政府主导、市场导向。重点遴选一批基础好、与贫困户联系紧、扶贫积极性高的合作社为合作对象，通过政府、市场和社会协同推进，实现产业兴、户增收的目标。

（二）企业带动、合作发展。构建“合作社＋贫困户”的经营模式，带动贫困户共同发展。

（三）做强基地、融合发展。发挥资源优势，建好生产基地，做强特色产业，推进与其他产业融合发展。

三、扶持对象

全县建档立卡的重点贫困户。

四、扶持模式

推行“政府 + 合作社 + 贫困户”模式，政府提供专项扶贫资金，提供免费培训；合作社组织场地，开展集中生产，负责生产和销售；贫困户学习技能，入社生产，获取打工收入和资产收益。合作社与贫困户签订帮扶协议。

五、扶持措施及政策

（一）红安大布产业

1. 成立合作社：对有意向参与红安大布生产经营的贫困户，分乡镇按地域，就近就便依法成立农民专业合作社。

2. 组织集中培训：由人社局组织，合作社具体实施，颁发培训结业证书。

3. 实行集中生产：由合作社租赁场地，组织贫困户集中生产。

4. 建立长效机制：①县政府根据合作社生产场地和上机的贫困户人数，审核确定合作社的生产规模，按每台织布机 3000 元拨付扶贫资金给合作社购买织布机；织布机归合作社所在乡镇所有，专项扶贫资金形成的固定资产，按每年 6% 的收益奖励给参与生产经营的贫困户。

②合作社负责生产销售，与贫困户签订帮扶协议。鼓励乡土能人带动贫困户上机生产，实行统一人员调配、统一标准制作、统一技术指导、统一质量标准。

③激发贫困户的内生动力。每年 6% 的分红资金，合作社按贫困户织

布的米数奖励给贫困户。

④贫困户年打工收入达到10800元以上的，县政府按每人1000元奖励给合作社；合作社帮扶达到县政府出台的“136”工程奖补标准的，县政府按“136”工程予以奖励。

（二）永河皮子产业

1. 新建生产基地：建设永河皮子集中生产基地，由永河镇负责实施。

2. 成立合作社：依法成立永河皮子专业生产合作社，与符合食品安全生产条件的贫困户签订帮扶协议。

3. 设立扶贫专项：县政府按扶贫资金管理使用办法，投入扶贫专项资金200万元，形成的固定资产由永河镇负责管理，每年提取8%的固定收益，由永河镇建立专账，用于巩固脱贫成果，其中部分用于奖励生产基地的贫困户。

4. 建立长效机制：①加强贫困户的技能培训：对贫困户开展技能培训、食品安全生产法规培训，并颁发结业证书。由人社局组织，永河镇具体实施。

②优先安排贫困户就业。

③提高脱贫质效。利用扶贫专项资金，促进扶贫产业做大做强，促进贫困户收入稳定增长。

六、红安大布实施细则由县妇联具体制定实施，永河皮子实施方案由永河镇具体组织实施

红安县特色农业产业精准扶贫实施方案及市场主体奖补项目资金拨付的补充意见

（2018 年 3 月 30 日）

为做好特色农业产业助推精准扶贫工作，探索建立市场与贫困户利益联结机制，巩固脱贫成果。根据《红安县精准扶贫政策扶持实施意见（试行）》（红发〔2015〕7 号）文件精神，特制定本实施方案。

一、指导思想

按照中央、省、市脱贫攻坚总体部署，以贫困户为帮扶对象，以红苕、红宝萝卜、有机茶、蜂蜜、永河皮子、红安大布、香菇等产业为重点，促进贫困户稳定增收，为我县率先在大别山地区全面建成小康社会做出贡献。

二、基本原则

（一）政府主导、市场导向。重点遴选一批基础好、产业链长、与贫困户联系紧、扶贫积极性高的市场主体为合作对象，通过市场和社会协同推进，实现产业兴、户致富的目标。

（二）企业带动、合作发展。构建“公司 + 合作社 + 贫困户”经营模式，带动贫困户共同发展。

（三）做强基地、融合发展。结合贫困村的资源优势，充分发挥农业产业特色，做强产业基地，推进一、二、三产业融合发展。

三、扶持对象

全县建档立卡的贫困户。

四、扶持模式

（一）红苕产业：采用“市场主体 + 基地 + 贫困户”模式，由有意愿、带动能力强的市场主体实行统一种苗供应、统一技术指导、统一质量标准、统一组织销售。市场主体连续种植三年以上，并分别与贫困户签订帮扶协议。

（二）红宝萝卜产业：采用“市场主体 + 基地 + 贫困户”模式，由有意愿、带动能力强的市场主体实行统一种子供应、统一技术指导、统一质量标准、统一组织销售。市场主体连续种植三年以上，并分别与贫困户签订帮扶协议。

（三）有机茶、油茶产业：代建基地和合作共建基地实行“村集体 + 市场主体 + 贫困户”的模式，由基地所在村引进市场主体（没有市场主体的由老君眉茶场代管经营），对基地受益前的管护和受益后的经营全权负责，合同期限十年以上。贫困户以基地入股，村负责日常工作协调，形成村集体、市场主体、贫困户三方利益联结机制。

（四）蜂蜜产业：推行“公司 + 合作社 + 贫困户”自养模式。

（五）永河皮子：以红安县永家皮子专业合作社为龙头，推行“合作社 + 贫困户”模式，实行统一培训、统一标准制作、统一技术指导、统一质量标准、统一收购销售。合作社与贫困户签订帮扶协议。

（六）红安大布：推行“合作社 + 基地 + 贫困户”模式，实行统一培训、统一标准制作、统一技术指导、统一质量标准。合作社与贫困户签订帮扶协议。

（七）香菇产业：推行“合作社＋贫困户”模式，贫困户自主种植。由红安县瑞沣种植养殖专业合作社及其他有带动能力的专业合作社统一技术指导、统一提供菌棒、统一保底收购，与贫困户签订帮扶协议。

五、扶持政策

（一）红茗产业（责任单位：县农业局）

1. 县政府按200元/亩的标准，每年给予市场主体种苗补助（市场主体资格由县农业局审核）。

2. 县政府一次性补助贫困户300元/亩绿色生产资料成本和技术推广费（每户10亩），用于贫困户入股市场主体开展红茗生产和经营。市场主体连续3年给予贫困户不少于3000元/（户·年）的保底分红。合作期满后，双方可以协商合作，如果不再合作，由市场主体按300元/亩退还贫困户股金。贫困户名单由市场主体所在的乡镇（场、处）政府提供，县扶贫攻坚办审核。

3. 合作种植红茗的市场主体应安排贫困户务工，与贫困户建立利益联结机制。

（二）红宝萝卜产业（责任单位：县农业局）

1. 县政府一次性给予贫困户600元/亩的扶持资金（每户5亩），用于贫困户入股市场主体开展红宝萝卜生产和经营，市场主体给予贫困户每年不少于3000元分红，分红期限不少于3年。合作期满后，双方可协商继续合作；如果不再合作，由市场主体退还贫困户股金3000元。贫困户名单由市场主体所在的乡镇（场、处）政府提供，县扶贫攻坚办审核。

2. 合作种植红宝萝卜的市场主体应安排贫困户务工，与贫困户建立利益联结机制。

（三）有机茶产业（责任单位：县林业局）

1. 新建有机茶基地，按原有奖励政策执行。

2. 县政府按300元/亩的标准对有机茶基地受益前的管护连续两年进行补贴。基地管护合同由县林业局统一提供，每年管护验收由县林业局负责。

3. 基地受益后，市场主体每年按每亩40%的利润用于贫困户分红，10%的利润用于增加村级集体经济。有一定劳动能力的贫困户直接参与基地的管护，并取得劳务报酬。市场主体对基地的管护由林业部门负责监管，利润分配由村委会监管。

（四）油茶产业（责任单位：县林业局）

1. 新建油茶基地，按原有奖励政策执行。

2. 县政府按300元/亩的标准对油茶基地受益前的管护连续三年进行补贴。基地管护合同由县林业局统一提供，每年管护验收由县林业局负责。

3. 基地受益后，市场主体每年按每亩40%的利润用于贫困户分红，10%的利润用于增加村级集体经济。有一定劳动能力的贫困户直接参与基地的管护，并取得劳务报酬。市场主体对基地的管护由林业部门负责监管，利润分配由村委会监管。

（五）蜂蜜产业（责任单位：县畜牧兽医局）

1. 按5箱保底20箱封顶的原则进行奖补，县政府按成本价补助养蜂用具及种源，中蜂每箱带种补助800元，意蜂每箱不少于5匹蜂种补助800元（每年按市场价格实时调整，由县畜牧兽医局负责），每户补助配套用具500元，审核合格后，政府一次性拨付奖补资金。

2. 县政府补助市场主体技术指导费每箱80元，其中合作社每箱50元，名盛公司每箱30元，待验收合格后一次性拨付。

（六）永河皮子（责任单位：永佳河镇政府）

1. 由县政府投资200万元产业扶持基金，投入到永佳河镇永河村永家皮子专业合作社，兴建豆制品加工基地。永佳河镇政府按投资比例持有该加工基地产权，并接受县国有资产管理局监管。

2. 永佳河镇政府与红安县永家皮子专业合作社签订协议，约定该合作社每年按不低于 12 万元的标准，给 40 户贫困户分红，每户每年不低于 3000 元。贫困户名单由永佳河镇政府提供，县扶贫攻坚办审核。

3. 合作社安排 3 人以上有劳动能力的贫困户务工，与贫困户建立利益联结机制。

4. 贫困户自主生产永河皮子或代合作社加工的，技术培训由人社局负责，政府一次性给予每户奖补 3000 元，用于购买生产加工设备。

（七）红安大布（责任单位：华家河镇政府）

1. 由县政府投资 200 万元产业扶持基金，新建红安大布培训加工展示中心，产权属于华家河镇政府，并接受县国有资产管理局监管，由有意愿、有带动能力的专业合作社使用及管理。合作社每年按不低于 12 万元的标准，给 40 户贫困户分红，每户每年不低于 3000 元。贫困户名单由华家河镇政府提供，县扶贫攻坚办审核。

2. 贫困户自主生产红安大布或代合作社加工的，技术培训由人社局负责，政府一次性给予每户奖补 3000 元，用于购买织布机。

（八）香菇产业（责任单位：县农业局）

由红安县瑞沣种植养殖专业合作社及其他有带动能力的专业合作社负责向贫困户提供直径 17 厘米和直径 20 厘米标准的菌棒（单价分别为 7 元 / 棒、8 元 / 棒，以后每年按市场价格实时调整，由县农业局负责调整，合作社由县农业局负责审核），县政府以贫困户购买菌棒数按 2 元 / 棒的扶持资金（每户每年 3000 棒封顶）补助到合作社，剩下菌棒款由合作社垫付，在贫困户交售鲜菇时扣除，并与贫困户签订香菇订单种植合同。

六、市场主体奖补项目资金拨付规定

（一）市场主体参与精准脱贫申请奖补的，在第二年由市场主体申请，村“两委”、乡镇审核报送，县扶贫攻坚办统筹安排。

（二）验收由各相关产业局牵头，村“两委”、乡镇为责任主体，此三方共同负责验收，报县扶贫攻坚办审定。

（三）资金拨付：符合市场主体参与精准脱贫奖补条件的项目，且验收合格的，奖补资金按“三二五”模式进行拨付，即验收后第一年拨付30%，验收后第二年拨付20%，验收后第三年拨付50%。

七、保障措施

（一）加强组织领导。成立农业产业精准扶贫领导小组，办公室设在县农办。

（二）明确相关责任。实施特色农业产业精准扶贫，要强化责任分解，落实任务到人，做到宣传发动、安排部署、精准服务和督促检查“四到位”。发改局要结合“十三五”规划和大别山振兴规划优先立项；扶贫办、财政局、农业局、林业局、畜牧兽医局等相关部门要整合项目资金，重点支持。

（三）严格督办考核。加强对各部门、各乡镇（场、处）的督促考核，将特色农业产业扶贫纳入精准扶贫年终考核的重要内容，对履职尽责成绩突出的乡镇（场，处）和市场主体给予表彰，对不作为、乱作为、慢作为的严肃问责。

红安县产业扶贫巩固提升三年行动方案（2018—2020年）

（2018年10月30日）

为认真贯彻落实中央和省委、市委关于脱贫攻坚工作的决策部署，确保产业扶贫在巩固脱贫成果、提高脱贫质量方面取得新成效，根据我县实际，特制定本实施方案。

一、基本思路

根据各地资源禀赋、产业基础、贫困群众意愿，进一步培植壮大农业优势特色产业，支持重点贫困村培育出能带动贫困户脱贫、具有自身特色的农业产业，基本形成“一乡一业”“一村一品”“一户一特”，主业突出、多业并举、各具特色的产业扶贫发展格局。激发贫困户内生动力，完善与新型农业经营主体利益联结机制，扶持贫困户自主发展产业，推动贫困户可持续增收和稳定脱贫。

二、主要举措

（一）大清查。分别由农业、林业、畜牧、水产、旅游等产业部门牵头，各乡镇、驻村工作队协助，组成工作专班，重点对农业新型经营主体基本情况，合作发展分红情况，带动建档立卡贫困户务工、土地流转、订单收购、入股合作以及其他形式增加收入的情况进行一次大清查，全面了解产业扶贫运行情况，找准发展中存在的问题。

（二）大整改。产业主管部门对清理的情况进行认真梳理，建立产业扶贫问题整改清单，明确整改措施、责任单位、责任领导、时间节点。对市场主体在产业扶贫过程中存在的实际问题，由产业主管部门进行综合归纳，制定“一企一策”帮扶方案，明确企业主体责任，部门帮扶责任，报扶贫攻坚指挥部备案。

（三）大兑付。结合大摸底、大整改的情况，对照县委、县政府出台的各项扶贫政策，按照“对接政策兑现一批，整改到位拨付一批，无法整改否决一批”三个一批的原则，由产业主管部门提出资金奖补方案，报县扶贫攻坚指挥部审批。及时督促市场主体兑付贫困户分红资金，及时组织兑现市场主体奖补资金，提振市场主体和贫困户发展产业的信心。

（四）大推进。

重点落实五定举措：

1. 定产业

按照高质量发展的总体要求，结合我县产业发展实际，将红茗、红宝萝卜、大棚果蔬、香菇、中药材、青茶、油茶、银杏、畜禽生态养殖、蜂蜜、稻虾种养、永河皮子、红安大布、乡村旅游等特色优势产业作为产业发展的主攻方向。

2. 定目标

利用三年左右时间，在全县培育、引进、扶持百家新型农业经营主体，带动 5000 户脱贫户自主发展产业，重点采用“三统一分”模式开展订单生产（统一技术指导、统一种苗供应、统一保底回收，农民分户种植）。

3. 定对象

重点扶持有产业发展意愿，具备一定自主创业能力和产业发展基础的贫困户。

4. 定政策

（1）2018 年 10 月底前，市场主体与贫困户签订合作协议，经相关产业部门认定，市场主体与贫困户继续履约，按原有产业扶贫政策执行。

（2）对原合作协议到期，履行完成合作协议，不参与新一轮产业扶贫巩固提升的市场主体，必须按照原协议规定，退还贫困户入股本金。

（3）对原合作协议到期，贫困户分红资金全部到位，继续参与产业扶贫巩固提升的市场主体，可以用贫困户原股金作为续签入股资金，与贫困户签订新的产业扶贫巩固提升合作协议，执行以下产业巩固提升政策。

对农业产业扶贫政策调整为：凡是参与大棚果蔬、中药材、牛羊鸡、水产等项目的市场主体，每年按入股本金总额的 20% 分红给贫困户。县政府按贫困户入股本金总额的 10% 奖补到市场主体，一年一兑现；三年合同期满，且市场主体全面履行协议，并退还贫困户入股本金后，县政府按市场主体对贫困户三年分红总额的 20% 奖补到市场主体。大棚果蔬除执行以上政策外，还可享受以下两项政策：一是带动贫困户发展钢架大棚的市场主体，购买大棚保险的，县政府以“先买后补”的模式，按照实际投保金额的 70% 给予补贴。二是 2018 年遭受雪灾，带动贫困户合作经营的市场主体，县政府整合专项资金，对受灾损失按比例一次性给予补贴，用于恢复生产。

对林业产业扶贫政策调整为：

① 2016—2017 年市场主体带动贫困户发展的青茶、油茶产业扶贫基地，要明确市场主体和贫困户之间的利益分配关系，建立双方稳定的利益联结机制：

一是市场主体帮扶带动贫困户的期限不少于 15 年；

二是县政府对基地奖补资金拨付后，市场主体对每个贫困户一次性分红不少于 1000 元；

三是在基地受益前（第二年至第五年），有劳动能力和有意愿的贫困户通过到市场主体打工，取得劳务报酬；

四是基地受益后（第六年起），每年市场主体对贫困户分红不少于

600 元，连续分红 10 年。

②林业部门代建的青茶、油茶基地。经林业部门建成并管护，受益后移交给村委会，由村委会流转给优质市场主体经营，并与对接的贫困户建立三方稳定的利益联结机制：

一是市场主体帮扶带动贫困户的期限不少于 20 年；

二是土地流转费由市场主体负责支付；

三是优先安排有劳动能力和意愿的贫困户到市场主体打工，取得劳务报酬；

四是市场主体每年从基地的收益里拿出一部分上交村集体，其中：

油茶基地前 5 年每亩上交 150 元、中间 10 年每亩上交 200 元、后 5 年每亩上交 300 元；

青茶基地前 5 年每亩上交 500 元、中间 10 年每亩上交 700 元、后 5 年每亩上交 1000 元；

村集体要将其中的 80% 给原对接的贫困户，20% 作为村级管理费用。

③贫困户自主新建矮化密植采叶银杏基地，由县林业局组织提供两年生苗木，苗木款每亩贫困户出资 100 元，其余部分由政府按市场价补助。贫困户种植一年后验收合格，政府每亩补助贫困户抚育资金 400 元。

④对 2016 年以来已建成的油茶和青茶扶贫基地受益前的抚育管理进行补贴，补贴标准为 300 元 / 亩，油茶基地连续补贴三年，青茶基地连续补贴两年。其中，林业部门无偿代建的基地，仍由林业部门负责抚育管理，奖补资金直接拨付给管理单位，由林业局负责监督使用；带动贫困户的市场主体创建的基地，由市场主体负责抚育管理到位，奖补资金直接拨付给市场主体，由市场主体所在的乡镇政府和村委会负责监督使用；贫困户自主创建的基地，由贫困户自主进行抚育管理，奖补资金直接补贴给贫困户。抚育管理实施方案和检查验收量化指标由林业部门负责制定。

对旅游产业扶贫政策调整为：贫困户开办农家小卖部或小超市，正常合法经营半年以上的，经验收合格，给予3000元/户的奖励。对符合以上条件的贫困户，由县旅游局统一验收，统一奖补。对已享受过奖补政策的，不得重复奖补。

（4）加强市场主体与贫困户的利益联结机制。在新一轮产业扶贫巩固提升过程中合作经营的，对有劳动能力的贫困户，要求贫困户每月到市场主体基地打工不少于两天，一年打工在30天以上，市场主体按当地工价支付工资。市场主体每半年举办一次贫困户座谈会，向贫困户通报企业生产、经营情况，商讨产业发展规划，开展一次技术技能培训。

（5）对2018年11月1日后，新参与贫困户合作经营的市场主体，按产业扶贫巩固提升政策标准执行。所有扶贫产业必须符合产业发展相关规定和生态环保要求。贫困户自主发展产业的奖补政策保持不变。

5. 定责任

产业扶贫由相关产业主管部门牵头实施，具体负责产业技术指导，制定产业发展规划和验收标准，组织产业扶贫项目验收。各乡镇（场、处）人民政府负产业扶贫主体责任，具体负责宣传政策、组织贫困户与市场主体对接、监督双方按照合同履约。县扶贫攻坚指挥部负责组织2018年10月底前参与产业扶贫的市场主体户脱贫、规模化脱贫、“136”工程奖补政策的验收和2018年10月底后参与产业扶贫巩固提升市场主体奖补政策的验收。建立贫困户发展产业指导员制度，帮扶干部和新型农业经营主体负责指导贫困户产业发展，解决生产发展中的实际问题。

三、组织保障

县扶贫攻坚指挥部要加强对产业扶贫巩固提升工作的组织领导，制定和完善产业扶贫巩固提升相关政策。相关产业部门要抓住乡村振兴战略有利契机，加大争资立项力度。要加强宣传，让产业扶贫政策家喻户晓。要开展产业扶贫领域作风问题专项治理，实事求是查找产业扶贫领域存在的作风问题，着力解决贯彻落实不到位、工作措施不精准、工作作风不扎实等问题，查改薄弱环节，构建作风建设长效机制。要强化督查考核，加强督办，提高产业扶贫巩固提升质效。

如遇国家政策调整，将结合红安实际，对以上政策进一步补充和完善。

红安县健康扶贫工作实施细则

第一章 总则

第一条 为贯彻落实党中央、国务院脱贫攻坚战略决策部署和《关于实施健康扶贫工程的指导意见》(国卫财务发〔2016〕26号)要求，结合《省人民政府办公厅关于完善农村贫困人口基本医疗有保障有关政策的通知》(鄂政办发〔2018〕24号)及《市人民政府办公室关于完善农村贫困人口基本医疗有保障有关政策的通知》(黄政办发〔2018〕28号)文件精神，特制定本实施细则。

第二条 健康扶贫对象的资格认定。健康扶贫对象为红安县扶贫攻坚指挥部精准识别后确认的建档立卡贫困人口及经民政局确认后非建档立卡农村五保户、低保户，其享受健康扶贫待遇至2020年年底。其中，对新增农村贫困人口，从贫困人口身份认定时间开始享受待遇。健康扶贫对象户籍所在地的乡镇（场、处）负责组织采集相关信息（身份证号码、相片），经县扶贫攻坚指挥部审核后，统一发放《红安县健康扶贫医疗救助证》(以下简称：医疗救助证)。县民政局负责将非建档立卡内的农村五保户、低保户人员名单提交给县健康扶贫工作管理办公室及相关部门，其解释权归民政局所有。

第三条 健康扶贫对象在定点医疗机构按规定流程就医纳入医疗救助保障，医疗救助定点医疗机构分为省、市、县、乡镇四级。省、市级定点医疗机构为：湖北省妇幼保健院、湖北省中西医结合医院（湖北省新华医院）、武汉市中心医院、武汉大学中南医院、武汉市医疗救治中心、武汉市第三医院、武汉广发肿瘤医院、黄冈市妇幼保健院（限脑瘫疾病）、黄冈市优抚医院。

县级定点医疗机构为：红安县人民医院、红安县中医医院、红安县妇幼保健院、红安县精神病医院。

乡镇级医疗机构为：红安县人民医院园区分院、苏区医院（七里坪镇中心卫生院）、惠民医院、皮防所、城关镇卫生院、杏花乡卫生院、永河镇中心卫生院、华河镇卫生院、上新集镇中心卫生院、二程镇卫生院、高桥镇中心卫生院、八里湾镇卫生院、太平桥镇卫生院。

第四条　通过政府购买医疗救助补充保险的形式，确定健康扶贫医疗救助承保机构。2018 年健康扶贫住院医疗救助承保机构为：中国人民财产保险有限公司红安支公司（以下简称：人保财险红安支公司）。

第二章　健康扶贫住院医疗救助

第五条　健康扶贫对象因病住院救助内容如下：

1. 健康扶贫对象因病到定点医疗机构住院的，纳入医疗救助范围。

2. 救助标准：健康扶贫对象住院就医费用经基本医疗保险、大病保险报销后，余下住院费用除去基本医疗保险住院起付线后再纳入健康扶贫医疗救助至 90%。患者当年个人因病住院实际自付费用累计不超过 5000 元，超过 5000 元的部分由健康扶贫政策兜底。（贫困人口基本医疗保险住院起付线由患者自付，起付线费用计入健康扶贫救助兜底 5000 元年度自费封顶内）五保户及精神病人个人自付部分由民政局给予救助。

3. 健康扶贫对象就医需遵循分级诊疗的原则。如县级定点医疗机构无法诊治，需转往县外定点医疗机构诊治的疾病，由救助对象在县级定点医疗机构办理转诊手续（电子转诊），其住院医疗费用纳入医疗救助范围。

4. 健康扶贫对象因外伤疾病在定点医疗机构住院治疗，医疗机构在入院 24 小时内向医保局或城乡居民意外伤害承保的保险公司报案，医保局或城乡居民意外伤害承保的保险公司在48小时内完成对救助对象外伤原因查勘，确定是否存在第三方责任，并及时出具外伤调查认定书，确认无第三方责任的纳入医疗救助政策。

5. 健康扶贫对象在外地务工期间患急危重症疾病时，在当地二级及以下公立医院救治的医疗费用纳入医疗救助范围，因病情危急在当地二级公立医院无法救治转诊至三级公立医院治疗的，报账时提供当地二级医院转诊证明的纳入医疗救助范围，不能提供转诊证明或直接到三级医院就诊的不纳入医疗救助范围；但病情特别危急时可直接到当地的三级医疗机构救治，其住院医疗费用纳入医疗救助范围。

6. 健康扶贫对象患特殊疾病在县外定点医疗机构无法治疗的，由救助对象和县外定点医疗机构同时提出书面申请，报健康扶贫办公室及人保财险红安支公司审核，经同意后转诊到非定点医疗机构救治的住院医疗费用纳入救助范围。

7. 健康扶贫对象因病情特殊或患急危重症疾病，需从县级定点医院转往县外非定点医疗机构就诊的，由救助对象和县级定点医疗机构同时提出书面申请，报健康扶贫办公室及人保财险红安支公司审核后其基本医保目录报销范围内费用（合规费用）纳入救助范围，基本医保目录报销范围外费用患者自行承担。未按要求在入院前履行申请备案手续的，不纳入医疗救助范围。

8. 健康扶贫对象未及时或未按要求办理转诊手续（电子转诊）到县外定点医疗机构就诊的，其基本医保目录报销范围内费用（合规费用）纳入救助范围，基本医保目录报销范围外费用患者自行承担。

9. 健康扶贫对象在县外定点医疗机构住院必须优先使用高值国产材料（如：心脏起搏器、心血管支架、钢板、人工关节等），如因病情需要无替代产品的由患者向健康扶贫办公室及人保财险红安支公司申请备案同意后方可使用进口材料，未执行报批手续的按国产材料价格纳入健康扶贫医疗救助范围。

10. 健康扶贫对象住院期间不遵守临床诊疗规范，自行选择的医疗项目由患者自付。

11. 健康扶贫对象分娩（含剖腹产）及符合城乡居民医疗保险报销政策的新生儿医疗费用纳入医疗救助范围。

第六条　住院结算方式：

1. 健康扶贫对象凭医疗救助证、城乡居民医保卡、身份证（或户口本）在定点医疗机构办理住院手续。

2. 先诊疗后付费。健康扶贫对象县域内住院实行先诊疗、后付费，入院只需缴纳城乡居民基本医保住院起付线费用，无须缴纳住院押金。

3. 一站式报销。县域内就医“一站式”结算：健康扶贫对象在县域内就医时实行基本医疗保险、大病保险、健康扶贫救助兜底、民政救助“一站式、一票制”即时结算，出院时由医院一次性结算各项报销费用，患者只需按政策缴纳自付费用即可。县域外就医“一站式”结算：健康扶贫对象转诊至县域外就医时，基本医疗保险、大病保险实行“一站式”结算，健康扶贫救助兜底、民政救助部分由患者自费后，凭相关住院资料到县健康扶贫服务大厅及民政局办理补报手续。

4. 符合医疗救助政策的相关规定，因特殊原因（如：医保卡信息无法读取、贫困信息错误、身份现场未认定等）在定点医疗机构现场未享受医疗救助结算的，个人先期支付的住院费用，由患者凭相关资料到城乡居民医保、大病保险、健康扶贫医疗救助部门依次依规办理结算手续。

5. 因特殊原因（如：省市县结算系统数据无法互通）导致健康扶贫对象多垫付的医疗救助费用，由患者凭相关资料到县健康扶贫大厅由人保财险红安支公司负责办理补报手续。

6. 定点医疗机构垫付的费用结算：县医保局每月进行审核后拨付补偿资金；医疗机构每月 10 日前凭相关资料到承办城乡居民医保大病保险业务的公司结算上月垫付的大病保险医疗费用；医疗机构每月 10 —15 日提供垫付金额相关资料到县政府资金整合办公室投保的人保财险红安支公司结算上月垫付的医疗救助费用；医疗机构每季度凭相关资料到民政局结算季度垫付的精神病人、五保户自费的医疗费用。

7. 定点医疗机构若存在因违规行为产生的不合规的垫付款，县医保局及保险公司应在结算当月费用前，以书面形式告知定点医疗机构，经双方确认无异议后再给予扣除。若双方存有争议，应及时报县健康扶贫办公室进行协调认定。

第七条　下列类型费用不纳入健康扶贫救助政策：自杀、自残（精神病除外）；整容、美容、矫形、义眼、义肢、移植器官源、视力和齿形矫正、原发性不孕不育；交通事故、民事伤害、医疗事故、工伤事故等应由第三方承担的；斗殴、酗酒、吸毒及其他违法犯罪所致的伤病的；性传播疾病、职业病发生的医疗费用；气功疗法、音乐疗法、营养疗法、磁疗等辅助治疗项目；保健性疗法和保健、按摩、减肥、增胖、增高等发生的医疗费用。

第三章　健康扶贫慢性病门诊医疗救助

第八条　符合《黄冈市城乡居民基本医疗保险门诊特殊慢性病实施办法（试行）》（黄人社发〔2017〕55 号）申报条件的健康扶贫对象，按此文件精神进行执行。

第九条　不符合《黄冈市城乡居民基本医疗保险门诊特殊慢性病实施办法（试行）》申报条件的健康扶贫门诊慢性病患者，纳入健康扶贫门诊慢性病救助范围。

第四章 健康扶贫的监督管理

第十条 对健康扶贫对象的监督管理

1. 健康扶贫对象必须参加基本医疗保险，并遵守基本医疗保险有关政策规定，未参加的不纳入健康扶贫医疗救助政策。

2. 健康扶贫对象自行在非定点医疗机构治疗的住院医疗费用不纳入健康扶贫医疗救助政策。

3. 健康扶贫对象因违反城乡居民医保政策规定，转诊至县外定点医疗机构而未进行现场报销城乡居民医保，造成医保扣除的住院费用由健康扶贫对象自行承担，扣除费用不计入健康扶贫医疗救助兜底范围。

4. 健康扶贫对象不得干涉医疗服务行为。对于是否住院、转院、出院及住院和门诊期间的检查、用药等由医务人员根据病情需要决定，健康扶贫对象不得提出无理要求。

5. 医疗救助对象将医疗救助证、身份证等相关证件借他人使用的，一经查证属实，追回套取救助资金，取消该对象医疗救助资格，并追究借证人的相关责任。

第十一条 对定点医疗机构及医务人员的监督管理。各定点医疗机构要认真落实《红安县健康扶贫医疗救助实施办法》的规定。合理检查、合理用药、合理治疗，规范以下医疗服务行为。

1. 各定点医疗机构在办理救助对象住院时必须同步核对《红安县健康扶贫医疗救助证》、身份证（户口簿）、城乡居民医疗保险卡等证件及审核花名册的有效性和真实性。出现因核对信息错误造成的医疗费用，由医疗机构自行承担。

2. 各定点医疗机构要严格控制住院次均费用；严格控制住院例均天

数；严格控制住院率；严格控制县外转诊率；严格落实单病种收费标准。

3. 严格基本医保目录外费用控制（不含血液制品）。县域内一级医疗机构基本医保目录外费用控制在年度住院总医疗费用 3% 以内，县域内二级、三级医疗机构基本医保目录外费用控制在年度住院总医疗费用 8% 以内，县域外三级医疗机构基本医保目录外费用控制在年度住院总医疗费用 10% 以内，超过部分的费用由医疗机构自行承担。县精神病医院按县域内二级医疗机构执行。（县级定点医疗机构肿瘤的化疗用药目录按省级定点医院城乡居民医保用药目录执行）

4. 严格执行高值耗材使用的规定。各定点医疗机构在诊疗过程中使用高值耗材必须严格控制，省内采购平台有的各种人体内置国产材料（如：心脏起搏器、心血管支架、钢板、人工关节等），必须优先使用国产材料，省内采购平台无替代产品的先报医院医保科审批，后由医保科向健康扶贫办公室及人保财险红安支公司备案同意后方可使用进口材料，未执行报批手续的不纳入医疗救助范围，其费用由医疗机构自行承担。

5. 严格执行分级诊疗制度。一级医疗机构需要转诊的，经主治医生根据病情需要，并报分管院长审批同意后，出具住院转诊证明，医疗救助对象携带相关证件（身份证、城乡居民医保卡、医疗救助证）到二级定点医疗机构进行就诊；二级医疗机构需要转诊的，通过电子转诊后，并出具住院转诊证明到三级定点医疗机构进行就诊。在病情的稳定期及康复期，上级医疗机构应及时向下级定点医疗机构转诊。

6. 医疗机构提供报账资料：身份证或户口簿复印件、住院发票、医疗费用报销结算单；医疗机构全称、开户行、账号；协助提供健康扶贫医疗保险核查所需的相关资料，依托社会保险应用系统，提供必要的信息或必要的医药费用查询、审核、复制权限。

7. 加强对医务人员的管理。医务人员要遵守《医务人员医德规范》

《执业医师法》等相关法律法规。定期加强业务学习，定期开展自查。

8. 各定点医疗机构严禁弄虚作假、虚报冒领；严禁私设名目多收费、乱收费。对工作不力、管理措施不到位造成基金损失或不良影响的单位和个人除追回已补偿基金外，给予相关责任人及经办人通报批评、取消定点医疗机构资格、行政处分等处罚。构成犯罪的，依法移交司法机关处理。

第十二条　经办机构要对定点医疗机构监督管理，定期现场督查，资料审核无误后及时拨付补偿费用。加大对定点医疗机构医疗服务行为的监管力度，实行日常监管常态化。重点查处医疗服务及结算过程中的违纪违规行为。

第十三条　强化服务意识，规范保险行为。

1. 大病保险经办机构严格执行城乡居民及贫困对象医保大病保险政策。

2. 医疗救助补充保险经办机构严格执行本细则及健康扶贫补充医疗保险合作协议。

3. 相关协同单位应落实治疗信息、相关资料保密责任，不得作其他用途，不得向第三方泄露。

4. 每月向主管部门提交相关医疗保险赔付情况明细表，年度提交总结报告。

5. 制定相关医疗保险理赔管理制度，规范操作模式，优化理赔流程，确保理赔流程方便、快捷，确保保险赔付安全、高效运行。

6. 及时准确处理医疗保险理赔案，对不同金额案件在规定工作日内作出核定。其中，个人累计赔案金额 20 万元以下的无争议案件，在接到理赔资料后 10 个工作日内结案；超过 20 万元的，在接到理赔资料后 15 个工作日内结案。情形复杂的，在 30 个工作日内作出核定结案。

7. 加快理赔时限。认真对待投诉及信访案件，在全面了解真实情况的基础上，对于直接处理的案件，三个工作日内回复投诉人；对于转办的案件，一周内回复投诉人，并按转办单位要求上报调查情况和处理结果，形成书面调查报告。

8. 负责对医疗机构监督管理，发现冒名顶替以及不合理的收费、检查、医疗服务行为等情况的，应及时指出并制止，同时核减或不予报销。对违反医疗救助工作有关规定的，垫付发生的医疗费用，由定点医疗机构自行承担，情节严重的，取消定点医疗机构资格。

9. 保险经办机构医疗巡查人员持有效证件从事医疗巡查工作。对救助对象从住院到出院全程跟踪，走访经治医生，了解患者和病情治疗方案、用药情况以及当前费用发生额等情况，认真开展医疗跟踪调查工作。

第十四条　加强监管，发挥主管部门职能作用。

1. 通过建立投诉受理渠道、日常抽查等方式，对就诊患者、定点医疗机构、城乡居民医保、保险承办公司等工作运行、日常管理和服务质量等情况进行不定期评估、检查和监督考核。

2. 查处医疗服务及结算过程中的违纪违规行为。做到责任到人、监管有力、违规必究。

3. 制定医疗费用管理措施，加强医疗费用控制，建立医疗费用预警机制及单病种付费执行办法和标准，加大医疗费用监管，控制医疗费用不合理增长。

4. 重点查处定点医疗机构弄虚作假、虚报冒领、私设名目多收费、乱收费、不合理检查、不合理用药、不合理治疗等现象（坚决杜绝健康扶贫对象住院期间在门诊购药等现象发生）。对工作不力、管理措施不到位造成损失或不良影响的医疗机构，除追缴已补偿赔款外，给予通报批评、取消定点医疗机构资格、行政处分等处罚。构成犯罪的，要依法移交司法机关处理。

第五章　全面开展贫困人口家庭医生签约服务

第十五条　通过开展贫困人口家庭医生签约服务，加强对健康扶贫对象的健康管理和慢性病防控，主动正确引导贫困户就诊，扎实推行分级诊疗制度，充分发挥家庭医生作为健康“守门人”职责。(《红安县农村贫困人口家庭医生签约服务工作实施方案》另行制定）

第六章　全面落实部门责任

第十六条　成立红安县健康扶贫工作领导小组，成员单位由扶贫办、卫计、发改、财政、民政、人社、残联、妇联和保险公司等单位组成，下设健康扶贫工作管理办公室，办公室设在卫计局。共同负责健康扶贫相关政策的落实，对实施情况进行定期检查和考核评估，对工作成效好的给予表彰，对工作不力的限期整改，督办落实，确保全面落实健康扶贫工作。

第十七条　纪委、审计、物价、扶贫办、卫计、人社、民政、财政等部门要加强协作，形成健康扶贫工作合力。要防止和杜绝挤占、挪用、浪费、贪污扶贫资金行为的发生，坚决打击健康扶贫领域违法违纪行为。

第十八条　扶贫办、卫计局、定点医疗机构以及支付机构要运用电视、电台、宣传栏等多种方式，大力宣传我县健康扶贫政策，使各方严格遵守规定要求。县扶贫办对确认建档立卡贫困户对象和人数调整变动时，及时向卫计局、定点医疗机构、支付机构等通报，并发送数据更新情况。

第十九条　健康扶贫对象、定点医疗机构、支付机构等要严格执行有关文件规定，各成员单位要加强配合、密切协作，及时发现解决问题，共同做好做实健康扶贫工作。

第七章　附则

第二十条　本实施细则自 2018 年 10 月 1 日起执行。

红安县健康扶贫医疗救助门诊慢性病管理办法

为补充完善《黄冈市城乡居民基本医疗保险门诊特殊慢性病实施办法（试行）》（黄人社发〔2017〕55号）补偿政策，着力解决贫困人口长期在门诊就诊的医疗负担，提高贫困人口慢性病管理和防控水平。特制定本补充管理办法。

一、组织领导

健康扶贫医疗救助门诊慢性病管理工作由县人社局指定县医疗保险管理局（以下简称：县医保局）牵头管理并组织实施，县卫计局协同管理并配合组织，各级定点医疗机构和签约医生认真落实本办法。

二、救助对象范围

不符合《黄冈市城乡居民基本医疗保险门诊特殊慢性病实施办法（试行）》申报条件及范围的门诊慢性病，经健康扶贫对象申报、审批后纳入本救助范围。

三、救助病种及标准

红安县健康扶贫门诊16种慢性病医疗救助病种年最高救助限额如下：

1. 系统性红斑狼疮，限额3000元/年；
2. 血液疾病，限额2000元/年；
3. 糖尿病伴并发症，限额1000元/年；
4. 高血压三期，限额1000元/年；
5. 肝腹水，限额1000元/年；

6. 脑血管意外后遗症，限额 1000 元 / 年；

7. 痉挛性截瘫，限额 3000 元 / 年；

8. 重性精神病，限额 800 元 / 年；

9. 类风湿性关节炎，限额 800 元 / 年；

10. 心功能不全，限额 1000 元 / 年；

11. 心血管植入术后，限额 1000 元 / 年；

12. 重症肌无力，限额 800 元 / 年；

13. 强直性脊椎炎，限额 1000 元 / 年；

14. 癫痫病，限额 800 元 / 年；

15. 恶性肿瘤门诊放化疗，限额 5000 元 / 年；

16. 白血病，限额 5000 元 / 年。

健康扶贫医疗救助慢性病门诊救助不设起付线，按 90%的比例纳入报销。

四、门诊慢性病的申报和审批程序

（一）申报

为建立农村贫困人口与家庭医生之间长期稳定、连续、可及的服务关系，不断提升农村贫困人口的健康保障水平和慢性病管理与防控水平。健康扶贫慢性病患者首先携带相关资料向所属乡镇家庭签约医生团队提出个人申请并登记。

1. 申报材料：（1）《红安县健康扶贫门诊医疗救助慢性病鉴定申请表》；（2）健康扶贫医疗救助证及身份证复印件；（3）有关病历或检查报告单（如病理报告、CT、冠脉造影等）和医疗机构诊断证明等佐证材料。

2. 申报时间：每年 5 月、8 月、11 月集中申报三次。

（二）初审

乡镇卫生院组织对本乡镇慢性病申报材料进行初审，并对申报材料的完整性和真实性严格把关，对相关疾病材料不全或不符合申报条件的不予受理，对符合受理条件的，按所申报的病种分类整理，在《红安县健康扶贫门诊医疗救助慢性病鉴定申请表》上签字盖章，于规定时间前将相关表格和资料集中报送县医保局复核。

（三）复审

由县医保局联合县卫计局组织医疗专家进行复核，对符合特殊慢性病条件的患者作出鉴定结论，并签署复核意见。审核不符合条件的，及时退回各乡镇卫生院。

（四）公示

县医保局将复审合格慢性病对象申报材料进行备案，并将合格名单发给辖区内管理的定点医疗机构进行名单公示。对评审不合格的贫困患者，其申报材料统一退还给辖区内医疗机构，由辖区内医疗机构退还患者本人及负责解释和说明。

五、补偿流程

参照《黄冈市城乡居民基本医疗保险门诊特殊慢性病实施办法（试行）》（黄人社发〔2017〕55号）流程执行。

六、管理办法

（一）门诊慢性病患者不得重复享受城乡居民基本医疗保险门诊特殊慢性病报销及本救助政策。

（二）患者如合并几种慢性病，以年度补偿额最高的病种进行认定，年度补偿额不得叠加计算。

（三）患者评审合格后，各乡镇卫生院按照《红安县农村贫困人口家庭医生签约服务工作实施方案》统一将其纳入家庭医生签约服务管理。

（四）其他管理措施参照县医保局慢性病管理政策执行。

七、资金使用

（一）健康扶贫门诊慢性病专项资金由县政府负责筹集和兜底，所筹集的资金统一拨付县医保局集中管理，县医保局负责定期对医疗机构实行年度考核，如健康扶贫门诊慢性病专项资金在一个自然年度内出现结余，县医保局根据考核结果对运行规范的医疗机构进行适当奖励，年度内如资金出现缺口，超出部分先由承担慢性病门诊诊疗工作的定点医疗机构先行垫付。由县医保局会同相关部门向县政府作专项报告，予以追加。

（二）建立资金双向预警机制，对基金运行实行动态分析和监控。当基金使用率当年节余率低于5%或超过25%时，报县人民政府进行备案。

（三）县医保局及县卫计局负责督促各定点医疗机构和签约医生认真落实《红安县健康扶贫医疗救助门诊慢性病补充管理办法》。加大对定点医疗机构医疗服务行为的监管力度，实行监管常态化。重点查处医疗服务及基金结算过程中的违纪违规行为。不断完善、规范管理机制，确保资金安全规范运行。

八、有关要求

（一）加强领导、明确职责。各相关部门要高度重视健康扶贫医疗救助门诊慢性病工作，要明确分管领导、经办机构和经办人员，要建立健全相应的管理制度，保证相关工作严格按规定执行。县人社局要做好牵头组织，县卫计局要做好协助配合工作。

（二）强化宣传。各乡镇要将相关健康扶贫慢性病政策内容及时宣传到每名贫困对象，确保健康扶贫慢性病救助制度能够顺利实施。

后记

在国务院扶贫办全国扶贫宣传教育中心的领导、统筹、指导和支持下，我们承担了红安县脱贫攻坚案例总结工作，通过对红安县脱贫攻坚案例的深入调研，研判红安县脱贫攻坚的背景，记录红安县脱贫攻坚的实践历程，总结红安县脱贫攻坚的成就和经验，提炼红安县在脱贫攻坚过程中的主要做法、成效和经验，分析红安县脱贫攻坚的典型模式和典型案例，以生动的案例展现脱贫攻坚战在红安县脱贫攻坚的实践，展现红安县“摆脱贫困”的历史进程。

红安县贫困人口多，贫困程度深，脱贫难度大，是集革命老区、资源匮乏区、贫困地区、优抚集中区“四区一体”的国家级贫困县。2015 年以来，红安县深入贯彻落实习近平总书记关于扶贫工作的重要论述，坚持精准扶贫精准脱贫基本方略，把决胜脱贫攻坚作为最大政治任务和第一民生工程，紧紧围绕贫困户“两不愁三保障”脱贫标准和贫困县“三率一度”脱贫摘帽总目标、总要求，聚焦“六个精准”，坚持靶向施策、精准滴灌，全面推进产业扶贫、健康扶贫、搬迁扶贫、教育扶贫、保障扶贫。红安县以“贫困不除愧对先烈”“群众不富寝食难安”的使命担当，坚持以精准脱贫统揽全县经济社会发展全局，以加快县域经济发展支撑脱贫攻坚，抢抓大别山试验区建设、大别山振兴发展等机遇，推进县域经济高质量发展，夯实脱贫底盘，加快脱贫步伐。经过近几年的脱贫攻坚，红安县贫困发生率由2010年的30%下降至2017年底的0.06%。2018年经县级申请、市级初审、省级核查和湖北省扶贫开发领导小组同意，红安县符合贫困县退出标准，已退出贫困县序列。

在全国扶贫宣传教育中心的指导下，我们成立了红安县脱贫攻坚案例总结项目组，由向德平任组长，陈琦任副组长，杨铭担任项目组联络人。项目组起草了案例总结方案，经全国扶贫宣传教育中心组织专家审议、修订后实施。项目组于2019年3月进入红安县开展实地调研，2019年5月完成初稿。全国扶贫宣传教育中心组织专家对初稿进行了评审，提出了修改意见，课题组根据专家意见进行了修改。全国扶贫宣传教育中心对稿件进行了第二轮评议，北京师范大学中国扶贫研究院张琦教授审阅书稿并提出了具体的修改意见，课题组根据专家意见再次进行修改和完善。

本书由向德平任主编，陈琦任副主编，程玲、梅莹莹、王维、杨铭、刘永泽、王欢、殷秋艳、丁旭洁、李小鹏、向凯、于小清、宋佳奇、陈丽珍、张坤参加了调研；梅莹莹、王维、杨铭、刘永泽、王欢、向凯、于小清、宋佳奇、陈丽珍、张坤参与了编写。具体写作分工如下：第一章 红安县脱贫攻坚的背景，刘永泽；第二章 红安县脱贫攻坚政策体系，于小清；第三章 健康扶贫："4321"红安模式，杨铭；第四章 产业扶贫：脱贫之基、强县之本、致富之源，王维；第五章 易地扶贫搬迁：挪穷窝、换穷业、促致富，张坤；第六章 基础设施建设：保基本、促发展、助脱贫，梅莹莹；第七章 教育扶贫：智志双扶添注脱贫内生动力，王欢；第八章 驻村帮扶：万名干部包保、千名干部驻村，宋佳奇；第九章"三乡工程”：市民下乡、能人回乡、企业兴乡，陈丽珍；第十章 红安县脱贫摘帽的成效、经验与展望，向凯。全书由向德平、陈琦定稿。

原国务院扶贫办全国扶贫宣传教育中心主任黄承伟（现调任中国扶贫发展中心主任）、副主任刘晓山同志（现调任国务院扶贫办开发指导司副司长）高度关注本项目的实施，对项目予以全程指导；干部培训处处长骆艾荣，阎艳、孙晓岚等同志参与了项目的组织、协调和管理工作。本书的实地调研得到红安县委县政府以及相关职能部门的大力支持，红安县扶贫办主任姚福祥、红安县扶贫办综合科科长罗红卫亲自带队参与调研。中国出版集团研究出版社赵卜慧社长、重大题材项目部张博主任为本书的出版付出了辛勤的劳动。

本书是全国扶贫宣传教育中心资助项目“红安县域脱贫攻坚案例研究”的成果，亦是国家社科基金重大项目“精准扶贫战略实施的动态监测与成效评价研究”（16ZDA022）、教育部哲学社会科学发展报告建设（培育）项目“中国反贫困发展报告”（11JBGP038）的研究成果。

县域是脱贫攻坚的“一线战场”，红安县是举世闻名的将军县，为新中国建立做出了巨大贡献。在脱贫攻坚战役中，红安县统筹推进扶贫工作，打造了县域脱贫的红安样本。红安脱贫攻坚的实践，为中国脱贫攻坚提供了独特的经验和鲜活的案例。

感谢所有关心、支持本书的领导、专家和同仁！

本书编写组

2019 年 7 月